幼儿教师必备基本功丛书

但 菲　赵小华　刘晓娟　编著

YOUERYUAN SHUOKE
TINGKE YU PINGKE

幼儿园说课、听课与评课

北京师范大学出版集团
BEIJING NORMAL UNIVERSITY PUBLISHING GROUP
北京师范大学出版社

图书在版编目(CIP)数据

幼儿园说课、听课与评课 / 但菲，赵小华，刘晓娟编著. —
北京：北京师范大学出版社，2012.9(2022.7 重印)
（幼儿教师必备基本功丛书）
ISBN 978-7-303-14135-7

Ⅰ. ①幼… Ⅱ. ①但… ②赵… ③刘… Ⅲ. ①学前教育—
教学参考资料 Ⅳ. ①G613

中国版本图书馆 CIP 数据核字(2012)第 018595 号

营 销 中 心 电 话　010-58805530　58808064
编 辑 部 电 话　010-58808898

出版发行：北京师范大学出版社　www.bnupg.com
　　　　　北京市西城区新街口外大街 12-3 号
　　　　　邮政编码：100088
印　　刷：三河兴达印务有限公司
经　　销：全国新华书店
开　　本：710 mm×1000 mm　1/16
印　　张：20.75
字　　数：330 千字
版　　次：2012 年 9 月第 1 版
印　　次：2022 年 7 月第 19 次印刷
定　　价：40.00 元

策划编辑：罗佩珍　　　　责任编辑：王春美
美术编辑：袁　麟　　　　装帧设计：李尘工作室
责任校对：李　菡　　　　责任印制：马　洁

目　录

第一章　幼儿园课程的基本理论

第一节　幼儿园课程概述

幼儿园课程是承载幼儿教育内容、思想与方法的载体，教师对课程的感悟能力、设计能力和反思能力是衡量幼儿教师教育素养的一个重要标准。本书就是要与幼儿教师们一起感受在教学设计过程中如何说出你的教学思想与教学理念，如何感受同行的教学艺术并进行教育教学的交流与沟通，如何在沟通中提升自己的教学水平并将优秀的教学思想浸入到自己的教学文化之中。一个能够说好课、听懂课、会评课的老师一定是一名好教师。萧伯纳说过："你有一个苹果，我有一个苹果，彼此交换，每个人还是一个苹果。但是如果你有一种思想，他有一种思想，彼此交流，那么，每个人则都有两种思想。"说课、听课、评课就是教师与同行们交流思想，以分享经验为目的的一种活动。

如何能够说好课、听懂课、评好课，需要我们幼儿教师对课程的深入理解、对各种课程模式优势的把握以及对课程开展过程的运筹帷幄。

一、幼儿园课程

与其他各级各类教育的课程相比，幼儿园课程有其独特性。最明显的差别表现在对教育对象的考虑上，以幼儿为教育对象的幼儿园课程的决策，要求教育者更多地关注儿童个体的发展水平，这是因为在儿童早期，儿童发展的速度比任何时期都迅速，他们的学习能力极大地依赖其自身的发展。因此，以幼儿为教育对象的幼儿园课程的决策应该充分考虑每个幼儿的发展水平。

（一）早期对幼儿园课程的理解

20世纪二三十年代，以杜威为代表的进步主义教育思想对我国教育影响比较大，那时将幼儿园课程看做是幼儿在幼儿园活动的经验。我国的幼教先驱们，都曾提出过对幼儿园课程的理解和解释：

张雪门认为，幼儿园的课程"就是给三足岁到六足岁的孩子所能够做而且喜欢做的经验的预备"。①

张宗麟认为，"幼稚园课程者，由广义的说之，乃幼稚生在幼稚园一切之活动也"。②

陈鹤琴尽管没有给幼儿园课程下过明确的定义，但是他也强调幼儿园应该给予儿童充分的经验，这种经验的来源是儿童与实物的接触和与人的接触，而且要以自然环境和社会环境为中心组织幼儿园的课程。这也是对幼儿园课程的解释。

（二）现当代对幼儿园课程的理解

在课程多元化发展的今天，人们对课程的理解也是多角度、多方面的，从对幼儿园课程概念的诸多定义中，我们可以发现，我国幼儿园课程定义主要有三种取向：学科取向、活动取向和经验取向。

1. 学科取向。

赵寄石、唐淑（1988）认为，幼儿园课程是反映幼儿园某一科目的客观规律的整体教育结构，或反映幼儿园整体教育客观规律的总体结构。

卢乐山（1991）认为，课程是幼儿园整体教育或某一科目教学的教学内容、教学过程、时间安排等。

2. 活动取向。

王月媛（1995）认为，幼儿园课程是幼儿园中幼儿的全部活动或经验。

冯晓霞（1997）认为，幼儿园课程是幼儿在幼儿园教育环境中进行的、旨在促进其身心全面和谐发展的各种活动的总和。

---

① 戴自俺. 张雪门幼儿教育文集（上卷）［M］. 北京：北京少年儿童出版社，1994：24.

② 张宗麟，张泸. 张宗麟幼儿教育论集［M］. 长沙：湖南教育出版社，1985：31.

傅淳（1997）认为，幼儿园课程是幼儿在幼儿园有目的、有计划的安排与教师指导下，为达到幼儿教育目标而进行的各种有程序的学习活动。

3. 经验取向。

李季湄（1997）认为，幼儿园课程是实现幼儿园教育目的的手段，是保证幼儿获得有益的学习经验、促进其身心和谐发展的各种活动的总和。

刘炎（2000）认为，幼儿园课程是根据幼儿园教育目标为幼儿设计和组织的、有益于其身心健康和谐发展的全部学习经验。

虞永平（2001）认为，幼儿园课程是从幼儿身心发展的特点和特定的社会文化背景出发，有目的地选择、组织和提供的综合性的、有益的经验。

从我国学者对幼儿园课程的诠释过程中可以看出，人们对课程的理解从成人视角向儿童角度过渡，从对教学设计的重视向儿童获得经验的重视，体现了人们对儿童理解和对儿童教育的一种变化。

二、幼儿园课程与幼儿的发展

（一）课程组织形式将影响幼儿知识结构的形成

课程是幼儿认识世界的主要载体，影响到幼儿认识世界的方式方法，课程的组织也就必然影响到幼儿知识结构的形成。

1. 课程内容的组织将决定幼儿的知识技能和经验的排列方式。

课程内容的组织，主要指对知识技能和学习经验的排列和组合方式。在实践中一般有以下几类：以学科为中心的课程组织，以儿童为中心的课程组织，以社会问题为中心的课程组织。课程内容不同的组织直接影响着儿童习得的知识内容。如在以学科为中心的组织形式中，若采取分科的形式，幼儿所学到的就是语言、计算、音乐、美术及体育等科目的课程，课程帮助幼儿建立了以学科为系统的知识体系；而以儿童为中心的课程组织形式，则强调儿童的发展及儿童经验的获得，尤为重视儿童生存能力的培养，儿童学到的知识可能更符合儿童发展的需要，课程将儿童放在主体地位，帮助儿童形成主动学习和主动建构的能力；以社会问题为中心的课程组织形式较多地强调社会价值，多以社会问题为中心来组织与之相关的学科内容和学科经验，在幼儿园的教学中主要表现为围绕一个"主题"来组织儿童的学习经验和生活经验，使幼儿建构起与社会关联度较高的社会认知结构。可见，课程内容的组织形式不只是帮助幼儿从某个角度获取知识，更重要的是帮助儿童在获得知识的过程中形成不同的知识结构与认知方式。

2. 课程过程的组织将影响幼儿的知识建构方式。

幼儿教育是向下扎根的教育，它在整个教育体系中处于奠基石的位置。幼儿园课程是幼儿教育的载体，它直接影响幼儿在这一阶段所获得的经验及发展，从而为他今后的发展奠定基础。课程过程的组织从设计上看，包括三方面的选择与组合：教育的途径、活动的形式、教学的方法。课程过程的不同组织形式将直接影响幼儿的知识构建方式，如教育的途径直接影响了儿童知识的来源，是课堂教学还是幼儿园的日常活动；活动的形式影响了幼儿接受知识的形式，是在集体中习得的还是个别习得的；教学的方法影响了儿童学习的主动性，是被动地接受教师传递的知识，还是主动地成为学习的主体。教师在组织课程实施的过程中要时刻考虑到幼儿在这个过程中的间接发展，幼儿获得知识建构的方式，帮助幼儿建立起主动架构知识的方法，有助于促进其今后的学习和发展。

（二）课程内容向幼儿传递世界丰富的信息资源

幼儿园的课程内容可谓包罗万象，它不要求幼儿建构多么深奥、系统的知识体系，而是基于幼儿丰富的想象力与多样化的兴趣，帮助幼儿从多方面、多渠道、多角度去认识世界、了解世界、感受世界。

幼儿园课程担负着将丰富多彩的世界以幼儿可以理解和接受的方式呈现给幼儿的重任，并使其在课程实施中获得经验，得到发展。《幼儿园教育指导纲要（试行）》总则中，明确指出："幼儿园应为幼儿提供健康、丰富的生活和活动环境，满足他们多方面发展的需要，使他们在快乐的童年生活中获得有益于身心发展的经验。"①

---

① 教育部关于印发《幼儿园教育指导纲要（试行）》的通知，http://www.gov.cn/gongbao/content/2002/Content_61459.htm.

以五大领域课程为例，此课程虽然没有为幼儿列出具体的课程内容清单，但是对教师提出了明确的要求和引导，即教师在课程实施中要做什么、怎样做和追求什么。在健康、语言、社会、科学、艺术五大领域中分别从目标和内容等方面为幼儿建构了丰富的信息资源。

1. 健康领域。

健康领域的目标确立了儿童的健康高于一切的价值观念，正如17世纪英国伟大的哲学家和启蒙思想家约翰·洛克（John Locke，1632—1704）指出："人生幸福有一个简短而充分的描述：健康之精神寓于健康之身体。凡是身体、精神都健全的人就不必再有什么别的奢望了；身体、精神有一方面不健康的人，即使得到了别的种种，也是徒然。"① 在健康领域中从7个方面为幼儿健康提供了丰富的信息资源：儿童的心理健康、动作的协调发展、良好的生活习惯、积极向上的情绪、融洽的人际关系、良好的性格特征等，并以丰富多彩的形式组织幼儿的健康活动。

2. 语言领域。

语言领域中为幼儿能够乐意与人交谈，讲话礼貌；注意倾听对方讲话，能理解日常用语；能清楚地说出自己想说的事；喜欢听故事、看图书；能听懂和会说普通话。确立了语言发展的方向，强化了幼儿交际过程中的语言学习和语言运用，使儿童语言学习变得生动和鲜活，并启发成人为幼儿创设丰富的语言环境和多样化的获取语言信息的方式。

3. 社会领域。

从帮助儿童实现向社会人的转化过程中必须具备的各种行为准则入手，引导幼儿顺利实现其自身社会化的过程，在交往、合作、分享等社会性活动中培养良好的社会品质；在游戏、学习等活动中培养独立、自信、勇敢、珍爱等个性品质；在教师引导下萌发其对家乡、祖国、民族、人类等高级情感。为幼儿创设丰富的社会信息资源，能够帮助幼儿在童年期逐步实现社会化，并为获得完善的人格打好基础。

---

① ［英］约翰·洛克著，傅任敢译. 教育漫话［M］. 北京：人民教育出版社，1985：24.

4. 科学领域。

好奇心和探究欲望是人类认识活动必不可少的主观前提，是探究和学习的原动力、内驱力。它不仅能提高认识活动的积极性和效果，还能使认识活动成为快乐的事。科学教育的价值就在于让幼儿在丰富的客观世界中去观察、去探究、去动手、去发现，并在解决问题的过程中获得感受、学会学习、学会交流、学会解决问题。科学教育要满足幼儿强烈的好奇心和求知欲，使幼儿感受到世界的丰富性和多样化，感受到自我的能力，并产生对世界不断探索的欲望。

5. 艺术领域。

艺术领域为幼儿创设了一个启迪情趣、体验审美愉悦、创造快乐、体现自我创造的成就感的过程。艺术以其形象性、愉悦性、开放性、宽容性和自主性为幼儿展示了丰富多彩的世界。

（三）良好的课程将促进幼儿的全面发展

1. 幼儿园课程对幼儿的终身发展具有不可估量的价值。

可以说幼儿园的生活，是幼儿社会化的起点。在这最初的学习中，幼儿的多种行为习惯开始形成，开始了解基本的生存和与他人相处的规则。教师的一言一行、一举一动，一个不经意的表扬或批评都会对幼儿弱小的心灵产生潜移默化的影响，由此可以看出幼儿园课程的重要性和潜在性。

2. 幼儿园的学习是儿童终身学习的开端。

幼儿园课程除了肩负知识技能传授的重任之外，更多的是让幼儿为未来的学习做好准备。这种准备包括很多方面，如生活自理能力、读写能力、简单的数学能力、感知能力、理解能力、交往能力、规则意识等。这些能力均在以后的生活学习中有重要的作用。

3. 幼儿园课程可以帮助儿童成长。

幼儿园的课程，对幼儿当前的发展具有重要的影响。幼儿阶段是幼儿感知运动技能、认识理解能力、思维情感、社会交往等方面飞速发展的阶段。而幼儿园的课程无疑都为这些方面的发展提供了可能性和助力。

由此可见，幼儿园课程无论对幼儿的长远发展还是当下发展都是重要的，也是必需的。幼儿园课程对幼儿的发展是极其重要的，但我们一定要遵循幼儿发展规律，遵循其认知发展水平。我们不能过急地去传授一些不符合幼儿发展水平的知识，而且我们一定不能忘记幼儿园课程要以幼儿的身心健康发展为首要目标。

三、幼儿园课程与教师的专业成长

教师是对儿童的身心发展最具有影响力的人，是构成儿童成长环境的最重要组成部分，同时也是推动儿童发展最具动力性的因素。幼儿教师对孩子的影响具有多层次性和多途径性。这种影响涉及儿童的认知与学习、信念与态度、社会性与个性及情感和心理健康等多个方面。因此教师的教育能力、素质，教师的教学技能及教师的人格魅力，会在儿童的生活中打下深刻的烙印，对孩子的影响将是深远的、弥散的。我们每一位教师应该珍视自己的职业，努力使自己成为对儿童生命最初几年重要的、积极的影响者，由于你的存在使他们的童年生活充满快乐和美好的回忆。

在我国，幼儿园教师对教材的选择以及对课程内容的判断对幼儿教育质量起着重要的作用。可以说，对教材的选取和识别，是教师教育水平的一种体现。这就要求教师要不断加强对理论的学习，提升自己的理论水平，理解新的课程思想，在有了明确的、科学的教育理念的基础上，才会对教育内容、教材有很好的把握，使课程实施变得比较顺利。

随着园本课程研究的深入，幼儿园课程与教师专业成长的关系越来越紧密，教师不再仅仅只是课程的执行者，同时还是新课程的开发者。课程与教师的关系不再是单行线，一方面，课程的开发依赖于教师的专业发展水平；另一方面，课程的开发无疑也会促进教师的专业发展。当教师参与到课程的开发、实施、评价的整个过程中，不仅会对课程产生深刻的理解，更会促进其自身的专业发展，并且这种参与开发新课程的挑战，会很好地克服教师的职业倦怠。

在幼儿教育中，幼儿园课程与教师的专业发展尤为紧密。因为相对于小学、中学的教育，幼儿园的教育身兼保育和教育的双重任务，幼儿园的基本教育宗旨是促进幼儿体、智、德、美全面发展，从而使幼儿园以游戏为基本形式的课程形态有别于中小学的学科课程，在课程计划、课程实施等方面也要比小学、中学的灵活度要大得多。所以，幼儿园的课程应更多地融入到幼儿的生活和游戏之中，更应该体现其实践价值，而教师应在这种集创造、实践、反思的课程实施中促进其专业的自我成长与发展。

资料链接：　　　　　　**自我设限——跳蚤与爬蚤**

科学家做过一个有趣的实验：他们把跳蚤放在桌上，一拍桌子，跳蚤立即跳起，跳起高度均在其身高的 100 倍以上，堪称世界上跳得最高的动物！然后在跳蚤头上罩一个玻璃罩，再让它跳，这一次跳蚤碰到了玻璃罩。连续多次后，跳蚤改变了起跳高度以适应环境，每次跳跃总保持在罩顶以下高度。接下来逐渐改变玻璃罩的高度，跳蚤都在碰壁后主动改变自己的高度。最后，玻璃罩接近桌面，这时跳蚤已无法再跳了。科学家于是把玻璃罩打开，再拍桌子，跳蚤仍然不会跳，变成"爬蚤"了。

跳蚤变成"爬蚤"，并非它已丧失了跳跃的能力，而是由于一次次受挫学乖了，习惯了，麻木了。最后虽然罩没了，但连跳的勇气都没有了。

很多人的遭遇与此极为相似。在成长的过程中特别是幼年时代，遭受外界（包括家庭）太多的批评、打击和挫折，于是奋发向上的热情、欲望被"自我设限"压制封杀，没有得到及时的疏导与激励。既对失败惶恐不安，又对失败习以为常，丧失了信心和勇气，渐渐养成了懦弱、犹疑、狭隘、自卑、孤僻、害怕承担责任、不思进取、不敢拼搏的精神面貌。

（摘自余文森编《基础教育课程改革的四大支柱——教育思想·教育智慧·专业精神·专业人格》，福建教育出版社 2002 年版，第 14—15 页）

第二节　幼儿园课程模式

所谓模式（model），按照《现代汉语词典》的解释，是指某种事物的标准形式或使人可以照着做的标准样式。在《韦氏大学字典》中，对"model"的其中一个解释是模仿或者效法的样板（an example for imitation or emulation）。而在《柯林斯精选英语词典》对"model"的一个解释是一个正在被使用的体系，同时人们可能进行模仿以便获取类似的结果。从词源上我们可以发现，模式其实是一个工业时代的术语，或者更准确地说，模式是工业时代的"隐喻"。把"模式"一词应用到教育上，是班级授课制的变式，也是追求效率的工业时代的核心价值观。

对于课程模式的解释，埃利斯·伊文斯（Evans，E. D.）指出："课程模式是某个宏大的教育方案（a grand education plan）中的基本哲学要素、管理要素与教学要素的理想性概括，它包含了内部连贯一致的陈述，这些概念性的表述描绘了这个教育方案为了达到预期的教育效果而设计的被预先假定是有效的理论前提、管理政策和教学程序。"[1]

郭晓明在《关于课程模式的理论探讨》中提出："课程模式是典型的、以简约的方式表达的课程范式，具有与某种特定教育条件相适应的课程结构和课程功能。"[2] 在他的论述中，他特别强调了课程模式的"典型性"和"简约性"。

张博将幼儿园的课程模式概括为："课程模式是课程实施的要素及各要素之间的联系所构成的课程方案或课程框架。从理论上讲，课程由课程的要素所组成，特定的课程要素及其联系构成了特定的课程模式。组成幼儿园教育课程模式的要素主要有：理论假设、课程目

---

① Evans，E. D. Curriculum model and early childhood education. In Spodek，B. (ed.)，Handbook of Research in Early Childhood Education，New York：The Free Press，1982：107.

② 郭晓明. 关于课程模式的理论探讨［J］. 课程·教材·教法，2001（1）.

标、课程内容、课程方法、课程具体类型、各教育因素的组合方式及课程效果评价。"① 在这里更强调课程各要素之间特定的相互联系形成特定的课程模式。

目前，我国幼儿园课程表现出前所未有的多样化和丰富性，国内众多正在实施的课程虽然还没有形成经典的、完整的课程模式，但人们从理论和实践的研究中正在总结适合我国幼儿园现状的课程模式。现将我们可以称其为课程模式的案例介绍如下。

一、我国幼儿园课程模式

（一）陈鹤琴的"五指活动课程"

五指活动课程是由我国著名的幼儿教育家陈鹤琴先生创编的。1923 年陈鹤琴先生在南京创办鼓楼幼稚园，开始了他探索中国化幼儿教育的改革之路。他以鼓楼幼稚园的课程编制为实验，提出了五指活动课程：课程的内容由五方面组成，它犹如人的五个手指头，是活的、可以伸缩的，但却是整体的、连通的、互相联系的。五指活动在儿童生活中结成一个教育的网，有组织、有系统、合理地编织着儿童的生活。

1. 课程的基本理论观点。

陈鹤琴将"活教育"作为课程编制的基础，其理论体系包括三大方面，即活教育的目的论、活教育的课程论和活教育的方法论。

活教育的目的论：活教育的目的就是"做人、做中国人、做现代中国人"。那么这样的人应该具备什么条件呢？第一，要有强健的身体；第二，要有建设的能力；第三，要有创造能力；第四，要有合作的态度；第五，要有服务的精神。

活教育的课程论：陈鹤琴提出"大自然、大社会都是活教材"的观点。他认为，大自然、大社会才是活的书、直接的书，应该向大自然、大社会学习。

---

① 张博. 幼儿教育课程模式初探［J］. 内蒙古师范学院学报：汉文哲学社会并学版，1989（3）：69.

活教育的方法论："做中教、做中学、做中求进步"是活教育的基本方法。活教育非常重视直接经验，强调以"做"为中心，主张儿童在学校里的一切活动，凡是儿童自己能够做的，就应当让他们自己做。因为做了就与事物发生直接的接触了，就能得到直接经验，就知道做事的困难，就认识了事物的性质，所以陈先生把教学过程分为实验观察、阅读参考、发表创作、批评研讨四个步骤，同时提出了活教育的 17 条教育原则：

（1）凡儿童自己能够做的，应当让他自己做。

（2）凡儿童自己能够想的，应当让他自己想。

（3）你要儿童怎么做，应当教儿童怎么学。

（4）鼓励儿童去发现他自己的世界。

（5）积极的鼓励，胜于消极的制裁。

（6）大自然、大社会是我们的活教材。

（7）比较教学法。

（8）用比赛的方法来增进学习的效率。

（9）积极的暗示，胜于消极的命令。

（10）替代教学法。

（11）注意环境，利用环境。

（12）分组学习，共同研究。

（13）教学游戏化。

（14）教学故事化。

（15）教师教教师。

（16）儿童教儿童。

（17）精密观察。

以上 17 条教学原则可以综合概括为活动性原则、儿童主体性原则、教学法多样化原则、利用活教材原则、积极鼓励原则和教学相长的原则等。它们基本上包含了当代教育心理学和教学论所倡导的主要原则，尤其适用于幼儿园教育。

2. 课程目标。

五指活动课程的目标有：

（1）做人：要有合作的精神、同情心、服务的精神。

（2）身体：要有健康的体格，养成卫生习惯，并有相当的运动技能。

（3）智力：要有研究的态度、充分的知识和表意的能力。

（4）情绪：能欣赏自然和艺术美，养成快乐精神，打消惧怕的情绪。

3. 课程内容。

五指活动的五个方面是：

（1）健康活动：包括静养、饮食、睡眠、早操、游戏、户外活动、健康检查、散步等。

（2）社会活动：包括升降旗、朝夕会、周会、纪念日集会、每天的谈话及社会常识等。

（3）科学活动：包括植物的培植、动物的饲养、自然现象的观察、研讨、计数、当地自然环境的认识等。

（4）艺术活动：包括音乐（唱歌、节奏、欣赏）、图画、手工等。

（5）语文活动：包括故事、儿歌、谜语、图书等。

陈鹤琴先生认为，幼稚园的课程全部包括在五指活动中，并采用单元制，各项活动都围绕着单元进行教学。

即便如此，儿童能够学和应该学的东西也还是很多的，对于如何选择课程内容，陈鹤琴提出选择课程内容应遵照的三条标准：

（1）凡儿童能够学的东西，就有可能作为幼稚园的教材，但有时在"能学"的标准之下，还要有点限制，比如，有些东西小孩子虽然能学，不过学习会妨碍他身心的发育，那就不必勉强他学习。

（2）教材须以儿童的经验为依据。

（3）凡能使儿童适应社会的就可取之为教材。

4. 课程组织。

五指课程在组织上反对分科教学，认为儿童的生活是整个的，教材也必定是整个的，互相连接，不能四分五裂。幼儿园课程应根据儿童身心的发展，使五指活动在儿童生活中结成一个教育的网，有组织地、有系统地、合理地编织在儿童的生活中。但这种有系统地组织应以什么为中心呢？这当然要根据儿童所处的环境。陈鹤琴认为，儿童的环境不外乎两种：一种是自然环境，包括动植物和自然现象；一种是社会环境，包括个人、家庭、集社等类的交往。可确定的中心如节日，包括中秋、重阳、元旦、端午等；自然界的应时物，包括秋菊、冬雪、春桃、夏荷等；社会事件，包括纪念日、庆祝会、恳亲会等。自然和社会这两种环境是儿童天天接触到的，应当成为幼稚园课程的中心。幼儿园的课程可以从这两大类环境中选择儿童感兴趣的而且又适合儿童的人、事、物作为中心，以单元主题来组织，各项活动都围绕单元进行，使各科之间构成内在联系，形成整体。这种课程内容组织的方法，陈鹤琴先生称为"整个教学法"，即把儿童所应该学的东西整个地、有系统地教给儿童，后来改称为"单元教学法"。那么如何设计与组织单元活动呢？陈鹤琴先生提出了单元活动大致要经历的过程与注意问题：

（1）本星期教育会议上讨论下星期大约可以做些什么。

（2）把要做的活动拟定以后，于是商议它的内容，大约分几个步骤可以做的。

（3）将各项活动需要使用的材料和可以参考的书，教师详细预备。不过所谓预备是教师自己的预备，不是替儿童件件准备停当。

（4）寻找或布置一个适当的环境来引起这个设计。

（5）教师应顺着儿童的兴趣，引起幼儿各方面的活动，并且与各科联络。但是并不强求合乎预定的设计。

（6）时间完全不限制。多做就多做，少做就引起别的设计来。

（7）儿童如不能维持到做完设计全部的历程，教师急需考察一下，究竟是什么缘故，可以补救吗？

（8）儿童临时产生的兴趣，教师要尽力去指导，有时竟可以把全部预定的设计改变，做这个临时发动的事。

（9）幼稚生急需看到结果，所以各个设计中当分做许多小段落，他们的兴趣方面才可以维持。

（10）同一设计单元里，各方面的活动很多，儿童愿意做任何一方面，应该让儿童自由去做，不要希望每个儿童每方面都做到。

（11）在同一设计单元中，有许多活动是需几个人合作的，有许多工作活动是需单独做的。教师可以做他们的领袖，同时可以训练几个儿童来做领袖。

（12）每个设计单元的每一个阶段或一方面的活动，得到结果，应当有极短的、简单的批评与讨论。

5. 课程的编制与实施。

关于幼稚园课程的编制，陈鹤琴先生提出了三种方法：

（1）圆周法，就是各班预定的单元相同，研究的事物也相同，不过取材内容随着儿童年龄的不同而分别予以适当的教材和分量。亦即各班课题相同而要求由浅入深。

（2）直进法，就是将儿童生活中可能接触到的事物，依照事物的性质和内容的深浅而分布在各个不同年龄的班级里，如小班研究猫和狗、中班研究羊和牛、大班研究马和虎。亦即各班课题和要求均不相同。

（3）混合法，就是在编织课程的时候，以上二法均须采用。亦即课题和要求相同或不同。在编制课程时，通常运用混合法为最多。

在课程的实施方面，五指教学强调：

（1）采用游戏式教学方法。陈先生认为，游戏是儿童生来喜欢的，儿童以游戏为生活。幼儿园应当采用游戏式的教学方法去教导儿童，要以自动代替被动。使儿童在游戏中、在活动中学习，往往会收到事半功倍的效果。

（2）采用小团体的教学法。由于幼儿的年龄参差不齐，智力各不相同，兴趣又不一致，因此在教学时应采用小团体式，区别对待，分组实施，使处于不同发展水平的幼儿都有所长进。

（3）通过环境的创设和材料的提供引起幼儿的学习动机。陈先生强调，教师要希望儿童做某种活动，或使儿童明了某种观念，就需要布置环境，投放教材以刺激儿童，而且在环境创设时要依据教育的内容变化，材料的摆放要适合儿童，高度以一米的视线为标准。

除此之外，陈鹤琴先生还提出了比较法、比赛法、代替法、观察法等，通过多样化的方法，生动、形象、具体地向幼儿进行教育。同时教学中都以"做"为出发点，在做的过程中去学，在做的过程中去教，在做的过程中去求进步。

6. 课程的评价。

陈鹤琴先生认为，没有具体的标准，就没有办法对课程的实施过程及儿童的发展进行督察与评定，也就谈不上对课程作进一步的改进。他说："考察品行，应当有品行的标准；甄别习惯，应当有习惯标准；检验技能，应当有技能标准；测验知识，应当有知识标准。"①所以鼓楼幼稚园最初便把考察幼稚生的成绩——主要是幼稚生应有的习惯技能作为实验的主要内容了。在 1925 年，陈鹤琴与张宗麟一道编制了《幼稚生应有的习惯和技能表》，包括卫生习惯、做人的习惯（个人的、社会性的）、生活的技能、游戏运动的技能、表达思想的技能、日常的常识等 185 项指标。每项指标都很具体、明确，如卫生习惯里要求儿童"不吃手指""不随地吐痰"，做人的习惯里要"不说谎"，生活的技能里要"会自己吃饭""会洗手"，日常的知识里要求儿童能"识别植物二十种""会做十以内的加减""要知道日、月、时间"，等等。这要求幼稚园结合儿童心理和认识上的特点，运用形象、生动、直观的方法对儿童进行检查与督察，从而开创了我国幼儿园课程评价的历史。

（二）张雪门的行为课程

幼儿园行为课程是由我国著名的幼儿教育家张雪门先生创编的。早在 20 世纪三四十年代，他就与我国的幼儿教育专家陈鹤琴先生有"南陈北张"之称。他一生潜心研究幼儿教育，针对当时幼稚园"以教材为中心"的状况，提倡幼稚教育生活化、幼儿生活教育化。经过长期的实践和理论研究，他形成了完整的幼稚园课程理论——行为课程及其方案。

1. 行为课程的理论来源。

（1）社会变革引发的对幼儿园课程的思考。

五四运动前后，随着中国新文化运动的推进，我国的一批幼教前

---

① 陈鹤琴. 陈鹤琴全集（下）[M]. 南京：江苏教育出版社，1989：124.

辈为了寻求幼儿教育新的发展方向，分析国内当时幼儿园课程的弊端，张雪门及一批有识之士开始了探索幼儿园课程科学化与中国化的道路。

（2）中国文化的启发。

张雪门先生深受中国传统文化的浸染，其中，王阳明"知是行之始，行是知之成"的观点对他的行为课程有直接的影响，可以说是其建构行为课程的理论基石。也正如张雪门先生所讲："唯有从行动中所得到的认识，才是真实的知识；从行动中发生的困难，才是真实的问题；从行动中所获得的胜利，才是真正制驭环境的能力。"[①] 所以，他的幼儿园行为课程强调幼儿认识的起点在于"行"，只有行动才能产生认识，只有行动才能发展认识。

（3）西方实用主义教育思想的影响。

张雪门先生的行为课程也深受杜威实用主义教育思想的影响，在其行为课程中，强调儿童的直接经验，强调儿童与环境的相互作用，把课程的本质看作直接经验的总和。正如张雪门先生所言："课程是经验，是人类的经验，用最经济的手段，按有组织的调制，用各种方法，以引起孩子的反应和活动。"[②] 1918 年前后，杜威的学生克伯屈创立的"设计教学法"传入我国，这种教学法主张学生自发决定学习的目的和内容，让学生在自己的设计、自己实行的单元活动中，获得有关的知识和解决问题的能力。设计教学法在我国当时的教育界引起广泛的关注。张雪门先生通过自己的亲身实践，以设计教学法为基础，发展行为课程实施的一般程序，即动机、目的、计划、实行和评价，这也成为行为课程实施的一大特色。

此外，张雪门先生的行为课程也受到福禄贝尔、蒙台梭利课程思想的影响，同时也吸收了行为主义心理学的一些观点，这些都是构成其行为课程的重要理论基础。

---

① 戴自俺. 张雪门幼儿教育文集（下卷）［M］. 北京：北京少年儿童出版社，1994：1456.

② 戴自俺. 张雪门幼儿教育文集（上卷）［M］. 北京：北京少年儿童出版社，1994：369.

2. 幼稚园行为课程的基本观点。

什么是课程？张雪门早在 1929 年就从教育哲学的高度提出，课程"原是适应生长基本价值的选品，其目的和自然生长完全一致"。[①]"课程是什么？课程是经验，是人类的经验，用最经济的手段，按有组织的调制，用各种方法，以引起孩子的反应和活动。"[②] 幼稚园的课程就是"给三足岁到六足岁的孩子所能够做而且欢喜做的经验的预备。"[③] 这些经验不是零散的，也不是无序、不讲效益的自然经验，而是有目的、有计划、有组织地通过活动让儿童获得的有益经验。他反对把课程当做"知识的积体"，当做书本的知识，主张把技能、知识、兴趣、道德、体力、风俗礼节种种的经验，都包括在课程里。换一句话来说，课程是适应生长的有价值的材料。可见，幼稚园课程实质包括了儿童在幼稚园的一切经验、一切活动、甚至一切生活。

什么是行为课程？张雪门先生说："生活就是教育，五六岁的孩子们在幼稚园生活的实践，就是行为课程。……这份课程包括了工作、游戏、音乐、故事等材料，也和一般的课程一样。然而，这份课程完全根源于生活；它从生活而来，从生活而开展，也从生活而结束。"[④] 可见，生活与行为是行为课程的基本要素，也正如张雪门先生所说："所谓生活原是整个的具体活动，虽包含了文字、数字等种种的经验……不过是成人研究上的途径。儿童进入幼稚园的时候，凡能唤起他生活的需要，扩充他生活的经验，形成他生活的意识，全当做自己动作的表现。"[⑤] 行为课程强调将幼稚园的课程自然地融合在儿童的生活中。

---

① 戴自俺. 张雪门幼儿教育文集（上卷）［M］. 北京：北京少年儿童出版社，1994：371.

② 戴自俺. 张雪门幼儿教育文集（上卷）［M］. 北京：北京少年儿童出版社，1994：369.

③ 戴自俺. 张雪门幼儿教育文集（上卷）［M］. 北京：北京少年儿童出版社，1994：24.

④ 戴自俺. 张雪门幼儿教育文集（下卷）［M］. 北京：北京少年儿童出版社，1994：1088.

⑤ 戴自俺. 张雪门幼儿教育文集（上卷）［M］. 北京：北京少年儿童出版社，1994：181.

3. 行为课程的目标。

早在 1930 年，张雪门先生就在《幼稚教育概论》中指出："现在，我们研究幼稚教育，不但要认清教育的意义，更当辨明白教育的目的。"[①] 幼稚教育"应完全以儿童为本位，成就儿童在该时期内心身的发展并培养其获得经验的根本习惯，以适应环境"[②] 入手，提出"幼稚园课程的目的，在于联络孩子们的旧观念，以引起其新观念，更谋其旧经验的打破、新经验的建设"。[③] 幼稚园的课程目标就是满足儿童心身的需要，养成儿童"扩充经验的方法"与习惯，培养其生活的能力与意识，从而使幼儿的身心得到全面的发展。他确立了以社会需要为远景，以儿童个体发展需要为近景的幼稚教育任务，把儿童置身于其可接触的生活环境中充分发展，体现了幼稚园课程对儿童自身价值的尊重。

4. 行为课程的内容。

儿童到幼稚园要学些什么？幼稚园教师须教些什么？教和学又怎样地联络起来？这三个问题就是幼稚园教材研究的中心。不过，他指的教材与我们传统的教材观有所不同。他认为，"教材的范围很大，并不限于一首歌曲、一件手工，凡儿童从家到校，从校到家，在家庭、道路、幼稚园所受到的刺激，能够引起儿童生活的要求，扩充儿童生活的经验，潜移儿童生活的意识都是。"[④] 那么作为教材的经验其来源如何呢？张雪门先生认为有三个方面：一是本身个体发展而得；二是和自然环境相接触而得；三是从社会环境交际而得。

根据这一认识，张雪门先生把行为课程的内容划分为：

（1）儿童自发的诸般活动，即儿童自身发展中所进行的一些活动。

---

① 戴自俺. 张雪门幼儿教育文集（上卷）［M］. 北京：北京少年儿童出版社，1994：25.

② 戴自俺. 张雪门幼儿教育文集（上卷）［M］. 北京：北京少年儿童出版社，1994：128.

③ 张雪门. 张雪门幼稚教育新论［M］. 上海：上海中华教育书局，1935：15.

④ 戴自俺. 张雪门幼儿教育文集（上卷）［M］. 北京：北京少年儿童出版社，1994：394.

（2）儿童的自然环境，即儿童周围生活中一切有关自然界的事物与知识，如植物、动物、旅行，儿童对各种自然现象的活动。

（3）儿童的社会环境，即儿童现在生活与未来生活相关的社会生活知识，如家庭、临近的地方、各种职业活动等。

下面是张雪门先生在 1926 年编制的 9 月份课程单元节选，从中可以直观地感受行为课程的具体内容。

设计的大中心	分设计	分设计中的设计
入园的指导	欢迎新同学；调查新生家庭职业和路程；幼稚园的情形	
中秋		
秋天的改变	娃娃的家庭	收藏夏衣、添置被单等
	秋天的园地	收花子、做饮食料、秋叶的变化
	秋天的市场	夏布店改卖皮货；扇子店改卖帽子、果儿铺等
	秋日的昆虫	知了、蚂蚁、萤、秋虫展览会
	秋日的鸟类	燕、鸿雁、鸟、候鸟迎送会
火	火的进化；火的展览会；火的用处与害处	
秋日的收成	收稻	割稻、打稻、谷
	果实	苹果、山楂、石榴、栗子
	棉	采棉、纺纱、织布、棉花店

从教材的科目来看，张雪门先生认为，"行为课程主要包括手工、美术、言语、常识、故事、音乐和算术"。[①]行为课程的内容就是儿童周围生活的自然环境与社会环境中能为儿童所接受并有助于其身心发展的各种经验。

另外，张雪门先生还提出了选择教材的五条标准：

（1）应符合儿童的需要。张雪门先生认为幼稚园的孩子喜欢模仿，而且好奇心很强，所以大人的事、动植物的生长、天气的变化、

① 戴自俺. 张雪门幼儿教育文集（上卷）［M］. 北京：北京少年儿童出版社，1994：404.

各种感觉游戏等，都能引起他们探求新经验的欲望，所以把这些材料编入课程，定能适合儿童的兴趣。

（2）照顾到社会生活的意义。一个人要想很好地适应社会生活，就必须认识社会生活的很多东西，如文字、数的概念、穿衣的技能、饮食、起居、风俗等，这都应是课程内容的一部分。

（3）应在儿童自己的环境里搜集材料。儿童所能反应的，是他自己环境里的社会，但决不是成人的社会。因此，要从儿童周围的家庭、社会环境中去搜集材料。

（4）应顾到社会生活的重要。张雪门先生认为，"课程固然是实现现在，但并不是放弃将来"，[①] 所以选择教材的内容要既能注重现实的环境，又能有利于社会的发展。

（5）上面所述没有涉及的一切冲动习惯态度。张雪门先生认为，儿童日常生活中所产生的兴趣感情和动作的冲动，虽然有时是暂时的，但如果有利于儿童的发展，便利于儿童适应环境，教师就要抓住这种机会，并选择相应的内容给予儿童练习的机会。

5. 行为课程的组织。

张雪门先生认为，幼稚园课程的组织与中小学、大学等有所不同，它有自己的特点与要求，具体有三点：第一，是整体的。幼稚园的课程与中小学的课程有所不同，它不应是分科的，而应是整体的，是一种具体的整体活动。第二，偏重于儿童个体的发育。幼稚生时期，满足个体的需要，实甚于社会的希求……我们编制课程时，不能忽略社会的需求。但须极力注意儿童现在的需要和能力。第三，注重儿童的直接经验。"幼稚园的课程，须根据儿童自己直接的经验，虽然这种经验不如传授的经验整齐、经济，但对于儿童来讲，通过直接的学习价值更大。"[②] 可以看出张雪门先生非常关注幼稚园课程的整体性、直接性与个体性。

---

① 戴自俺. 张雪门幼儿教育文集（上卷）［M］. 北京：北京少年儿童出版社，1994：127.

② 戴自俺. 张雪门幼儿教育文集（上卷）［M］. 北京：北京少年儿童出版社，1994：342—343.

另外，张雪门先生在其 20 世纪 70 年代出版的《中国幼稚园课程研究》一书中，对其几十年幼稚园课程实践研究又做了进一步的总结，提出了组织幼稚园课程的一些标准：课程须和儿童的生活联络，是有目的有计划的活动，事前应有准备，应估量环境，应有相当的组织，且须有远大的目标。各种动作和材料，全须合于儿童的经验能力和兴趣。动作中须使儿童有自由发展创造性的机会。各种知识、技能、兴趣、习惯等全由儿童直接的经验中获得。

6. 行为课程的实施。

张雪门先生指出，行为课程的要旨是以行为为中心的，强调"做"即行动的价值，提倡"做、学、教"打成一片。他所提倡的幼稚园课程，首先应注意的是实际行动，凡扫地、抹桌、熬糖、炒米花以及养鸡、养蚕、种玉米和各种小花，能够实在行动的，都应让幼儿实际去行动。他反对给孩子灌输抽象的死知识，要求重视儿童的实际行动在课程实施中的作用。事怎样做必怎样学，怎样学必怎样教，做、学、教打成一片，才能完成行为课程。张雪门先生提出了"行为"在课程中应用的两条原则：

第一，课程固由于自然的行为，却须经过人工的精选。

第二，课程固由于劳动行为，却需在劳动上劳心。[①]

为了进一步保证课程实施中行为的有效价值，运用设计教学法来拟订行为课程计划，采用单元教学来进行，具体包括：

（1）动机。行为课程把激发儿童的学习动机放在第一位。张雪门认为人的行为固然千殊万变，可是他的动机不外乎两种，第一种是由于内心的需求，第二种是由于外界的刺激，所以行为课程实施首先要诱导儿童自发的动机，有时也需要教师利用环境、设备、语言等来引起儿童的动机。

（2）目的。行为课程的目的，并不是儿童自己学习的目的，而是指教师希望儿童在这一行为中所获得的效果。从目的和内容来看，涉及所获得的知识、技能、兴趣与态度、习惯等。如教师选择饲养动物

① 戴自俺. 张雪门幼儿教育文集（下卷）［M］. 北京：北京少年儿童出版社，1994：1090－1091.

的单元，其目的在于鼓励儿童研究动物的形态与生活、饲养的方法，并了解动物与人类的关系等。教师只有确定了教学目的后，才能有效地指导儿童在课程中的行为，教学也才能有一定的标准。

（3）活动。为了达到教学的目的，张雪门先生认为必须认真设计"活动的要领、参加的人数、活动的时间和地点及每一小段的程序"等。这一步骤主要是计划预设活动，所以只做大体轮廓的估量，在之后的行为实践中，就应做详细的计划，以便能切合实际需要。

（4）活动过程。张雪门先生指出："活动如何开始？如何展开？如何结束？在组织课程时，是一种极重要的估量。"① 然而它只是行动的要点，尚缺乏具体的内容，所以必须拟订具体的活动过程，便于教师的指导。

（5）工具及材料。张雪门认为，这一项的估量，虽然仍旧根据固有的各种科目拟订具体使用的工具和材料，但由于行为不是机械的，所以也有一定的变化。

行为课程是起于活动而终于活动的有计划的设计，实施过程中采用单元教学法，彻底打破了各科的界限，在各教材中选择与学习单元相关的材料加以运用，使各科教材自然地融合在儿童的实际生活中。

7. 行为课程的评价。

幼稚园行为课程是张雪门先生一生实践与智慧的结晶，也是他与同事们在长期的教育实践中集体工作的结果。幼稚园行为课程的基本思想就是"生活即教育""行为即课程"，对当今的基础教育课程改革有重要的借鉴与启发价值。其意义如下：

（1）重视生活在儿童课程中的教育价值。

张雪门先生的行为课程理论指出，把教育与生活联系起来，可以发现生活在课程中的重要地位。这对当时及现今教育中普遍存在的教育与儿童实际生活相割裂的现象是有力的批判。然而，教育又不能回归到经验意义上的生活，否则教育，包括课程也就失去了存在的必要。教育要基于生活，又要超越生活，即课程中的生活不是儿童日常

---

① 戴自俺. 张雪门幼儿教育文集（下卷）［M］. 北京：北京少年儿童出版社，1994：1094.

的、自发的生活，而应该是自觉的、有计划的生活。而这样的生活是需要对儿童的日常生活进行过滤与组织的，为此张雪门先生提出了一系列组织幼稚园课程的标准，如既要与儿童的生活有联络，又要有目的、有计划。教育与生活的融合，并不意味着教育等同于一般意义上的生活，作为从日常生活中分化出来并成为制度化生活的教育（包括课程）总有自己独特的魅力。

（2）兼顾社会需求、儿童发展需要及文化的作用。

应该说张雪门先生的幼稚园行为课程目标经历了一个由批判传统的社会中心到倾向于儿童中心，又由中国的社会现实认识到应兼顾社会与儿童个体两方面的发展过程。这种转变不仅奠定了张雪门幼稚园行为课程在课程史上的独特地位，而且也使其理论超出了纯教育的范畴，考虑到了社会文化在课程中的作用。

（3）强调行动在儿童发展中的积极导向价值。

张雪门提出了"做、学、教合一"的教学方法。他的这一思想是针对幼稚园的"教师只管教，学生只管受教"的情况提出来的，他把儿童从片面的知识灌输中解放出来，让儿童自己做、自己想、自己去发现世界，把儿童作为学习的主体。而教师是在儿童学习活动中自然的"教"，即"做上教"，从而把教师的教和儿童的学统一在"做"上，突出了儿童的主体地位和直接经验。他的"做、学、教合一"的思想超越了杜威单纯的"做中学"，不仅仅是简单的"做"，更有在"做上学"和"做上教"，这样就把儿童的"做""学"与教师的"教"自然、有机地结合起来了，强调了课程实施中行动的积极导向价值，避免了只有盲目的行动而没有发展的倾向，对现代学校的教学具有重要的启发意义。

二、国外幼儿园课程模式

（一）瑞吉欧课程模式

瑞吉欧·艾米利亚（Reggio Emilia）是意大利北部的一个小城市，以其富裕、低失业率和犯罪率、广泛而高质量的社会服务以及高效和诚实的地方管理机构闻名于全国。最近三十年来，该城市的教育工作者、家长和社区成员发展了一套独特而具有变革性的幼儿教育教学理论、幼儿园组织方法和环境设计原则，并自 1981 年开始以"当眼睛越过围墙时"为题在瑞典和世界各地举办展出。1987 年在美国的展出，更名为"儿童的一百种语言"。此后，瑞吉欧成为欧洲幼教的变革中心。

1. 课程目标和内容。

关于瑞吉欧教育体系的课程模式，瑞吉欧教育体系的创始人洛利斯·马拉古奇（Loris Malaguzzi）曾直言道："我们确实没有什么计划和课程。如果说我们靠的是一种值得让人羡慕的即席上课的技巧，那也不正确。我们也不依靠机会，因为我们深信，我们在某种程度上可以期待我们尚未了解的事物。我们确实知道的是，与幼儿在一起，三分之一是确定的，三分之二是不确定的或新的事物。……我们可以相信的是，幼儿随时准备帮助我们，他们可以为我们提供想法、建议、问题、线索和遵循的路线。……幼儿所有的帮助，加上我们对情境的付出，形成了一种十分完美的宝贵资源。"①

从以上的表述中，我们就能看到瑞吉欧课程模式的一大特点就是课程目标和内容的生成性，即它的课程目标和课程内容不是提前预定好的，而是教师与幼儿在课程进行中始终共同协商确定的。教师根据自己对儿童的了解以及前期的经验对可能出现的种种情况作出假设而生成一种具有弹性的目标；同时，教师将根据活动中幼儿的反应以及活动的进程来确定活动的发展方向和具体活动的目标。课程的内容来自周围的环境，来自生活中儿童感兴趣的事物、现象和问题，来自他们的各种活动。

2. 项目教学。

项目教学（也称方案活动）是瑞吉欧课程体系的主要组成部分和表现形式。瑞吉欧教育体系中的项目教学有其自身的特点，主要表现在以下三个方面：

---

① Edwards，C.，Gandini，L. &Forman，G.，The Hundred Languages of Children [M]. Ablex Publishing Corporation，1988：61.

（1）创造性的表达。

马拉古奇认为，只要成人能为儿童安排促进其创造性发展的环境，儿童就有可能运用多种符号系统（马拉古奇称之为"儿童的一百种语言"）表现和表达自己。一百种语言意味着儿童用多种不同的方式或多种不同的符号系统，在不断探索、不断形成假设并不断验证的过程中，记录、理解并表现自己在活动过程中经历的记忆、想法、预测、假设、观察和情感以及最终的问题的解决。它不仅指文字语言，还包括许多非文字语言，包括动作、绘画、建构、雕塑、阴影游戏、拼贴画、戏剧表演、音乐等方式，尤其是这些艺术的语言能够最大可能地把儿童的学习"可视化"，并促进儿童经验的交流。

（2）共同建构。

瑞吉欧教育体系强调儿童学习和发展中社会交往的重要性，相信儿童在作用于材料的过程中产生与他人交流自己想法的需要，并在与他人相互作用的过程中共同建构知识。项目教学多以小组方式进行，儿童与他人的合作、分享、交流和协商是方案活动的核心。

（3）细致多样的记录。

瑞吉欧的教师善于通过持续细致地观察、倾听幼儿，采用如笔记本、照相机、录音机、幻灯机、录像机等不同的工具，从不同的角度对幼儿在不同的探索活动中的全过程进行记录。记录及其整理过程中教师也会不断地反思，包括对活动指导策略的思考，对幼儿认知方式的把握，对方案在不同阶段的进展状况以及幼儿使用多种符号表征世界的方式等进行反省，这便使教师能够再一次地聆听与回顾活动过程，为教师提供了更加了解幼儿想法与做法的机会，帮助教师进一步地确定方案的下一个步骤与路径。记录也帮助幼儿进一步地回忆与记忆，拓宽其学习的范畴，同时也为家长了解幼儿、与幼儿互动、与学校互动提供了机会。

3. 教师的作用。

在瑞吉欧教育体系中，教师是儿童的伙伴、养育者和指导者。高品质幼儿教育最主要、最直接的创造者是幼儿教师，因此，他们非常重视教师所扮演的角色及其作用：

（1）教师是儿童的伙伴、倾听者和活动的参与者，与儿童是平等的。

（2）教师是学校环境的设计者与布置者，引导儿童在讨论与协商中发展方案主题，开展方案活动。

（3）教师是儿童活动的支持者和引导者，帮助儿童发现、明确自己的问题和疑问，鼓励儿童相互交流，共同活动，共同建构知识。

（4）教师是学习者与研究者，在帮助儿童获得全面、和谐发展的同时，也要不断学习，不断研究，提升自己的专业素养。

（5）教师是档案袋的记录者和保存者，通过档案袋对儿童活动进行记录，并为公共展示做准备（在工作室的协助下）。

（6）教师是班级的主要管理者，要具备一定的行政沟通与交流技能，并在各级政府中都是积极的决策参与者和倡导者，与政府密切合作，关注社会及社区的发展。①

4. 课程评价。

瑞吉欧幼教模式的特色体现在很多方面：对儿童合作、主动建构、发现学习的强调；对建立在儿童的兴趣之上的项目教学的重视，这种教学方式不规定时间，有助于儿童深入理解综合了艺术、科学、数字和语言等的课程内容；强调教师系统地研究儿童的学习和知识建构、认真地观察和记录孩子、成为儿童学习的合作者和研究者乃至维持和家长及社区的高水平的双向交流；关注创设美的、变化的、多样性的和启发性的环境等，无不反映出一个与众不同的成功的幼教体系的特色，体现了理想的幼儿教育的发展方向。

资料链接： **不，一百种是在那里**

〔意〕马拉古奇

孩子，是由一百种组成的。

孩子有一百种语言，一百双手，一百个想法，

一百种思考、游戏、说话的方式。

---

① 缪胤，房阳洋. 蒙台梭利教育和瑞吉欧教育之比较研究〔J〕. 学前教育研究，2002（5）.

一百种，总是一百种倾听、惊奇、爱的方式。

一百种歌唱与了解的喜悦。

一百种世界等着孩子们去创造。

一百种世界等着孩子们去梦想。

孩子有一百种语言，但是，他们偷走了九十九种。

学校和文化把脑袋与身体分开。

他们告诉孩子：不要用双手去想，不要用脑袋去做。

只要倾听不要说话，了解但毫无喜悦，

只有在复活节和圣诞节的时候，才去爱和惊喜。

他们告诉孩子：去发现早已存在的世界，而一百种当中，他们偷走了九十九种。

他们告诉孩子工作与游戏、真实与幻想、科学与想象、天空与大地、理由与梦想不是同一国。

因此他们告诉孩子，一百种并不在那里。

孩子说，不，一百种是在那里。

（摘自［美］C. Edwards, L. Gandini, G. Forman. 罗雅芬等译：《儿童的一百种语言》，台湾心理出版社 2000 年版）

（二）蒙台梭利课程模式①

玛丽亚·蒙台梭利（Maria Montessori，1870—1952）是意大利教育家，被誉为在世界幼儿教育史上自福禄贝尔以来影响最大的一位幼儿教育家。蒙台梭利早年从事医学工作，研究智力缺陷儿童的心理教育问题。1907 年，在罗马的贫民区开设了第一所"儿童之家"，将对智力缺陷儿童的教育方法运用于正常儿童。她在儿童教育实验的基础上，经过半个多世纪的探索，创建了一套独特的儿童教育理论和方法，并将自己的这一教育思想和教学方法发展成为一个国际性的运动，对世界儿童教育的改革和发展产生了深刻的影响。

1. 课程目标。

蒙台梭利课程模式以培养儿童成为身心均衡发展的人为目标，通

_____

① 朱家雄. 幼儿园课程［M］. 上海：华东师范大学出版社，2003：247.

过作业的方式，让儿童把内在的生命力表现出来，在作业过程中培养儿童的注意力，在自由和主动的活动中让儿童自我纠正，使儿童在为其设置的环境中成为具有特质的人。

2. 课程内容。

在蒙台梭利课程模式中，教育内容由四个方面组成，它们是日常生活练习、感官训练、肌肉训练和初步知识的学习。教师通过创设环境、提供蒙台梭利教具、对儿童进行观察和引导等方法，对儿童实施教育。

日常生活练习旨在培养儿童的独立自主能力和精神，学习实际生活的技能，并促进儿童注意力、理解力、协调力、意志力的发展以及良好的生活习惯的养成。与儿童自身有关的日常生活练习主要是儿童的自我服务，包括穿脱衣服、刷牙、洗脸、洗手、梳头、洗手帕等；与环境有关的日常生活练习主要是做家务工作，包括扫地、拖地板、擦桌子、摆餐桌、端盘子、开关门窗、整理房间等。

感官训练是蒙台梭利教学法的主要特点，旨在通过视、听、触、味、嗅等感官的训练，增进儿童的经验，让儿童在考察、辨别、比较和判断的过程中提高自己的能力。蒙台梭利设计了 16 套教具，用于对儿童的感官训练。每一套教具都是按从简单到复杂的顺序设计的。在蒙台梭利的感官训练中，触觉训练最为主要，因为蒙台梭利相信幼儿常以触觉替代视觉或听觉。

蒙台梭利将肌肉训练看作有助于儿童的发育和健康，有助于儿童动作的灵活和协调，也有助于儿童意志锻炼和合作精神的培养。蒙台梭利设计了专门的器具，如攀登架、绳梯、跳板、摇椅等，用作对儿童的肌肉训练。蒙台梭利还设计了有音乐伴奏的走步、跑步和跳跃练习以及徒手操，用以锻炼儿童的肌肉力量，发展儿童的节奏感。此外，蒙台梭利还通过儿童的自由游戏，让儿童在玩球、铁环、棍棒、手推车等的过程中得到肌肉的锻炼。

初步知识的学习包括蒙台梭利认为的幼儿可以学会的阅读、书写和算术。在算术教学方面，除了运用感觉教育的教具之外，蒙台梭利还设计了一套算术教学的教具，用于对儿童实施算术教学。算术教学教具的运用是与教学目的匹配的。例如，为了让儿童理解 0~10 的数字和数量，可运用的教具有数棒、砂数字板、纺锤棒和纺锤箱等；为了让儿童认识十进位的基本结构，可运用的教具有金色串珠、数字卡片等。

3. 教师的作用。

蒙台梭利尤其强调教师在教育中的角色及其作用，她自己更是亲自培训合格的蒙台梭利教师，并创立了一套独特的教师培训法。在蒙台梭利教育中，教师的角色主要体现在以下几个方面：（1）教师是"导师"，是"平等中的首席"，应该尊重儿童、热爱儿童，用平等的、谦逊的态度去看待儿童。（2）教师是观察者，应特别重视观察儿童和了解儿童，从而能够真实、准确地把握儿童的内心世界，揭示儿童的需要，洞察儿童的个性。（3）教师是环境与活动材料的创设者和展示者，应该为儿童创设具有兴趣性和探索性的、可供儿童与之相互作用的活动环境与材料，并且知道怎样向儿童传递知识、展示材料的使用方法。（4）教师是儿童活动的指导者和引导者，应该引导儿童积极主动地探索环境、操作材料、发现环境中的问题并通过自己的努力解决这些问题。（5）教师是儿童自由的保障者，保障儿童的活动不受干扰。[①]

资料链接： **有准备的环境**

蒙台梭利对有准备的环境做了如下规定：必须是有规律、有秩序的生活环境；能提供美观、实用、对幼儿有吸引力的生活设备和用具；能丰富儿童的生活印象；能为幼儿提供感官训练的教材和教具；促进儿童智力的发展；可让儿童独立地活动，自然地表现，并意识到自己的力量；能引导儿童形成一定的行为规范。

（摘自《蒙台梭利方法》，［意］玛丽亚·蒙台梭利著）

第一章 幼儿园课程的基本理论

---

① 缪胤，房阳洋. 蒙台梭利教育和瑞吉欧教育之比较研究［J］. 学前教育研究，2002（5）.

（三）海伊斯科普（High/Scope）课程（又称高瞻课程）

High/Scope 课程由美国儿童心理学家韦卡特（Weikart，D. P.）创立，被称为皮亚杰式早期教育方案中最重视教师作用的一种。它倡导的主体性教育与全面发展的理论顺应了各国教育改革的方向，在世界上引起了广泛的重视。该课程以关键经验作为建构课程的框架，通过环境进行教育，在强调幼儿的主动学习的同时，突出教师的指导作用；它特别强调语言在儿童思维发展中的作用；对实施学前教育方案有具体详细的说明，既有指导性原则，又有具体应对的策略，还列举了许多实例，因而具有非常强的可操作性。

1. 课程目标。

High/Scope 课程的发展大致归纳为三个阶段：1971 年之前；1971 年到 1979 年；1979 年至今。该方案从只关注处境不利的特殊儿童群体到全体儿童；从只注重儿童的认知思维的发展到以认知发展为中心，同时注重儿童的社会性与情感的全面发展；从重视人与物的关系到重视人与人之间的关系。1995 年，High/Scope 课程以"主动学习"为核心，围绕发展所必需的一系列关键经验，创设学习环境，引发幼儿与环境相互作用的活动，从而引发幼儿的学习。其主要的教育目标基本上是培养儿童上小学所应具备的认知能力。一直到 20 世纪 80 年代，"主动学习"从关键经验中剥离出来，成为 High/Scope 课程的核心指导思想，其最终目标变成使幼儿成为一个能够主动学习的人。成熟了的 High/Scope 学前课程已经摆脱了以认知为目标的单一课程趋向，开始走向综合化，即非常注重幼儿社会性与情感的发展。①

2. 课程内容。

High/Scope 方案要培养的是一个全面发展的儿童。这种全面发展的理念由 High/Scope 的关键经验体现出来。关键经验是 High/Scope 课程的重要部分，它是对学前儿童一系列社会的、认知的和身体发展情况的描述。因此，熟悉了关键经验，有利于教师将它作为观察、描述儿童行为的工具，更好地理解某阶段儿童正在做的事，理解

① 余忠华，徐旭荣. 浅评 High/Scope 课程 ［J］. 当代学前教育，2008（1）.

他们的想法、兴趣和需要，并以关键经验来指导对儿童的教育，更好地支持儿童的发展。High/Scope 的教师有意识地将关键经验物化为各个活动区的活动材料，并设计相关的活动情境，让儿童在各活动区充分地与材料、环境、他人进行互动以获得学习和发展。关键经验由最初的 5 类 49 条增加到 10 类 58 条，这些关键经验包括创造性表征、语言和文字、主动的社会关系、运动、音乐、分类、排序、数字、空间和时间等方面，每个方面由一些具体的关键经验组成，以此有效促进课程计划和评价指标的制订。

（1）主动学习的关键经验。

① 运用所有的感官主动地探索。

② 通过直接经验发现事物之间的关系。

③ 操作、转换和组合各种材料。

④ 选择材料、活动和目的。

⑤ 掌握使用工具和设备的技能。

⑥ 进行大肌肉活动。

⑦ 自己的事自己做。

（2）语言运用的关键经验。

① 与别人交流自己有意义的经验。

② 描述物体、事件和事件之间的关系。

③ 用语言表达情感。

④ 由教师把幼儿自己的口头语言记录下来，并读给他听。

⑤ 从语言中获得乐趣：念儿歌、编故事、听朗诵和故事。

（3）创造性表征的关键经验。

① 通过听、摸、尝和闻去认识事物。

② 模仿动作。

③ 将模型、图片和照片与真实场景和事物联系起来。

④ 玩装扮游戏和角色游戏。

⑤ 用泥土、积木和其他材料造型。

⑥ 用不同的笔绘画。

（4）发展逻辑推理的关键经验。

① 分类。

A. 探究和描述事物的特征。

B. 注意并描述事物的异同，进行分类和匹配。

C. 用不同的方式使用和描述物体。

D. 描述事物所不具有的特征或不归属的类别。

E. 同时注意到事物一个以上的特征。

F. 区别部分和整体。

② 排序。

A. 比较：哪个更大（更小）、更重（更轻）、更粗糙（更平滑）、更响（更轻）、更硬（更软）、更长（更短）、更高（更矮）、更宽（更窄）、更锋利（更钝）、更暗（更亮）等。

B. 根据某种特征排列物体等。

③ 数概念。

A. 比较数和量：多和少、更多和更少等。

B. 用一一对应的方式比较两个数群的数量。

C. 点数物体和唱数。

（5）理解时间和空间的关键经验。

① 空间关系。

A. 装拆物体。

B. 重新安排一组或一个物体在空间的位置（折叠、弯曲、铺开、堆积、结扎），并观察由此产生的空间位置的变化。

C. 从不同的空间角度观察事物和场景。

D. 体验和描述物体的相对空间位置。

E. 体验和描述物体和人的运动方向。

F. 体验和描述事物之间和地点之间的相对距离。

G. 体验和表征自己的身体：有什么样的结构和各部分的功能。

H. 学习确定教室、幼儿园以及周围环境中各种物体的位置。

I. 理解绘画和图片中所表征的空间关系。

J. 识别和描述各种形状。

② 时间关系。

A. 制订计划和完成计划。

B. 描述和表征过去的事件。

C. 用语言推测即将发生的事件。

D. 按信号开始或停止一个动作。

E. 识别、描述不同的运动速度。

F. 在讲述过去和将来的事件时，学习使用惯例的时间单位。

G. 比较时间的间隔（短、长、新、旧、年轻、年老、一会儿、长时间等）。

H. 注意观察把钟表和日历当做时间消逝的标记。

I. 观察季节的变化。

事实上，这些关键经验并非课程的目标，它们可以通过适合儿童不同发展水平的多种活动来获取。这些活动可以由教师组织，也可以由儿童自发开展。包含关键经验的活动不是相互排斥的，任何一个单独的活动都可以包含几种关键经验。事实上，关键经验不是作为教学的日程，或是特定活动的"菜单"，而是教师了解儿童活动中的知识内容和智力活动过程的提示，它给教师实施课程提供一种方式，把教师从对工作手册和工作程序表的服从中解脱出来。总之，关键经验可被教师作为安排和解释课程的一种组织化的工具，是教师指导儿童活动以及评价儿童发展的框架。[①]

3. 课程的组织和实施。

海伊斯科普课程的实施是由"计划—做（工作）—回忆"三个环节以及其他一些活动组成的。"计划—做（工作）—回忆"这三个环节是课程实施的最重要部分，通过这些环节，儿童有机会充分表达自己所参与活动的打算，也能使教师密切地参与到整个的活动过程之中。

在"计划时间"中，教师给予儿童表达自己想法和打算的机会，通过让儿童做他们自己决定做的事，使儿童体验独立工作的感受以及与成人和同伴一起工作的快乐。在计划制订出来以前，教师与儿童反

---

① 朱家雄. 幼儿园课程［M］. 上海：华东师范大学出版社，2003：261.

复讨论计划，帮助儿童在其头脑中形成自己的想法，以及如何实施其计划的概念。对教师而言，与儿童一起决定计划，为鼓励儿童的想法、提出更好的建议、了解和估计儿童的发展水平和思维方式等提供了机会。

"工作时间"占日常活动的时间最多。在这段时间中，儿童进行他们计划的项目和活动，对材料进行探究，学习新的技能，尝试自己的想法，教师则是鼓励、指导和支持儿童的活动，设置问题情境，并参与儿童的讨论。

"回忆时间"是三个环节中的最后一个环节，通常在整理和收拾时间之后。在"回忆时间"中，儿童与教师一起回忆和表述工作时间的活动。回忆可以通过讲述活动的过程、重温儿童在活动中所遇到的问题、通过绘画表现活动中所做过的事情等方式进行。

除了"计划—做（工作）—回忆"这三个环节，海伊斯科普课程中还有其他的活动。例如，在小组活动时间里，儿童运用教师选择和提供的材料进行活动。在此活动中，教师根据特定的关键经验观察和评价儿童；户外活动时间，除了活动身体以外，还可以让儿童在户外尝试工作时间的想法；集体活动时间，给儿童提供参与大组活动、交流和表达思想、尝试和模仿他人想法的机会，如唱歌、律动、演奏乐器、讨论问题，等等。①

4. 教师的作用。

在海伊斯科普课程中，教师的作用主要是儿童解决问题活动的积极鼓励者。具体来说，教师可以通过以下方法鼓励儿童主动地去解决问题：（1）提供丰富的材料和活动，使儿童能对材料和活动进行选择；（2）明确要求儿童运用某种方式决定计划和制定目标，并在完成目标的过程中找到和评判不同解决问题的办法；（3）通过提问、建议和环境设计，为儿童创造与其思维发展、语言发展和社会性发展有关的关键经验的活动情境。

---

① 朱家雄. 幼儿园课程［M］. 上海：华东师范大学出版社，2003：261－262.

5. 评价。

与其他一些课程模式不同的是，海伊斯科普课程不要求购置和使用特殊的材料作为典型的教育方案，它唯一的花费在于为儿童设置学习环境。在发展水平较低、缺少资源的国家，材料可以来源于自然、家庭废弃物及其他一些"开发性"材料。对教师来说，虽然课程的实施最初很难，但一经掌握，教师则会很自如和轻松。海伊斯科普课程依据发展理论和早期儿童教育实践，多年来在众多的学前教育方案中，是一种一直能高质量地服务于儿童的有系统、有组织的教育方案。海伊斯科普课程被人认为是"适宜儿童发展的教育实践"的一个例证，对早期儿童教育作出了理想的陈述，并通过三十多年的深入研究，已经取得了明显的成效。也许更重要的是，这一课程能使教育者自身得到很好的教育和训练。

（四）银行街（Bank Street）模式

银行街模式的创始人是米切尔（Mitchell，L. S.）。受到浪漫主义和杜威进步主义的影响，米切尔于 1916 年成立了教育实验处，此即银行街教育学院的前身。1919 年约翰森（Johnson，H.）成立了银行街儿童学校（银行街教育学院的实验学校），1928 年拜伯（Biber，B.）也加入了该模式的研究，1930 年教育实验处和其实验学校搬到纽约银行街 69 号继续发展。这时，该项研究被称为"银行街模式"。之后，该模式经历了一个由理论到实践的长期实验过程，对美国和其他国家的幼儿教育产生了重大影响。银行街模式旨在通过儿童与环境之间的互动以及儿童认知和情感之间的互动，促进儿童的全面发展，而不是单纯强调某一方面的学习。因此，该模式到 1971 年正式命名为"发展－互动"模式。

1. 课程目标。

银行街模式的教育目标主要体现在四个方面：一是培养儿童有效地作用于环境的能力；二是促进儿童自主性和个性的发展；三是培养儿童的社会性；四是培养儿童的创造性。

2. 课程内容。

银行街模式对教育内容并未做具体规定，只要求根据教育目标和有关教学原则由教师自主地去选择和组织教学内容。这种教学内容是综合性的，常以"社会学习"为中心。社会学习是有关人与人之间以及人与环境之间的关系的学习，它涉及人们生存的环境及其所处的位置，学习的主题主要取决于儿童的年龄和兴趣，也取决于儿童的生活经验和社会要求儿童掌握的知识、技能。银行街课程常以"社会学习"为综合性课程的主题，教师为儿童获取社会学习和掌握重要技能的经验提供机会。以社会学习为核心展开的课程，共分为6大类：（1）人类与环境的互动；（2）人类为生存而产生的从家庭到国家的各级社会单位及其与人的关系；（3）人类世代相传；（4）通过宗教、科学和艺术等，了解生命的意义；（5）个体和群体的行为；（6）变化的世界。学习的主题可以从对家庭的研究到对河流的研究，其主要取决于儿童的年龄和兴趣，也取决于儿童的生活经验和社会要求儿童掌握的知识和技能。例如，3岁的儿童，课程强调的是儿童对自身和家庭的学习；而对于5岁的儿童，课程则强调对社区服务和工作的学习。在任何一个学习的过程中，课程关注的是儿童在美术、音乐、数学、科学、语言、运动、搭建积木等活动中已有的经验，课程以综合的方式整合这些经验，以帮助儿童对自己的世界加深理解。①

3. 课程的组织和实施。

在银行街早期教育方案中，主题网和课程轮是课程设计和实施中常运用的工具。课程轮的中央是主题，轮辐间的空间可由教师设计各个活动区或活动的内容，允许教师根据需要加以更改、增加或删除。课程的实施常分为以下几个步骤：（1）选择主题；（2）确定目标；（3）教师学习与主题有关的内容，并收集资料；（4）开展活动；（5）家庭参与；（6）高潮活动；（7）观察和评价。

4. 课程评价。

评价是银行街"发展—互动"模式的有机组成部分，它为教师了解儿童如何学习和成长提供了手段，也为教师提供了课程计划和决策的原则。与追随高水平学业成就的评价不同，银行街长期主张更宽泛

---

① 朱家雄. 幼儿园课程［M］. 上海：华东师范大学出版社，2003：241.

的评价方法，这种评价立足于理解儿童如何了解属于自己的世界，并为儿童提供一系列的机会让他们表达自己的理解。此外，评价需要严格地、系统地依据对儿童活动行为的观察和记录，包括教师对儿童表现的观察（如阅读、数学、操作材料、与他人的互动等），儿童活动的文件袋（如艺术、书写、计算、建构等），教师为年龄较大的儿童设计的技能检测表所反映的儿童学习质量（如阅读和书写、日志、实验报告、编列目录、单元学习的总结等）。分析和总结这些资料，能使教师理解每个儿童的特点和需要，能为教师与家长沟通以及下一步计划的确定打下基础。[①]

第三节　幼儿园课程的结构

幼儿园课程的结构主要包括课程理念、课程目标、课程内容、课程的实施与评价等方面。课程目标是课程的灵魂，是教育思想与理念的具体化；课程内容是实现教育目标的载体，是直接作用于儿童的具体活动；而课程的实施则是教育目标与内容的具体操作方法与程序；评价是对课程实施效果的反馈，是衡量课程质量的一把尺子。了解课程的结构有助于有效地设计课程及课程中具体活动的设计与组织实施，为儿童提供高质量的课程。

一、课程理念

课程理念是指编制幼儿园课程的指导思想，它往往反映出课程编制者的儿童观和教育观。因此，不同的课程理念会产生不同的幼儿园课程。在一个幼儿园课程中，理念常常体现在课程的编写说明中，或隐含在课程文本的各方面中，课程理念必须具有可实践性，即能在实践中被实施。

① 朱家雄. 幼儿园课程［M］. 上海：华东师范大学出版社，2003：242.

幼儿园课程的编制不仅仅依靠课程实施方法、形式的改进及课程评价的反馈，更要求有来自课程理念的动力。比如，我国自八九十年代以来，人类生态学的观念、知识经济学的观念等纷纷被纳入幼儿园课程理念之中，使幼儿园课程从单一的学科模式走向多元化，呈现出多样化的格局。因此，开阔视野、广集思路，形成丰富的课程理念，对编制幼儿园课程具有重大意义。

二、课程目标

课程目标是指幼儿园课程要实现的目标。从不同的角度对幼儿园课程目标进行划分，可以形成不同的类型。从时间上划分形成的时程性目标，包括长远目标、中期目标、近期目标、活动目标四种。从儿童发展的角度划分，可形成体、智、德、美四育目标，或健康、社会、科学、语言、艺术等领域性目标。

幼儿期是儿童个性形成的奠基时期，幼儿园教育不以系统知识学习为主要任务，因此，幼儿园课程目标应着眼于未来，立足于培养"个性和谐发展的儿童"。幼儿园课程各类或各层次目标的厘定都应以此为基点并与之相符合。

课程目标是一定的教育价值理念或者教育目的在课程领域的具体化，任何课程目标总是带有一定的价值取向。明确课程目标的基本价值取向，有助于人们更好地把握课程目标，提高制定课程目标的自觉性与自主性。

（一）课程目标的价值取向

根据美国课程论专家舒伯特（W. H. Schubert）的见解，我们把课程目标取向分为四种类型，即普遍性目标、行为目标、生成性目标和表现性目标。

1. 普遍性目标。

普遍性目标一般依据一定的哲学思想或者伦理观、意识形态、社会政治需要而引出的对课程进行原则规范或总括性指导目标。这种目标的特点是把一般的教育宗旨或者原则与课程目标等同起来，因此具有普遍性、模糊性、规范性等特点，对所有教育实践都具有指导作用。

普遍性目标取向体现了课程目标的一般性原则或者宗旨，为教育工作者创造性地阐释教育目的提供了广阔的背景，它可以适应各种具体的教育实践情境与特殊需要。然而，普遍性目标却不可避免地带有一些局限性，如模糊、泛化，并有一定的随意性，对目标设计者本人的哲学观、世界观及教育思想要求比较高，需要我们辩证地把握。

2. 行为目标。

行为目标是具体的，可以操作的，它在目标中明确指出课程实施后在儿童身上可能引发的行为改变。行为目标的特点是具体、精确和具有可操作性。

行为目标在课程领域的确立始于博比特，他曾用"活动分析法"对人类经验和职业进行系统分析，并提出 10 个领域中的 800 多个目标，在行为目标的课程领域确立了最初的基础。泰勒在 1949 年出版的《课程与教育的基本原理》一书中系统发展了博比特等人关于行为目标的理念。他指出，在目标确立之后，应该用一种最有助于学习经验的选择与教育过程的指导方式来陈述。最有效的目标陈述形式是"既指出要使学生养成的那种行为，又指明这种行为能在其中运用的生活领域或内容"，① 即每一个课程目标都应该明确教育的职责。到 20 世纪中叶，著名教育家布卢姆等人继承并发展了泰勒的行为目标理念，他们借用生物学中的"分类学"概念，在教育领域建立了"教育目标分类学"，从而把行为目标发展到新的阶段。到 20 世纪六七十年代，梅杰等人总结并发展了前人的行为目标理念，领导发动了"行为目标运动"，将行为目标取向的发展推到了顶峰。

行为目标学对于儿童掌握基础知识和技能达成一些相对简单的教育目标是有一定意义的，在课程领域科学化的发展进程中起到了积极的作用。但是，行为目标越来越细化，越来越精确化容易导致一些偏差，使教师只看到目标而不见儿童的个性，并且人的许多高级心理是很难用外显的目标进行量化的，也很难观测到，如人的价值观、情感、态度等。

① 泰勒著，施良方译. 课程与教学的基本原理［M］. 北京：人民教育出版社，1994：136.

3. 生成性目标。

生成性目标也称展开性目标。它是在教育情境中随着教育过程的展开而自然生成的课程目标。如果说行为目标关注的是结果，那么生成性目标注重的则是过程，反映的是教育过程中儿童经验生长的要求，反映的是儿童问题解决的过程与结果。生成性目标的根本特点是过程性。

人本主义课程论强调儿童个人的生长、个性的完善与自我的实现。课程的功能就是为每一位儿童提供有助于个人自由发展的、有内在奖励的学习经验。罗杰斯就曾这样说过："凡是可教给别人的东西，相对来说都是无用的，即对人的行为基本上没有什么影响的。能够影响一个人的行为的知识，只能是他自己发现并加以同化的知识。"

生成性目标是非预成性的，在教育情境中自然产生的目标。它充分尊重儿童，使儿童有权利决定什么是最值得学习的。当儿童从事与自己的目标相关联的学习的时候，他们会越来越深入地探究既存的知识。随着问题的解决和兴趣的满足，儿童会产生新的问题、新的价值感和对结果的新的设计。这个过程是持续终身的，因此基于生成目标的课程必然会促进终身学习。

在西方国家，以生成性目标为取向的早期儿童课程或教育方案并不少见，如意大利"瑞吉欧"幼儿教育方案就是典型的以生成性目标为取向的课程。这些课程较少带有预设的痕迹，课程实施的过程能比较充分地发挥儿童的主体性。但是，生成性目标确实带有教育的理想主义色彩，教师实施起来比较困难，需要高超的技术与额外的努力。

4. 表现性目标。

表现性目标是由美国课程论专家艾斯纳提出的。艾斯纳受其所从事的艺术教育的影响，他认为艺术领域里预定的目标是不适合的，从而提出了表现性目标作为补充。表现性目标是指每个儿童在具体的教育情境中所产生的个性化表现，它追求的是儿童反应的多元性，而不是同质性。

艾斯纳认为，课程计划中应该区分两种目标，即教学性目标和表现性目标。教学性目标是在课程计划中预先规定好的，它指明儿童在完成一项或几项学习活动后所应习得的具体行为，如知识、技能等，旨在使儿童掌握现成的文化。教学性目标对大部分儿童来讲是共同的。表现性目标强调儿童的个性化，关注儿童创造性的培养。它不是规定儿童在完成一项或多项学习活动后准备获得的行为，而是描述教育情境中的"际遇"，即儿童在教育中作业的情境、儿童将要处理的问题、儿童将要从事的活动任务等。使用表现性目标意在实现儿童多样性、个体性的反应效果，而非反应的一致性。教师只是提供一个表现性活动的情境，儿童在此情境中获得个人化的意义。

艾斯纳认为这两种目标在课程中都是需要的，而且也都存在于课程实践中。教学性目标适用于表述文化中已有的规范和技能，这样可以使儿童的探究成为可能。表现性目标则适用于表述那些复杂的智力性活动，已有的技能和理解是这种活动得以进行的工具。并且，这类活动有时需要发明新的智力工具，从而导向创造性的活动，这样就使文化得以扩展和重构从而保持勃勃生机。所以艾斯纳提出表现性目标，其用意并非替代教学性目标，而在于完善课程目标，从而使不同的学科、不同的学习活动有更为适合的目标，最终体现对儿童主体的尊重，表现出对"解放理性"的追求。

（二）制定课程目标的依据

1. 对幼儿的了解。

幼儿园课程的一个最基本的职能就是促进幼儿身心的和谐发展，所以编制课程目标时必须关注幼儿的发展、关注幼儿的需要与兴趣、关注幼儿的认知发展、关注幼儿社会化过程及个性形成等方面的规律与特点，以使课程目标有效地引导与促进幼儿的学习与发展。

了解幼儿是制定发展目标的依据，而对幼儿现实需要的了解，可以通过实际观察幼儿的身体动作、认知、情感及社会性等方面的表现来分析得出。并通过对幼儿发展的预期，确立一定阶段幼儿可能达到的水平及个别差异，发现教育上的需要，帮助幼儿建立期望，从而确定什么目标是适宜的，什么目标是不适宜的。

2. 对社会生活的感悟。

幼儿不仅生活在幼儿园中，也生活在家庭、社区与社会之中。幼儿的成长是一个不断社会化的过程，也是一个不断突破时间与空间范围的过程。所以确立幼儿园课程目标也必须关注社会生活及其发展需要。

幼儿对社会生活的需求，一是来自幼儿生活的社区、民族、国家乃至整个人类的发展需要；二是来自包括当前显示的社会生活需要和社会生活未来的发展趋势。

要将社会生活需要纳入幼儿园的课程目标，需考虑以下三条原则：

第一，民主性原则。在"大众主义"时代，幼儿园课程目标应体现社会公平与民主的思想。

第二，民族性与国际性统一的原则。国际化时代的课程应具有国际视野，应把本社区、本国家、本民族的需求与个人的需要统一起来。如在我国的文化与社会价值观中比较关注幼儿的道德品质的培养，所以在幼儿园课程目标中应注意幼儿爱家乡、爱祖国、爱集体、爱劳动的情感萌发；再如，未来的世界是一个"地球村"，人与人之间的交际、合作比较频繁，所以幼儿园课程应关注幼儿与他人之间的交往、合作等品质，使幼儿具有适应将来社会生活的能力。

第三，教育先行原则。教育不能被动适应社会生活的需求，而应超越当前的社会，走在社会发展的前面。

3. 对学科知识的研究与应用。

幼儿园课程的一个重要职能是传递社会文化，使幼儿从一个自然人发展为掌握一定知识和经验的社会人。而学科知识是文化最重要的支柱，因为文化的基本构成和集中体现即是分门别类的学科。因此，学科知识是确立课程目标的重要依据和来源。

施良方认为，学科的功能有两方面：一是这门学科本身的特殊功能；二是这门学科所能起到的一般的教育功能。[①] 在此我们必须清楚的是，学科知识无疑是幼儿园课程内容的构成成分，但对于幼儿来讲，学习这些学科知识的意义取决于我们如何看待学科知识的功能与

① 施良方. 课程理论——课程的基础、原理与问题［M］. 北京：教育科学出版社，1996：102.

价值。如果我们过分强调学科知识的特殊功能，将会导致课程设计者将学习者逐步引向该学科的专门研究，从而强调学科知识的严密体系；如果我们强调的是学科知识的一般教育功能，那么，课程设计者将会更为看重学科知识对学习者一般发展的价值。这两种不同的价值取向直接影响到课程目标的确立。

幼儿园课程所面对的特殊对象——3～6岁幼儿的身心发展特点以及幼儿园教育作为学校教育和终身教育的奠基阶段所具有的性质，决定了幼儿园课程注重的应该是学科知识的一般发展价值而非专门的学术特殊价值。因此，幼儿园课程目标在考虑学科知识时应更多地关注学科知识与幼儿身心发展的关系，关注学科知识能促进幼儿哪些方面的发展。如《幼儿园教育指导纲要（试行）》中学科领域的目标并没有要求幼儿掌握系统、严密的科学知识，而是强调：

（1）对周围的事物、现象感兴趣，有好奇心与求知欲。

（2）能运用各种感官，动手动脑，探究问题。

（3）能用适当的方式表达、交流探索的过程和结果。

（4）能从生活和游戏中感受事物的数量关系并体验到教学的重要和有趣。

（5）爱护动植物，关心周围环境，亲近大自然，珍惜自然资源，有初步的环保意识。①

（三）幼儿园课程目标的表述

1. 从教师角度的表述。

从教师角度表述课程目标比较明确地指明了教师应该做的工作与应该努力达到的教育效果，对于教师明确自己在课程教学中的角色与作用有很大的帮助。从教师角度表述时，会经常采用"鼓励""引导""帮助""使"等字眼，如这样的课程目标表述：

（1）鼓励幼儿提出问题，对事物进行比较，找出互相之间的联系。

① 教育部基础教育司. 幼儿园教育指导纲要（试行）解读 ［M］. 南京：江苏教育出版社，2002：34.

（2）帮助幼儿获得形状、颜色、大小、分类、顺序等概念。

（3）使幼儿体验到在幼儿园生活的乐趣以及靠自己的能力行动的充实感。

从教师角度出发表述课程目标容易促使教师过多地关注自己的"教"，考虑"教什么""怎么教"，而忽略幼儿的"学"，因此多数人主张从幼儿角度表述课程目标。

2. 从幼儿角度的表述。

从幼儿角度出发表述课程目标时，需明确幼儿通过学习后应该达到的发展程度。经常采用"感受""喜欢""理解""能"等字眼，例如：

（1）能初步感受并喜欢环境、生活和艺术中的美。

（2）喜欢参加艺术活动，并能大胆地表现自己的情感和体验。

（3）能用自己喜欢的方式进行艺术表现活动。

（4）注意倾听对方讲话，能理解日常生活用语。

从幼儿角度表述课程目标可以促使教师更多地关注幼儿"学什么"与"怎么学"，关注幼儿的学习方式，关注幼儿学习的效果，促使教师更多地"以学定教"，避免单纯地"以教定学"。

资料链接： **信念的力量**

鲁先圣

鲁西南深处有一个小村子叫姜村，这个小村子因为这些年几乎每一年都有几个人考上大学、硕士甚至博士而闻名遐迩。方圆几十里的人们没有不知道姜村的，人们会说，就是那个出大学生的村子。久而久之，人们不叫姜村了，"大学村"成了姜村的新村名。

姜村只有一所小学校，每一个年级一个班。以前的时候，一个班只有十几个孩子。现在不同了，方圆十几个村，只要与村里有亲戚的，都千方百计把孩子送到这里来，人们说，把孩子送到姜村，就等于把孩子送到大学了。

在惊叹姜村奇迹的同时，人们也都在问，都在思索：是姜村的水土好吗？是姜村的父母掌握了教孩子秘诀吗？还是别的什么？

如果你去问姜村的人，他们不会告诉你什么，因为他们对于秘密似乎也一无所知。

在二十多年前，姜村小学调来了一个五十多岁的老教师，听人说这个教师是一位大学教授，不知什么原因被贬到了这个偏远的小村子。这个老师教了不长时间以后，就有一个传说在村里流传：这个老师能掐会算，他能预测孩子的前程。原因是，有的孩子回家说："老师说了，我将来能成数学家。"有的孩子说："老师说我将来能成作家。"有的孩子说："老师说，将来我能成音乐家。"有的说："老师说我将来能成钱学森那样的人。"……

不久，家长们又发现，他们的孩子与以前不大一样了。他们变得懂事而好学，好像他们真的是数学家、作家、音乐家的材料了。老师说会成为数学家的孩子，对数学的学习更加刻苦；老师说会成为作家的孩子，语文成绩更加出类拔萃。孩子们不再贪玩，不用像以前那样严加管教，孩子也都变得十分自觉。因为他们都被灌输了这样的信念：他们将来都是杰出的人，而有好玩、不刻苦等恶习的孩子都是成不了杰出人才的。

家长们很纳闷，也将信将疑，莫非孩子真的是块材料，被老师道破了天机？

就这样过去了几年，奇迹发生了。这些孩子到了参加高考的时候，大部分都以优异的成绩考上了大学。

这个老师在姜村人的眼里变得神乎其神，他们让他看自己的宅基地，测自己的命运。可是这个老师却说，他只会给学生预测，不会其他的。

这个老师年龄大了，回了城市，但他把预测的方法教给了接任的老师，接任的老师还在给一级一级的孩子预测着，而且，他们坚守着老教师的嘱托：不把这个秘密告诉给村里的人们。

我的几个好朋友就是从姜村走出来的。他们说，他们从考上大学的那一刻起，对于这个秘密就恍然大悟了，但他们这些人又都自觉地坚守起了这个秘密。

听完了这个故事，我一直在被这位可敬的老师感动着。人世间还有什么力量能超过信念的力量呢？他通过中国最传统的方式，在这些幼小孩子的心灵里栽种了信念啊！

我们在为孩子们设定目标时，是否能为每一个孩子在童年树立一个最适合他自己的目标呢？

（摘自余文森编：《基础教育课程改革的四大支柱——教育思想·教育智慧专业精神专业人格》，福建教育出版社2002年版，第17页）

三、课程内容的选择与组织

课程内容是根据课程目标而选择的。它既包括系统知识，也包括一系列活动内容或一组组经验。所以，从整体来讲，幼儿园课程内容是动态的，但它同时又包含着相对静态的知识形式。

（一）幼儿园课程内容的选择

选择幼儿园课程内容时要做到：

与目标的一致性，即课程内容应有利于课程目标的达成。

内容的整体性和关联性，课程内容应该从知识、态度、行为三个方面组织内容，应体现内容之间的融合性、综合性及适切性。

内容的选择既要适合幼儿的一般年龄特征，又要适合个别幼儿的发展水平。

1. 幼儿园课程内容的选择范围。

幼儿园课程的内容范围应该是有助于幼儿发展的基本知识、基本态度和基本行为。

（1）帮助幼儿获取发展中需要的基本知识。

知识是儿童情感、态度发展的基础，也是儿童获得行为、发展能力的前提。幼儿掌握基本的知识便于更好地了解和认识自己的生活环境，有助于对事物的理解。任何课程都不能否认知识的存在与价值。但是需要注意的是，课程中不能过分强调知识的作用，把知识作为唯一重要的内容，将知识的高度、难度和深度拓展到幼儿难以接受的层面，使幼儿对知识的学习产生惧怕和畏难情绪，并以牺牲幼儿的兴趣和自信为代价，就失去了知识在儿童发展中的意义。另外，也不能忽视知识教育，将知识的学习与幼儿的兴趣完全对立起来，也是不可取的。我们应该尊重幼儿的兴趣与发展特点，选择在此阶段可以接受的知识，帮助幼儿获取发展过程中必要的知识。

（2）帮助幼儿形成对事物的基本态度。

态度是伴随在活动过程中的一种体验，任何一个人都会对一定的人或事形成一定的倾向。良好的态度对幼儿学习知识、增强能力、获得适宜的行为方式都有积极的促进作用。因此在选择课程内容时，一定要考虑帮助幼儿获得基本的态度，即帮助幼儿获得作为一个健康人应该具备的良好的心理品质，如自信、正确的自我认识、责任感、归属感、关心、友爱、尊重、同情等。

（3）帮助幼儿获取发展的基本行为。

行为是在一定思想支配下而表现出来的活动，基本行为即指一些基本方式、方法的综合体。有助于幼儿发展的基本行为，其根本在于使幼儿获得有益的基本方式方法。幼儿在游戏、观察、散步、交流、探究等活动中都会表现出一定的方式和方法，而方式和方法的掌握又进一步有利于幼儿获取更多的信息，使幼儿的各项活动开展得更加顺利。

2. 幼儿园课程内容选择的原则。

（1）既适合幼儿的现有发展水平，又要有一定的挑战性。

（2）既符合幼儿的现实需要，又有利于其长远发展。

（3）既贴近幼儿的生活，又有助于拓展幼儿的经验和视野。

（二）幼儿园课程内容的组织

1. 幼儿园课程内容的组织方法。

（1）知识系统组织法。

知识系统组织法是指根据知识本身的系统及内在联系来组织课程的一种方法。该方法强调知识本身的逻辑顺序，对幼儿掌握系统的知识是有益的。由于该方法能够保持学科的体系，所以教师较容易掌握，也有利于完成预定的教学目标。如 20 世纪 80 年代，幼儿园使用较多的"六科"教学，就是按每门学科内在的逻辑顺序来组织课程内容的，并重视这些内容的连续性和顺序性。

（2）心理发展组织法。

心理组织法是根据学习者的心理发展特点，以适应学习者需要的一种组织课程内容的方法。该方法强调幼儿的心理发展特点、经验、兴趣、需要，对调动幼儿学习的积极性、主动性作用很大。由于该方法能够贴近幼儿的需要，所以幼儿较有兴趣，也有利于他们身心的发展和个性培养。如在实践中较常见到的"活动课程"，就是一种打破学科之间的界限，从幼儿需要出发的心理组织法的实践，它使幼儿园课程内容呈现出按心理顺序组织的特点。

（3）纵向组织法。

纵向组织法指的是按照课程组织的某些准则，以先后顺序排列课程内容的方法。该方法重视知识、技能的层次性，根据幼儿的学习特点，课程内容的组织安排由浅入深、由易到难、由简单到复杂、由已知到未知、由具体到抽象，逐渐递进，依次展开。

需要注意的是，纵向组织法的组织排列不是直线式的，而是螺旋递进的，即课程内容会重复出现，但是这些重复出现的内容在深度和广度上都有所增加。这样，有益于幼儿获得更加多样的经验、更加深刻的认识，也有助于他们的持续发展。

（4）横向组织法。

横向组织法指的是按"广义概念"组织课程内容，即打破传统的知识体系，是课程内容与儿童已有的经验连为一体的方法。该方法强调各种知识之间、知识与儿童经验之间、儿童的经验之间形成有机的联系，帮助儿童统整和贯通知识与经验。

需要注意的是，虽然横向组织法与幼儿的发展特征和学习方式较为接近，利于幼儿的学习，但是，要切记置逻辑性于不顾的极端做法，避免出现"大拼盘"式的课程内容。

2. 常见幼儿园课程内容的组织类型。

（1）学科课程组织类型。

这类课程强调按知识的内在联系及其结构组织课程内容。在这类课程中，教师的主要作用是促进学习活动，幼儿的角色是对教师所提供的内容作出反应。因为有明确的目标，教师按照一系列设计好的方案促使幼儿一步步达到这些目标，从而获得较为系统的知识。所以，在传递知识和技能的时候，学科课程一般被认为是经济而有效的。

（2）活动课程组织类型。

这类课程强调根据幼儿的兴趣、需要和发展水平组织课程内容。在这类课程中，幼儿是组织内容时的焦点，通常以幼儿自身的活动为学习的方法，使幼儿从自己的直接经验出发，去解决实际生活中的问题，教师充当顾问及辅助者。因为给幼儿提供了较多自主活动的机会，使幼儿能够获得与环境相互作用的机会，所以，在发展幼儿的动手能力、思维能力以及个性品质方面，活动课程的作用尤为突出。

（3）核心课程组织类型。

这类课程围绕社会问题来组织内容，目的在于通过课程使幼儿获得完整的生活经验，增强幼儿对生活的适应性。这里所谓的社会问题是指幼儿生活中的各种问题，包括认知的、情感的、态度的等所有方面的问题。对于这些问题，一般由教师预先选定、计划好，事先设定好目标，但所选问题应该是幼儿感兴趣的，并且能够促进幼儿主动参与。

核心课程打破了学科界限，使幼儿在运用已有知识解决问题的过程中主动学习，扩展新经验，并获得身心的和谐发展。从这个意义上来讲，这类课程也是运用心理组织法而获得的一种课程类型。因此，如何在系统完整知识的获得与幼儿实际生活经验之间达到平衡，也是此类课程必须加以特别重视的。

一般来说，学科课程偏重知识体系，活动课程侧重心理发展的需要，核心课程则以问题为中心贯穿幼儿的经验。目前我国幼儿园课程类型基本呈现混合型状态，视不同的学习要求，以某一课程类型为主，辅之以其他类型，保证幼儿获得基本知识、基本态度、基本行为等多方面平衡的课程内容，从而促进他们的身心发展。

第四节　幼儿园课程的评价

幼儿园课程评价就是一种以幼儿园课程为评价对象的特殊的认识活动，它是针对幼儿园课程的特点和组成要素，收集相关信息，对幼儿园课程的价值、适宜性、效益作出判断的过程。[①]通过对幼儿园课程的评价，有助于了解课程的适宜性、有效性，有助于调整和改进课程，从而提高教育质量，更有效地促进每个幼儿的发展。

一、幼儿园课程评价的目的和作用

（一）幼儿园课程评价的目的

幼儿园课程评价的根本目的在于通过对课程的诊断，了解课程的适宜性、有效性，为修正、调整和完善课程乃至推广课程提供科学依据，从而提高幼儿教育的质量，促进幼儿的全面发展。评价伴随整个课程系统的全过程。

1. 课程实施前，通过评价选择合适的课程方案。

幼儿园采用的课程方案既可以是由自己开发的园本课程，也可以在已经存在的一些国内外课程方案中去选择。选择、采用之前需要对备选的课程方案作出分析和评价。"通过评价可以比较其在目标设置、内容实施、教学实施以及实际效果等方面的优势，从整体上判断其价值，再结合需要评估，对课程作出选择。"[②] 对课程方案的评价，有助于了解各种课程类型的优缺点，从而结合本园的实际情况，选择合适的课程模式，并作出适当的调整和修改，最终在实际中运作所采用的课程方案。

2. 课程实施过程中的诊断与修订。

"一个好的课程需要通过评价不断地调整与完善，以达到不断接

---

① 王春燕. 幼儿园课程概论 ［M］. 北京：高等教育出版社，2007：128.

② 李季湄. 幼儿教育学基础 ［M］. 北京：北京师范大学出版社，1999：199.

近教育目标的最佳教育效果。"① 完善课程是幼儿园课程评价工作最重要的组成部分。由于评价具有诊断功能，能够使教育工作人员发现课程系统中各方面存在的问题和不足，从而找出问题的原因和影响因素，为课程的进一步调整和改进提供充分的依据。诊断与修订课程是课程评价的基本目的。从幼儿园内部来说，大到整个幼儿园采用的课程方案，小至班级每次的活动方案，都需要通过课程评价发现课程实施中的长处和不足，从而更好地调整和修订课程，通过总结和提炼，形成适宜的课程。

3. 课程结束后的反思与评定。

通过课程评价，可以对课程实施的效果做全面的了解和把握，主要包括幼儿学习后的发展状况和预期课程目标的达成情况，课程目标之外的非预期状况，教师的变化和提高等。

以上关于课程评价目的的认识主要基于幼儿园内部的课程运行系统。在国家和地区层面，也需要运用课程评价参与课程的管理。此时，幼儿园课程评价的目的是帮助各级学前教育主管部门有效地管理课程。一般来说，幼儿园内部的课程评价主要是为了改进、完善现有课程或在此基础上开发自己的园本课程，而教育行政和管理人员评价课程主要是出于鉴别、选择、推广、管理课程的目的。当前，我国幼儿园课程日益多样化，有必要借助课程评价这一手段，收集能反映课程价值的丰富信息，对这些信息进行科学的分析，评价课程的质量，为教育主管部门引导幼儿园课程的健康发展提供决策性的信息。

（二）幼儿园课程评价的作用

幼儿园课程评价一般具有诊断、改进、鉴定、导向等方面的作用，具体表现如下：

1. 幼儿园课程评价具有诊断和改进的功能。

幼儿园课程评价可以满足教师、课程专业人员，幼儿园行政管理人员以及其他负责课程编制人员的需要，通过课程评价，检验或完善

---

① 彭俊英. 对建构幼儿园课程评价方式的粗浅思考［J］. 学前教育研究，2003：7—8.

原有的幼儿园课程，或者开发和发展新的幼儿园课程。

2. 幼儿园课程具有鉴定与导向的功能。

幼儿园课程通过评价，可以满足幼儿教育政策制定者。幼儿园行政管理人员以及社会其他成员获得教育方面信息的需要，从而对课程的实际效果进行评定，对课程是否值得推广，在什么范围内推广以及如何推广等做出结论，以使课程管理更加规范和严谨，从而使行政管理部门制定出能影响课程的各种决策。

二、幼儿园课程评价的类型和特点

（一）幼儿园课程评价的类型

依据评价的时间、评价的主体、评价的对象等不同将评价分为不同的类型。

1. 形成性评价和终结性评价（依据评价的时间划分）。

形成性评价也称过程评价，在课程方案的全过程中，对课程各要素及其相关因素的合理性、适宜性、协调性进行科学分析和判断，并以此调整和改进课程方案，为完善课程提供反馈信息，不断提高教育的有效性。形成性评价可以在课程设计阶段和早期试验阶段进行。

幼儿园在实施课程的过程中要着重使用形成性评价，对教育教学计划执行情况以及教育效果进行测量与评估，以便及时地调整课程计划和教育活动，更有效地实现教育目标和满足幼儿不断发展的需要。

终结性评价也称结果性评价，是在课程方案实施告一段落以后，对课程进行综合性的检验，以判断课程方案是否成功以及是否具有推广价值。终结性评价的功能主要是确定目标是否得以实现以及与其他不同课程的比较。它是一种对课程实施以后所获得的实际效果进行验证的评价方式。终结性评价一般只涉及课程实施的结果，不涉及课程实施的过程，是事后的评估，旨在验证课程的成功程度和推广价值。

值得注意的是，形成性评价和终结性评价并不是截然分开的，两者的划分是相对的，在评价过程中，两者可依时间的相对划分，或对评价结果的作用相互转化。例如，终结性评价的结果可能认为某个教育阶段未达到预期目标，需要对此作出调整或修订，这种情况下的评价就是形成性评价了。反之，在发展课程的过程中，也可对某一阶段的教育作短期效益的终结性评价。

2. 内部评价和外部评价（依据评价的主体不同）。

内部评价又称自我评价，是指由幼儿园内部或教师本人对照课程评价标准，对园内或教师自己的课程实施状况与效果作出分析与判断的一种评价方式。内部评价可以使评价过程成为教师自我认识与提高的途径，有利于改进工作。

外部评价或他人评价，宏观上说，是由有关人士或专门人员组成评价小组，对幼儿园课程的整体实施状况作出判断的一种评价方式。这种情况下，外部评价的作用通常是为教育主管部门有效管理课程提供决策信息。微观层面的外部或他人评价，主要是指在幼儿园内部对课程情况的评价。如幼儿园集体教研或公开课评课中，其他教师对某一位教师组织的教育活动的评价。

3. 整体评价、局部评价、单纯评价（依据评价对象的范围划分）。

整体评价，是指对全国、某一地区或某个幼儿园的课程运行状况进行整体评估，如对某个地区使用某种课程的幼儿园进行质量评估。这种评价范围广、影响因素较多，难度较大。

局部评价，是指对全国、地区幼儿园课程的某一方面或某幼儿园内部课程的某个方面进行评估，如对某市幼儿园课程资源状况的评估。此类评价虽只是针对局部进行，但也应尽量对评价对象作出综合性的分析和判断。相对于整体评价，该评价比较简单易行。

单纯评价，是指对更为具体、微观的课程要素的某个方面进行的评估，如幼儿创造性发展评估、幼儿教师课程设计能力评估等。此类评价最简便易行。

4. 定性评价法和定量评价法（依据评价方式的性质）。

定性评价法，是用简明的文字评语作为各项指标的评价结果，或简单地用一个等级来表示具有多方面内容的现象。例如，对一节集中教育活动做一个定性评价，其评价结果为："课程目标设置合理，内容丰富有趣，教学环节衔接紧密，但是存在教学过程控制程度高的问题。"

定量评价法，是用数字表示评价标准或结果。定量评价要依据高质量的测评作为基础。评价即是对测量结果的某种价值判断。在幼儿园课程领域，因为课程本身的情景化和复杂性，完全定量的评价法是不可能也是不合适的。因此，可以将评价内容进行结构化的分解。如对"角色游戏中教师指导水平"进行评价，可以将评价内容的结构分解为组织游戏活动的目的与计划、游戏材料的准备、游戏时间的安排、指导方式、指导方法、指导效果六大方面。其中每一个项目下面，又可以分解出更加细致的评价指标。如游戏时间的安排这一项里，可以划分为三种程度：游戏时间安排不合理（每天游戏次数太少或时间太短）；游戏时间安排充裕，但利用率不高；一日活动中，科学合理地利用和安排游戏时间，每次游戏活动时间长短适宜。[①]

（二）幼儿园课程评价的特点

由于幼儿园课程与其他学段课程存在较大差异，在课程评价上也有自己的特点：

从评价的目的看：幼儿园课程评价是为了发现课程运作各环节中存在的问题，进一步改进和完善课程，提高幼儿教育质量，最终达到促进幼儿的全面和谐发展的目的。

从评价的内容看：由于幼儿园课程具有生活化的特点，系统的学科知识的学习并不是幼儿园的主要任务，因此幼儿园课程评价的重点不是幼儿知识技能的掌握情况，而是课程方案以及实施过程的适宜性和有效性，以幼儿身心发展水平和兴趣爱好为参照标准，考察课程各个方面是否合适。

从评价的方式看：幼儿园课程评价强调评价过程的自然性，提倡在真实的教育情境中进行评价，教师可以通过观察、谈话、测验、作品分析、调查等多种方法收集所需信息从而对课程进行评价，其中观察幼儿的反应和发展状况应该成为教师课程评价最常用的评价方式。

从评价结果的用途看：幼儿园课程评价的结果主要用于教师审视教育过程、改进课程，提高幼儿教育的质量，评价结果不应作为幼儿或幼儿园排名、选拔的依据。

---

① 虞永平. 幼儿园课程评价［M］. 南京：江苏教育出版社，2006：162.

三、幼儿园课程评价的主体

课程评价的主体即由谁进行课程评价。教育行政管理人员、幼儿园园长、教师、幼儿、家长等均可以成为评价的主体。不同主体所进行的课程评价具有不同的视角和目的。

（一）各级教育行政管理部门作为主体

管理人员根据《幼儿园工作规程》和《幼儿园教育指导纲要（试行）》的精神对全国或地区的幼儿园课程进行评价，其目的是了解幼儿园课程的整体发展状况，评估幼儿园执行国家和地方幼儿园课程政策的情况，衡量幼儿园的办学效益或为课程推广提供决策信息。他们对幼儿园课程的评价具有重要的导向作用，他们的评价标准反映了国家和地区幼儿园课程政策的基本精神。

（二）幼儿园园长作为评价主体

园长作为主体评价目的是了解本园的课程实施状况，整体把握本园的教育质量。"园长在幼儿园课程评价中起着领导、组织的作用。园长是幼儿园课程评价主体的重要决策者和实施者。"① 园长的教育价值观反映一所幼儿园基本的办学思路，园长的评价标准对教师实施幼儿园课程的行为有重要影响。

（三）幼儿教师作为评价主体

幼儿教师作为评价主体，其评价目的是了解幼儿发展的水平，发现课程的优点与不足，改进课程，促进幼儿发展。以教师为主体的评价是幼儿园课程评价的核心，因为教师是课程的实施者，他们的观念和行为是影响幼儿园课程实施效果的主要因素。教师可以通过课程评价及时调整自己的观念和行为，这不仅有助于幼儿的发展，也有助于教师自身的成长与提高。

（四）幼儿作为评价的主体

幼儿也可以作为评价的主体参与评价过程，但是幼儿与其他年龄段的学生不同，他们对幼儿园课程进行着无言的评价。"幼儿评价教

① 虞永平. 幼儿园课程评价［M］. 南京：江苏教育出版社，2006：45—46.

育的内在准则是他们自身的需要和兴趣。"① 幼儿主要是"通过自己的行为反应和发展变化来发表对课程的看法"②。因此，教师要随时观察幼儿的行为反应和发展变化，及时调整自己的教学。

（五）家长作为评价的主体

家长是幼儿教师的重要合作伙伴。他们对课程的评价反映着幼儿园对家长需求的满足状况。家长作为幼儿园课程实施的影响因素之一，同时也是幼儿园选择课程的重要影响因素，因为家长的评价意见关系到幼儿园的生存与发展。同时，家长出于对幼儿教育的关心，对幼儿园课程所提出的宝贵建议，也可以作为课程改进的依据。但是，由于家长的教育观念不一定总是与幼儿园一致，有时他们的观念和对课程的要求甚至是错误的，所以，如何正确地发挥家长对幼儿园课程的影响力，充分利用家长这一宝贵的课程资源，是幼儿园需要加强的工作环节。

四、幼儿园课程评价的客体

幼儿园课程评价的客体即幼儿园课程评价的对象和内容。幼儿园课程评价的内容和范围是比较广泛的，大致可以划分为课程方案评价、课程内容评价、实施过程评价、课程效果评价。

（一）课程方案评价

课程方案是用于指导幼儿园课程实施的课程文本，它是幼儿园课程的结构化的书面表达形式。③ 完整的幼儿园课程方案不仅应当包括课程的目标、内容、组织形式，还应包括课程基本理念的介绍以及课程评价的方案。幼儿园课程方案是幼儿园课程实施的主要依据，决定着课程实施的具体过程，因此需要在选择采用何种课程时，对备选课程方案的课程理念、课程结构、课程资源等要素的科学性、合理性、可操作性等特点进行分析和判断。因此，课程方案的评价是整个课程系统评价的开端。对课程方案的评价可以从不同的角度进行，既可以从课程的总体要素进行评价（见表1-1），也可以从课程的某一个方面

① 虞永平. 幼儿园课程评价［M］. 南京：江苏教育出版社，2006：47.
② 冯晓霞. 幼儿园课程［M］. 北京：北京师范大学出版社，2000：115.
③ 虞永平. 幼儿园课程评价［M］. 南京：江苏教育出版社，2006：48.

进行评价，如课程的方案理念或课程方案结构（见表1-2、表1-3）。课程方案评价的目的是帮助大家分析课程的科学性、有效性和操作性，保证为幼儿提供能够促进其发展的理想化的课程体系。

表1-1 课程方案有效性评价指标

维度	评价内容
效用性	实现不同人的教育需求 协调不同教育群体或个人的教育利益 得到了多方面的关注，在实施中得到社会、社区、教育部门等有力的支撑 评价者值得信赖，有能力胜任评价工作 在后续的课程实施中有拓展的潜力
可行性	提供可供操作的程序，并将不相关因素控制在最小范围内 设计与实施考虑到不同的利益小组，并获得多方的合作 对于资源的运用成本作出预期判断，并能证明资源的花费是物有所值的
适切性	为教师、幼儿及相关教育部门提供不同服务 以书面方式记录正式机构对评价所形成的职责 考虑不同年龄、不同性别、不同性格的幼儿需求，促进每一位幼儿的发展 关注课程的综合性与灵活性 评价机构确保向被评者及相关人士公开所有的评价结果 公开阐明在实施过程中可能遇到的困难及自身的不足
精确性	清晰表达了所处的课程改革背景及所依赖的理念 在目标、内容、组织、评价等指导方面描述准确、简洁 方案中的信息可靠、有效，并得以复查 合理、系统地分析定量、定性的资料 呈现的结果清晰、合理，避免个人情感和偏见 评价是形成性的、多维度的

注：该课程方案的有效性评价指标不仅适用于方案设计之初的评价，也适用于方案实施过程中及实施之后的效果评价，但不同阶段所运用的具体指标有所变化。例如，"实现不同人的教育需求"适用于所有阶段的方案评价，而"得到了多方面的关注，在实施中得到社会、社区、教育部门等有利的支撑"更适用于实施过程中的方案评价，因此在运用时要注意灵活变更。

（表1-1引自胡惠闵、郭良菁编著，《幼儿园教育评价》，上海：华东师范大学出版社2009年版，第130页）

表 1-2　幼儿园课程方案理念评价表

评价内容	评价摘要	得分
课程理念的正确性		
课程理念的清晰度		
课程理念的一致性		
课程理念的综合贯通		
总评		

注：评价得分标准：完全符合要求，3分；比较符合要求，2分；不符合要求1分。

（表 1-2 引自虞永平等著，《幼儿园课程评价》，南京：江苏教育出版社 2006 年版，第 58 页）

表 1-3　幼儿园课程方案结构评价表

评价对象	评价内容	评价摘要	得分
幼儿园课程方案目标	目标的结构性		
	各级目标间的连续性		
	目标的适合性		
	目标与课程理念的相关性		
幼儿园课程方案内容	内容与课程方案目标的一致性		
	内容的适宜性		
	内容的平衡度		
	教辅材料的丰富性		
幼儿园课程方案评价	评价方案的有与无		
	评价主体的多元化		
	评价策略的科学性		

（表 1-3 引自虞永平等著，《幼儿园课程评价》，南京：江苏教育出版社 2006 年版，第 72 页）

（二）具体教育活动设计的评价

幼儿园课程方案中的具体活动设计又称为"教案"。我国目前幼儿园课程实施的现状仍然是以预设课程和集中教学为主，而且有准备的预设课程对有效教学也是有益的，因此作为具体详细体现整个幼儿园课程方案的活动设计，直接影响着教育教学的效果，也成为幼儿园课程评价的重要内容。

一般而言，完整的幼儿园课程方案活动设计主要包括活动背景、活动目标、活动准备和活动过程四大部分，此外还可以加上延伸活动、游戏活动、家园合作、活动区活动等部分。下面主要从活动目标、内容以及活动过程三个方面论述幼儿园课程中具体活动设计的评价：

1. 活动目标的评价。

在幼儿园课程方案的各级目标中，教育活动的目标是最具体、最微观的，直接影响着幼儿园一日教学活动的质量。对于幼儿园具体活动目标的评价需要考虑以下几个方面：

具体活动目标与幼儿园课程方案的理念以及各级目标的一致程度，其中包括年龄阶段目标、学期目标、月目标、周目标等。

具体活动目标的开放程度。目标的设定需要具有合适的开放度，让老师有自主发挥的空间，能够在预设的课程目标和内容之外，生成有益的课程目标和课程内容。幼儿园实际教学中，目标的开放度也与教师的经验水平有关系。经验丰富的教师可能不需要非常具体的课程目标，在教学的过程中能够处理好幼儿的突发情况，对要达到的目标始终"心中有数"。而一个新教师可能就需要具体的课程目标作为行动的指南。

具体活动目标的适合程度。首先，活动目标应该符合相应幼儿的年龄特征，所描述的可能性应该位于该年龄段幼儿的"最近发展区"，即教育的目标必须与幼儿的发展阶段相一致，并略高于幼儿的现有发展水平，使幼儿在成人或同伴帮助下能够从现有的水平提高到一个新的水平区。其次，活动目标还应该适合幼儿发展的需要，并与幼儿的生活紧密联系。如果活动目标脱离了幼儿的生活和经验，对幼儿来说就失去了课程的意义。

2. 活动设计中内容的评价。

活动内容与活动目标的一致程度。幼儿园教育活动内容的选择必须以活动目标为依据，这样才能使教育目标得到有效的实现。比如，在目标设定上突出了幼儿的情感体验，那么在内容的选取上就要多安排能够让幼儿亲身参与、活动的内容。

活动内容的适宜性。幼儿园教育活动的内容既要符合科学性，还要符合幼儿的年龄特点且贴近幼儿的生活，这样的内容才是适合幼儿发展需要的适宜的内容。

3. 活动设计中活动过程的评价。

教育活动过程也就是课程内容的组织和实施的过程，其中主要的是组织的方式和步骤以及教学方法。最基本的要求就是要符合幼儿的年龄特点，且适合相应的教育内容。

（三）课程实施过程的评价

课程方案的实施是整个课程系统运作的中心环节。对课程实施过程的评价是课程评价的中心内容。具体而言，实施过程评价主要包括：了解幼儿在课程活动中的反应（主动性、参与程度、情绪等）；教师的态度和行为（对儿童的控制程度、管理方式、教育机智和技巧等）；师生互动的质量；学习环境（条件和利用方式等）。[①] 通过对课程实施过程的评价，教师可以动态地了解幼儿对课程的适应状况，发现课程的问题，及时地调整课程。对实施过程的评价，教师主要是通过不断反思、发现课程目标、课程内容和教育教学方式与幼儿的发展水平的适应程度来实现的。评价结果将直接服务于课程的完善，是最有可能使幼儿受益的部分。

将教学活动的主体要素设计成量化的观察记录表，可以清晰地观察、了解和评价教育活动过程中目标的达成情况，内容选择的适宜性，观察幼儿在活动中的具体反应和教学过程的具体操作环节，为深入评价提供生动直观的素材，为评课的深入开展提供有效的素材。可以根据评价的需要设计不同的观察评价表，如进行教学活动的等级评定可以从期望性的评价等级出发进行设计，见表 1-4。如果是对教育活动的目的达成效果，教育内容选择的适宜性，幼儿和教师的状态的评价，可参见表 1-5。

---

① 冯晓霞. 幼儿园课程［M］. 北京：北京师范大学出版社，2000：114.

表 1-4　教学活动评价表 1

期望评语（优等标准）	优	良	中	差	得分
教育活动目标明确具体，并能落实	4	3	2	1	
教育内容符合本班幼儿实际	4	3	2	1	
注重活动过程，运用多种教育形式和手段，引导幼儿主要活动	4	3	2	1	
根据幼儿的不同发展水平给予分类指导	4	3	2	1	
幼儿积极性高，思维活跃，有浓厚的学习兴趣	4	3	2	1	
总分					
评语					

（表 1-4 引自虞永平等著，《幼儿园课程评价》，南京：江苏教育出版社 2006 年版，第 130 页）

表 1-5　教学活动评价表 2

	评价要点	评价等级		
		A	B	C
目标	目标的年龄适宜性			
	目标的可落实性			
	目标的和谐性			
	目标实际的达成度			
内容	内容的年龄适宜性			
	内容与目标的一致性			
	内容的科学性			
	内容的生活性			
	相关环境材料的适宜性			
	内容的实际完成情况			
教师	教师讲解的适宜性			
	教师教学策略的适宜性			
	教师对幼儿的关注			
	教师评价的适宜性			

61

评价要点	评价等级		
	A	B	C
幼儿	幼儿的投入程度			
	幼儿的互动机会			
	幼儿面临的挑战			
	幼儿的学习习惯			

（表 1-5 引自虞永平等著，《幼儿园课程评价》，南京：江苏教育出版社 2006 年版，第 130-131 页）

（四）课程效果评价

课程效果评价是一种终结性评价。它是对课程实施后幼儿和教师身上所引起的发展变化进行的分析和评判，是衡量课程方案和教师教育教学行为适宜性的最终环节。[①] 课程效果评价是检验幼儿教育质量的必要手段。"课程效果，有的是显性的，有的是隐性的；有的是长效的、有的是短效的；有的是预期的，有的是非预期的。"[②] 因此，对课程效果的评价是一项非常复杂的工作。课程的效果主要通过对幼儿的发展、教师行为这两个方面作出评价。

1. 评价幼儿的发展，"不只是评价他们掌握与课程有关的具体知识情况，更重要的是评价他们在学习活动过程中的态度、方法、行为方式等"。[③]

我国幼儿园教育以儿童全面发展为目标，把幼儿发展总目标又分解为身体动作发展、认知发展、品德与个性发展等几个方面。"在幼儿发展评价指标体系中，任何一项具体的指标都不能反映全部的发展目标，而只能反映发展目标的某一方面或局部。只有把一群相互联系的指标系统化，组成结构体系，也就是把许多指标组成具有合理性、逻辑性的层次结构，才能反映目标的整体"。[④] 如表 1-6 所示：

---

① 王春燕. 幼儿园课程概论 [M]. 北京：高等教育出版社，2007：137.
② 朱家雄. 幼儿园课程 [M]. 上海：华东师范大学出版社，2003：157.
③ 李季湄. 幼儿教育学基础 [M]. 北京：北京师范大学出版社，1999：201.
④ 虞永平. 幼儿园课程评价 [M]. 南京：江苏教育出版社，2005：172.

表 1-6   我国幼儿发展评价标准①

一级指标	二级指标	三级指标	评价标准			
			1 级水平	2 级水平	3 级水平	4 级水平
身体与 运动发展	健康水平					
	粗大动作 技能	基本动作 技能	见表下注	见表下注	见表下注	见表下注
		综合动作 技能				
		操节队形				
	精细动作 技能					
	生活能力					
认知发展						
品德与 个性发展						

注："基本动作技能"项的评价标准举例。

1 级水平：姿势不正确，协调性、灵活性差，没有方向感。

2 级水平：姿势不很正确，协调性、灵活性较差，有多余动作。

3 级水平：姿势基本正确，比较协调灵活，基本把握方向。

4 级水平：坐立等基本动作姿势正确协调、灵活，能够把握方向，无多余动作。

（表 1-6 引自虞永平等著，《幼儿园课程评价》，南京：江苏教育出版社 2005 年版，第 172 页）

多元智能理论在幼儿阶段的具体运用是"多彩光谱项目"方案，它既是一个幼儿发展方案，也是一个评价方案。该方案把儿童智能发展分为运动、社会、语言、视觉艺术、数学、音乐、科学、生活风格八个方面。评价指标也包括这八个领域，每个领域的内容可以进一步细致地分解，直至可以操作，此项目方案为我们进行课程评价提供了可鉴之处，将儿童发展分为具体的一级项目指标体系，然后逐层分解，三级指标则具体到可操作程度，使评价者可以作出比较准确的判

① 虞永平. 幼儿园课程评价 [M]. 南京：江苏教育出版社，2005：172.

断。为分析课程，分析教师的教学效果，分析幼儿的发展状况提供最为直接的结果，见表1-7。

表1-7 "多彩光谱项目"儿童智能发展评价表

一级指标	二级指标	三级指标	评价标准		
			1级水平	2级水平	3级水平
运动领域	创造性运动智能				
	单纯运动智能测量	跳远	见表下注	见表下注	见表下注
		平衡木			
		障碍跑			
		从高处跳			
		跨栏			
		最后冲刺			
社会领域					
语言领域					
视觉领域					
数学领域					
音乐领域					
科学领域					
活动风格					

注："跳远"项的评价标准举例：

1级水平：身体没有为跳的动作做好准备；未使用胳膊推进身体向前；起跳时身体不够低；双脚不能并拢，跨步而不是跳；跳得不远。

2级水平：完成跳远动作，但起跳准备不够；跳前蹲伏动作夸张或无效；跳时失去平衡，落地时两腿叉开，或者两种动作都出现；使用胳膊推进身体的动作无效；跳程中等。

3级水平：成功地发力跳；用胳膊和躯干推进身体；跳前及跳后双脚均并拢；跳的水平距离长。

（表1-7引自虞永平等著，《幼儿园课程评价》，南京：江苏教育出版社2005年版，第174页）

2. 评价教师的行为，涉及教师从设计、准备直到实施课程的每一个阶段所进行的各项工作的表现及发展情况，包括其中隐含的工作态度等。"主要看教师是否为幼儿提供了适宜的学习经验，所提供的经验是否来源于幼儿的生活，与其已有经验是否有联系；是否能兼顾幼儿全体和个体差异，是否适合幼儿的兴趣和学习特点；还要看师幼关系的状况，教师是否为幼儿营造了有利于学习和生活的健康的心理环境，教师是否为幼儿准备了富有教育意义的丰富的材料，是否重视培养幼儿的学习能力，以及教学目标的达成情况等。"[①]

当然，对上述评价客体的划分是相对的、粗略的。幼儿园课程运行全过程中的各种要素都应当是评价客体。

（五）幼儿园课程评价的标准和指标

在评价课程时，需要有可以衡量课程设计方案、课程实施状况和实施程度效果的标尺。课程评价的标准就是这种衡量的标尺，而评价指标则是评价标准的具体化。如上述的幼儿园课程方案有效性评价指标和幼儿发展指标体系等。

（六）幼儿园课程评价的程序

我国学者冯晓霞教授总结了幼儿园课程评价的一般程序[②]：

1. 一般程序。

课程评价是一项复杂的系统工程，有一些基本的过程和阶段。通常要经历以下几个步骤：

（1）集中问题，即把焦点集中在所要研究的课程现象上。在这个阶段，评价者要确定评价什么和使用的评价类型。评价的是整个课程计划，还是其中的某个部分；是实施过程，还是最后的效果，等等。评价者要详细表明评价活动的目的和内容。

（2）设计评价方案。其中最为重要的是确定评价标准，选择评价工具，规定具体的搜集评价信息的方法和步骤，安排时间进度和评价人员的分工。在方案设计中，应尽可能地考虑如何有意识地积累评价过程本身的资料，以便使评价工作更科学、更客观。

（3）实施评价方案，收集评价信息。如果有设计好的评价表格，

---

① 王春燕. 幼儿园课程概论 [M]. 北京：高等教育出版社，2007：137.
② 冯晓霞. 幼儿园课程 [M]. 北京：北京师范大学出版社，2000：119.

应该按照事先的设计严格填写评价表中的信息，如实记录教育教学过程。

（4）分析评价资料。对搜集的各种信息进行研究和解释，表中搜集到的数据是要对事实说话的，要真实总结，提炼事实资料，为得出结论做准备。

（5）解释资料，得出结论，提出建议。这一环节至关重要，需要在大量量化和质化资料分析的基础上，发现问题，总结经验，提升理论，形成对实践具有指导意义的评价结论，推进课程的完善和发展。

2. 具体步骤。

让我们以一个课程单元为例，看一看在幼儿园的班级，课程评价可以怎样进行。这个步骤其实也适用于整体课程评价。

（1）前评价。

前评价是在设计教育活动之前进行的幼儿学习经验和学习能力评估，以所获资料作为设计活动的参考，也可作为活动之后效果比较的依据。这里的评价不宜用"标准测验"，可以通过观察幼儿在游戏、教学活动中的表现进行，也可以创设一定情境引发幼儿表现自己的认识。例如，进行"光和影"的教育活动之前，教师可以请幼儿画一画自己的影子朋友，从中了解幼儿是怎样理解这些关系的。

（2）活动过程中的评价。

根据前评价的资料，教师初步设计出活动方案并加以实施。在活动过程中，教师还需要不断地对活动情况进行评价，不断研究分析，不断地调整原来的活动设计，使教学活动成为幼儿更感兴趣、更适合幼儿的需要和发展水平的活动，以取得教育的最佳效果。由此，课程实施过程便成为一个"活动—评价—研讨—计划"四者循环不已的历程。

（3）后评价。

教学活动实施后进行的效果评价，并与前评价的资料进行比较，以了解幼儿进步的情况，检查教育目标达到的程度。

对于集体教学来说，效果评价往往要以四分之三以上的幼儿通过为准。活动开始时可以预测一下（比如，让幼儿回答一些有关的问题，操作性的任务可以让他们试着做一做），如有四分之三的幼儿能够完成，便表示此项活动太容易了，不再需要专门的教学。当然，如果幼儿喜欢，也可以在区域活动中让他们自由选择。活动过程中，如果幼儿缺乏兴趣、难以专心活动，或者活动结束后的评估发现只有少数幼儿能够达到预先设想，便表示此项活动难易程度不适当，或者活动设计缺乏变化，教师的启发不够等等。

五、课程评价的原则和应该注意的问题

（一）始终明确评价的目的和意义

幼儿园课程评价的目的在于调整和改进课程，不断提高教育质量。教师和幼儿作为课程实施的主体和客体，必然会成为被评价者。但是，我们必须明确的一点是：课程评价的根本任务是为了发现课程中的问题、找出原因、提出改进的建议和措施，解决问题，完善课程。课程评价本质上应该是一种"对事不对人"的评价，因此，要着重发挥其诊断、改进课程的作用，不宜把评价仅仅作为对教师工作或幼儿发展水平的鉴定手段。如果忽略课程评价的主要目的，处理不好，就会使被评价者产生消极抵触情绪和应付行为，产生不良效果。

（二）评价应以自评为主，充分发挥教师的主体性作用

教师作为正在实施的课程活动的设计者和实施者，对自己的工作是最有发言权也是最需要反思的评价主体。评价的过程是教师运用幼儿发展理论、学前教育原理等专业知识审视教育实践，发现、分析、研究、解决问题的过程，也是他们不断学习、不断提高的重要途径。[①]因此应该培养教师主动进行课程评价的意识，帮助教师提高课程评价和反思的能力，使教师养成自觉地对活动过程进行分析与评价的良好工作习惯，这才是课程评价中主体性的反映。因此，幼儿园课程评价应该强调以教师自评为主，园长、其他教师参与评价，发挥教师群体的作用，共同研究、共同提高。

另外，即使是园长或者他人组织的课程评价活动，也要尊重教师的主体地位，因为任何"外部评价"所提出的改进措施或建议都要通

① 冯晓霞. 幼儿园课程［M］. 北京：北京师范大学出版社，2000：121.

过教师理解、接受和创造性地应用才能落实。外部评价者要充分与教师沟通，尊重他们的说明与意见，并把这个过程作为一个平等研讨的过程，共同商讨解决的方法和改进的方向，把评价的结果作为发展中的一个新起点。①

（三）评价要有利于促进幼儿的发展

幼儿园课程评价的目的是改进和完善课程，提高教育质量，最终的目的仍是落到促进幼儿的发展上。涉及幼儿的学习情况与发展水平的课程评价，要特别注意以下几点：

1. 要注重全面性，要全面了解幼儿的发展状况，防止片面性，尤其要避免只重知识技能的掌握，忽略情感、社会性和实践能力的倾向。

2. 要尊重幼儿的差异性，重视幼儿自身的纵向发展，让幼儿看到自己的优点和进步，增强自信心。避免对幼儿之间作横向比较，以免伤害孩子的自尊心和自信心。

3. 要顾及幼儿的感受，评价应在日常活动与教育教学过程中，采用自然的方法进行，使幼儿感到舒适自然，没有压力，避免外界对幼儿过多的干扰。

4. 要采取多种方式进行评价，要从多个渠道、多个方面和多个角度收集资料，包括对幼儿连续的定期观察和记录、家长提供的资料、幼儿的学习作品等，客观地加以整理和分析。

5. 要合理使用评价结果。课程评价的结果既可以用于改进和完善课程，也可以提供给家长，让家长了解幼儿园课程的发展情况，积极参与到幼儿园的课程建设中，促进家园合作。

（四）幼儿园课程评价应该科学、有效

1. 科学的评价首先要有正确的指导思想和评价标准。幼儿园课程评价的指标要与《幼儿园工作规程》《幼儿园教育指导纲要（试行）》的精神和原则相一致，防止用不适宜的评价指标干扰幼儿园课程。②

---

① 冯晓霞. 幼儿园课程［M］. 北京：北京师范大学出版社，2000：122.
② 冯晓霞. 幼儿园课程［M］. 北京：北京师范大学出版社，2000：123.

2. 幼儿园课程评价是一个涉及多方面的整体工作，儿童发展评价只是其中一个主要的方面，但儿童发展评价不能代表一切，更不能代替对课程本身的评价，不要把二者等同起来。

3. 课程评价应讲求实效性，为改善和提高教育质量提供有用的信息，防止形式化。

4. 评价虽然重要，但其结果的解释和运用更为重要。这需要教师、园长、教研员及有关人员的合作，只有正确解释评价结果和合理运用评价结果，才能达到评价应有的目的。

评价是一个具有很强专业性的活动过程，需要评价者具备一定的专业素养，要懂得教育的相关政策，要了解幼儿园课程理论，对幼儿发展的特点、学习规律、幼儿教育方法等方面有系统的了解，这样才能真正发现好的课程，才能提出有针对性的改进意见，才能进行客观的分析和专业的提炼，引导教师逐步完善课程。

附：幼儿园课程设计典型案例

面对我国幼儿园多种课程类型并存的现实状况，了解各种类型课程的特点、设计思路与需要注意的问题，将有助于我们面对每一种课程时，能够客观地进行分析，并将每一种课程的优势展现出来，设计并实施能够促进幼儿发展的有效课程，并使教师在教研活动过程中的说课、听课和评课做得更有质量和效果，下面提供几个典型的课程案例，并进行分解说明。

案例一　　　幼儿园领域课程的设计思路与注意事项

目前，虽然幼儿园的课程表现为多种形式并存，并互相融合和借鉴，但在许多幼儿园仍然采用学科课程模式为主，辅助以其他课程的形式。在长期的课程实施过程中，教师们已经习惯于将课程分为若干学科或者领域，以知识点为核心，组织内容，向幼儿传递知识和技能，更愿意采用学科或者领域的方式组织教育内容。

随着实践中学科活动暴露出的问题逐渐增多，以及我国幼儿教育研究的不断深入，加上受西方儿童观、教育观等因素影响，许多人开始对学科活动进行反思和批判，并积极探索、尝试其他课程形式，打破了学科活动一统天下的局面。但是，迄今为止，学科活动在我国幼儿园教育中仍然占据重要地位。与此同时，学科活动自身也发生了许多变化，出现了比单纯学科课程更宽泛的课程组织形式即领域课程，如健康、社会、语言、科学和艺术五大领域。

学科活动设计主要包含以下几方面内容：

（一）初步确定适宜的学科及领域目标

在一定教学理论引领下，在新的儿童观和教育观的指导下，通过研习教材及培养目标，分解幼儿园教育的总目标，挖掘学科知识对幼儿发展的价值，制定该学科（领域）目标。这些目标具有普遍性和一般性，需要综合考虑本班幼儿具体情况、可以利用的教育资源、自身已有经验等，初步确定适合本班幼儿的学科教育目标。

在制定了适宜的学科教育目标的基础上，需要在幼儿心理发展理论与教育理论及相关学科知识的引领下，综合考虑幼儿可能的需要与兴趣、可以利用的教育资源、自身情况等，初步制订学期甚至学年活动计划。

制订活动计划过程中，可以参考幼儿园教材中提供的有关活动计划，如下表中所示：

2010—2011 学年下学期大班教育活动计划安排建议表（自编）

年级：中班年级组　　　　　　　　　　　　　教师：×××

科目	目标	课程安排（16 课时）	
语言	1. 乐意与人交谈，讲话礼貌。 2. 注意倾听对方讲话，能理解日常用语。 3. 能清楚地说出自己想说的话。 4. 帮助幼儿理解文学作品，感知文学作品的丰富和优美。 5. 听故事、看图书。 6. 能听懂和会说普通话。	1.《秋天的雨》。 2.《逃家小兔》。 3.《夸夸自己和别人》。 4.《云彩和风儿》。 5.《橡皮筋游戏》。 6.《数字歌》。 7.《太阳的朋友》。 8.《会长大的鞋子》。	9.《心愿树》。 10.《穿裤子》。 11.《变装秀》。 12.《老虎来》。 13.《学包粽》。 14.《赛龙舟》。 15.《毕业诗》。 16.《首都北京》。

科目	目标	课程安排（16课时）	
美术	1. 能先对画面进行构思后再创作，合理表现主题内容。 2. 对折纸活动有兴趣，体验成功的喜悦和快乐。 3. 能结合团圆、压扁、搓长等多种技能组合表现出多姿多彩的图案。	1.《五彩脸谱》。 2.《花儿真美丽》。 3.《城市的建筑》。 4.《神奇的飞毯》。 5.《小帆船》。 6.《海底世界》。 7.《美人鱼》。 8.《飞向太空》。	9.《鸟窝》。 10.《花瓶脸谱》。 11.《造长城》。 12.《啄木鸟》。 13.《神奇的飞毯》。 14.《树叶印画》。 15.《救生圈》。 16.《咏鹅》。
音乐	1. 了解不同环境中的动植物及其与环境的相互关系，参与保护生态环境的活动。 2. 喜欢并较长时间参与科学活动，能主动探索周围自然界，并用绘画或符号的形式记录发现、提出问题、寻求答案；能关心、爱护自然环境。	1.《认识小麦》。 2.《神奇的纸桌》。 3.《水的溶解》。 4.《找种子》。 5.《神奇的尾巴》。 6.《声音的秘密》。 7.《中国茶文化》。 8.《未来的飞机》。	9.《螺丝本领大》。 10.《溶解的秘密》。 11.《好玩的绳瓜》。 12.《郊游》。 13.《有趣的自由落体》。 14.《昆虫保安大队》。 15.《小小气象员》。 16.《蜡烛燃烧的现象》。
……	……	……	

（二）选择与确定活动目标和内容

在学期、学年活动计划具体实施过程中，根据事先制订的活动计划、幼儿当时的需要和兴趣等因素，选择与确定具体的活动目标和内容。

1. 活动目标和内容之间的关系。

活动目标和内容之间是一种相互影响的关系：一方面，初步选择与确定的活动目标会影响活动内容的选择与确定；另一方面，活动内容又会反过来制约甚至决定最终达成的目标，包括事先预定目标，而活动过程中生发出的一些意想不到的新目标，又会进一步影响活动内容的选择与最终确定。

活动目标、内容的选择与确定的过程，是一个活动目标和内容之间多次相互影响、制约和碰撞的循环往复过程，而且这种互动和生成过程将贯穿活动计划设计和实施的全过程。

2. 活动目标和内容的计划性。

事先制订的学期、学年活动计划中，列出了不同周次所要开展的活动名称，甚至还列出了每个活动欲达成的主要目标，以此为主要依据，选择与制定相应的具体活动目标和内容，这就是活动目标和内容的计划性。

3. 活动目标和内容的生成性。

在具体教育过程中，根据幼儿的需要、兴趣，社区或幼儿园中的偶发事件，本班幼儿目标达成情况等，需要及时调整活动内容和计划，进而选择并确定当时当地适合本班幼儿的具体活动目标与内容。这种"调整"必须以教师对幼儿园总目标、所教学科总目标及阶段目标有比较清晰的了解和整体的把握为前提。下面的活动案例较好地体现了这一点：

幼儿每天都遵循着一日常规进行活动，每天中午午睡时把鞋子脱在活动室，由值日生负责放到鞋架上。一天，一个小朋友在做值日生时发现了一个问题，他说："老师，你看多奇怪，我们都是四岁，可为什么穿的鞋有大的、有小的呢?"没等老师来回答，小朋友们就你一言我一语地议论开来，老师在旁边倾听孩子的对话，并适时地加入孩子的交谈。这时老师意识到，幼儿对这个问题很有兴趣，并且凭借头脑中的已有经验，认为这是一个很有教育价值的主题。于是，这位老师和另一位老师共同决定把"奇妙的鞋子"定为生成课程的主题。

为了使活动能够顺利地开展，老师当天在家长园地上要求家长帮助幼儿了解鞋子的有关问题，以便组织开展一次充分的大讨论，收到了极好的效果。

这个主题是儿童在生活中发生的，是儿童根据自身的兴趣生成的。这其中，老师给了学生充分的自由讨论空间，充分关注了儿童的兴趣和需要，并将其纳入"科学领域"的活动之中，让幼儿围绕"奇妙的鞋子"展开科学的讨论活动，拓展了幼儿是知识视野。对于动态生成的每一个问题，老师没有逐一详细解答，因为这将影响儿童独立思考的时间。然而，老师却开始考虑：哪些问题可以再引导儿童深入思考？哪些问题涉及面较广，可以让儿童继续研究……这些问题的圆满解决都需要老师具有教育机智，即在活动中善于根据情况的变化，随机应变，敏锐果断地处理问题，以给予儿童引导和教育，也使得领域活动改变了原来过于死板和僵化的状态，变得更具有变通性。

（三）设计活动过程

选择与确定了活动目标和内容之后，就进入了设计活动过程阶段。在此过程中，教师要尽量设计一些有趣的游戏活动，帮助幼儿通过游戏活动并在游戏活动之中了解与掌握相关知识，获得发展；注意学科之间的相互联系，在关注内容中蕴涵的本学科或本领域教育价值和意义的同时，注意挖掘其中蕴涵的其他学科或领域的教育价值与意义，尽量体现学科之间的相互渗透；活动过程的设计要有一定的弹性，特别是问题的设计应以开放性问题为主。下面以中班数学活动《小动物搬新家》为例：

中班数学活动：小动物搬新家

活动目标

1. 认识 10 以内的序数，能初步认识序数的含义。

2. 会用点数的方法确定物体的排列顺序，能用序数词准确表述物体在序列中的位置。

3. 能从不同方向（从左到右，从右到左，从上到下，从下到上）确定物体的排列顺序。

活动准备

1.10 种动物图片，火车图片一幅，有 10 层的楼房图片一幅。

2. 不同颜色的圆形卡片若干，火车头头饰。

活动过程

1. 谈话导入课题，激发幼儿活动兴趣。

2. 引导幼儿感知横排物体在序列中的位置。

（1）动物排队。

出示动物图片，小动物排成一横队，请幼儿观察排成横排的动物：

① 看一看有哪些小动物？数一数一共有几只小动物？

② 谁排在第一、谁排在最后、其他动物排在第几？

③ 引导幼儿讨论：为什么大家有不同的结论？

④ 教师小结：序数可以从不同的方向数，从不同的方向数得出的结论不同。

（2）小动物乘火车。

① 数车厢（让幼儿知道数车厢时要从车头开始数）。

出示火车图片，让幼儿数一数一共有几节车厢？说说是从哪个方向开始数的？

② 帮小动物乘火车：请幼儿选择一种自己喜欢的动物让它乘车，并引导幼儿说出"我请××动物坐在第几节车厢里"。

③ 教师说某一动物的名称，让幼儿说出它的位置。

3. 引导幼儿感知安排物体在序列中的位置。

（1）数楼房（让幼儿知道数楼房要从下往上数）。

出示楼房图片，请幼儿数一数，说出新房子一共有几层：第一层、第二层……第十层，让幼儿说一说自己是从哪个方向开始数的。

（2）小动物搬新家。

幼儿操作学具，以帮助小动物搬新家的形式帮小动物住进新房子里。引导幼儿说出"我请××动物住进第几层楼房里"。

（3）教师说某一动物让大家用序数词表示小动物在序列中的位置。

4. 游戏"换车厢"。

请幼儿记住每只动物所在车厢的位置，教师待幼儿闭上眼睛后迅速调换动物的位置，然后请幼儿睁开眼睛，说说哪两只小动物换车厢了？说说××小动物原来在哪里，现在在哪里？

活动结束

游戏"乘火车"：请五名幼儿戴上火车头头饰，其他幼儿自选一种圆形颜色卡片，根据所选卡片的颜色乘坐相应颜色的火车，并说出自己所在位置，最后伴随着音乐开着小火车走出活动室。

（案例改编自中国学前教育网）

（四）对学科活动的评价

1. 学科课程更注重课程结构的内在逻辑关系。

学科课程更强调课程内容之间内在的逻辑结构，每一个学科都有自己的知识体系。知识的组织与传授主要是依据学科内部的知识结构展开的，可以帮助幼儿在短时间系统地掌握一定的知识和技能。

2. 学科课程可以为儿童提供系统知识的关键概念。

学科就是将系统的关键概念进行组合形成相对的知识领域，并通过这些关键概念的理解，帮助幼儿从学科的角度认识世界和了解世界，而由此展开的课程，能让儿童把握人类文化和知识的核心内容，并发展起与此学科相关的能力。

3. 学科课程具有一定的历史积淀。

学科课程是一种比较悠久的课程类型，是人们在知识经验长期积累过程中不断形成并延续下来的。人们在此类课程的运用过程中总结了许多经验，创造了许多方法，使得我们从中获得许多有价值的启示。

4. 学科课程比较好操作，易于教师把握。

学科课程系统性强，概念清晰，教师设计和组织教学过程中很多环节和内容可以事先预设，更具有可操作性，尤其对于新教师和经验比较欠缺的教师，可以在课程目标、课程内容和预设的教学环节指引下，借鉴前人的经验进行模仿和学习，使得获取的经验更为直接，接受的指导更为具体。

当然，学科课程也存在一些不足，特别是对幼儿阶段的孩子进行教育，这种课程所存在的问题往往会表现得更为突出。

由于学科教育更强调知识和技能的分门别类，往往忽略了幼儿学习的兴趣；更强调学科系统知识的组织和设计，会忽略幼儿的需要；更强调关键概念的获得和掌握方法，形成技能，容易忽视幼儿的感受。

案例二　　　　　　　　单元主题活动的设计

（一）单元主题活动的内涵

单元应该是一日生活中以某一个重要问题为中心所形成的完整活

动，打破幼儿园的各学科课程界限，将各种学习内容有机联系在一起，使幼儿的学习和生活形成完整的联系。单元主题是一个完整的教学单元，由教师依据时令、节日、幼儿感兴趣的主题和幼儿身心发展特点等，编制整个学期的单元。目前许多幼儿园都是将各领域的内容以单元主题的形式进行组合，将其有机联系在一起。例如，将健康、语言、科学、艺术和社会五大领域的知识融入单元主题之中。各领域学习内容在主题中的比重并不均等，会因主题自身特点、可以利用的教育资源、幼儿特点等因素的影响，而有所侧重。此外，各种学习内容之间的联系应该是内在有机联系，避免"拼盘"现象。

（二）单元主题活动的设计

在具体的幼儿园教育实践中，受到教育理念等因素的影响，单元主题活动的具体组织与开展形式可以是多种多样的。一般来说，单元主题活动的设计应包括以下方面。

1. 选择与确定主题。

单元主题活动中，"主题"起着统率作用，处于核心位置。因此，选择与确定合适的主题，是开展单元主题活动的第一步。

（1）影响因素。

在具体选择与确定主题的过程中，需要考虑以下因素。

① 儿童。儿童的需要、兴趣、生活及已有经验等是影响主题选择与确定的首要因素。教师可以通过观察、谈话、活动等多种形式，了解幼儿的兴趣与需要，了解儿童已经获得的相关经验，在此基础上，考虑可能产生的主题。

② 主题自身的特性。主题中蕴涵的可能的教育价值、可能涵盖的教育内容，也是一个重要影响因素，特别是在有几个主题可供选择的情况下，更是如此。

③ 教师。教师的特长、能力、知识储备等，也会在一定程度上影响主题的选择与确定。这些因素可以在外界影响下发生程度不同的变化，因此对主题选择与确定的影响不是决定性的，如知识储备这一因素可以通过查阅相关资料等方式得以弥补。

④ 可以利用的教育资源。教育资源是单元主题活动顺利开展的

前提和基础，如必要的硬件设施、资料等。因此，在具体选择与确定主题的过程中，教师需要考虑这一主题的开展需要哪些教育资源，包括硬件和软件方面，目前可以利用的教育资源有哪些，缺少哪些，缺少的这些资源能否解决等。

⑤ 已经开展过的主题。单元主题活动内部的联系比较紧密，但单元主题之间的联系相对比较松散与缺乏，与此同时，幼儿园教育活动应该是一个整体。因此，在选择与确定主题过程中，需要注意考虑已经开展过哪些主题，此主题与这些主题之间有哪些联系，包括活动内容、儿童在活动中获得的技能与能力等方面的联系。此外，了解已经开展过的主题，有利于平衡幼儿园课程。

⑥ 学科知识。单元主题活动中，虽然学科知识日益处于隐性地位，但这并不意味着学科知识可有可无。事实上，这种隐性地位可以帮助幼儿更好地体验到知识的意义，特别是在解决问题的过程中体验到知识的价值。在主题选择与确定过程中，应主要考虑哪些学科知识是幼儿必须学习的，主题中蕴涵着哪些可能的学科知识和学习契机等。

教师在综合考虑以上因素的基础上，就可以选择与确定将要开展的主题了。例如，在"西游记"[①]主题活动中，主题的选择与确定主要基于以下考虑：

《西游记》是我国古代四大名著之一，它是一部优秀的文学作品，既充满了幻想，又具真实合理的情节。作品以故事中取经人物所经历的磨难为中心，逐次展开情节，内容曲折有趣。故事中的人物形象具有不同的外形特征，身怀各种变幻技术及打斗本领，具有鲜明的个性及行为特征。《西游记》作为我国的传统经典文学作品，深受人们的喜爱。从小引导孩子进行阅读和欣赏，能激发幼儿对传统文学作品的兴趣，提高其感受和理解的能力，培养其文学艺术素养。作品中富有神奇色彩的故事内容，能吸引幼儿积极主动地去欣赏，从而丰富其想象力，使其获得愉悦的情绪体验。故事中人物不同的个性及行为，可

① 案例来自沈阳市和平区南宁幼儿园教师李杰、闫曦雯。

以帮助幼儿明辨是非、树立正确的善恶观。

幼儿进入大班后期，理解能力、语言表达能力、想象创造能力以及表现力有了进一步的发展。他们平时喜欢听故事、讲故事，尤其是对内容神奇变幻和情节曲折跌宕的故事尤为感兴趣，这些为开展"西游记"主题活动提供了可能。

（2）主题命名。

选择与确定了主题之后，主题名称的确定也非常重要，要避免过于成人化的倾向，用幼儿熟悉、喜欢、易记的，而且容易引发幼儿探索与体验的名称。例如，"动物""植物"等名称，对幼儿就缺乏吸引力，过于平淡，如果稍微变换一下，改为"我最喜欢的一种小动物""我饲养的小宠物"等，就相对好一些，容易让幼儿感觉到这个主题是和自己有关系的，是自己的事情，而非教师布置的任务。

例如，幼儿园课程中以"季节"为主线设计各种活动，活动可以围绕四季轮换及与四季变化相关的自然界的各种物质、气候气象、动植物、人的生活状态等设计幼儿园课程，可以为儿童提供广阔的探索空间，使他们感知大自然的神奇变化，在季节的渐次变更过程中陶冶自我。活动名称有"春姑娘来了""秋天的枫叶""雪花真美丽"等。而这些主题的名称会很快使幼儿想象到他们在大自然中感知万物，如在冰天雪地上自由地堆雪人、打雪仗等嬉戏追逐的情景，不仅会激发幼儿的探索兴趣而且还能使本次的主题活动取得意想不到的效果。

2. 确定单元主题活动目标。

单元主题活动目标的确定，需要综合考虑诸如幼儿园总目标、主题中蕴涵的价值、本班幼儿具体情况等多种因素，还要注意综合性和一般性。综合性即指要涵盖各种学习内容，可以有不同侧重，这些内容之间应该是内在的有机综合。一般性即指目标的着重点应放在促进幼儿终身持续健康发展的基本素质方面。

（1）分析主题的潜在价值。

在确定单元主题活动目标的过程中，首先需要分析主题潜在的多种价值，包括教育价值与发展价值。例如，"西游记"活动主题，至少具有三方面潜在价值，即社会、艺术和文化方面。

社会方面：通过调查、讲述、讨论等活动，了解故事中人物形象、性格特征及主要的故事情节，丰富相关经验；尝试和同伴共同制作相关道具和背景，分角色进行合作表演，体验合作表演的乐趣。

艺术方面：能运用多种手工形式（绘画、泥塑、撕纸等）表现故事中的人物形象与情节，体验动手制作的快乐。

文化方面：知道《西游记》是我国四大名著之一，对民间文学作品产生探索的兴趣；通过念童谣、唱歌和戏曲表演等不同形式表现故事的相关内容，体验念一念、唱一唱的乐趣。

（2）思考主题的潜在方案。

主题的潜在价值之间密切相连，在具体的主题活动开展过程中，可以以其中某一方面的价值为主，其他方面为辅。侧重点不同，便会导致活动具体展开方式的不同，进而导致具体主题活动方案的差异。因此，一个主题就会有多种潜在的活动方案，例如，"西游记"活动主题，就至少有三种潜在的方案：

方案一：以《西游记》中角色关系的探讨为主。

本方案以儿童自主探究为主，主要涉及儿童探究西游记中不同人物角色的不同特点，包括外在服饰、性格、行为等方面，体验不同角色带来的不同感受，并对各角色所承担的任务及各角色之间不同立场及相互关系进行深入体验。孩子们可通过听故事、看录像、讨论、表演等方式，加深对上述经验的理解。幼儿根据已有经验创设了《西游记》人物墙饰，从而把幼儿绘画作品展示出来，加深了幼儿对《西游记》人物的认识。

方案二：以《西游记》中故事场景的艺术再现为主。

以儿童艺术创作为主，主要涉及儿童根据对《西游记》故事的理解，自由想象，并在教师的帮助下，利用画、撕、粘等形式，创设幼儿喜欢的"盘丝洞""花果山""水帘洞"主题情境，供孩子们互相欣赏，感受作品在造型、色彩、装饰图案等方面特点，初步领悟装饰图案中的历史文化、人文底蕴；探究画、撕、粘等不同艺术造型的方法与技能；利用这些经验进行艺术创作、交流与评价、修改与完善。

方案三：以《西游记》的文化探询为主。

以儿童感受《西游记》这部神话所反映的历史文化、人文底蕴，感悟宗教历史与现实之间关系为主，主要涉及儿童参观、访问与调查活动；观看有关反映人类文明进程与宗教信仰之间关系的音像或图片资料，感受与体验人类早期历史文明，感悟正义与邪恶之间、坚持与胜利之间的一系列关系。利用这些经验进行创作与表现，如利用纱巾、报纸、旧衣服与幼儿一起制作金箍棒、袈裟等服装道具，表演"三打白骨精""三借芭蕉扇""大闹天宫"等经典片段。

思考主题的潜在方案，有助于从中选择适宜的活动方案，进而确定适合的单元主题活动目标。

（3）确定适宜的主题方案与目标。

主题的潜在活动方案确定之后，就需要在综合考虑诸如幼儿的兴趣与需要、教师、可以利用的教育资源等多种因素基础上，确定适宜的主题活动方案，进而确定相应的单元主题活动目标，例如，"大话西游"主题中，选择了"方案三"，即"以《西游记》的文化探询为主，辅以其他两方面"，相应的单元主题活动目标为：

① 知道《西游记》是我国四大名著之一，对民间文学作品产生探索的兴趣。

② 通过调查、讲述、讨论等活动，了解故事中人物形象、性格特征及主要故事情节，丰富相关经验。

③ 通过念童谣、唱歌和戏曲表演等不同形式表现故事的相关内容，体验念一念、唱一唱的乐趣。

④ 能运用多种手工形式（绘画、泥塑、撕纸等）表现故事中的人物形象与情节，体验动手制作的快乐。

⑤ 尝试和同伴共同制作相关道具和背景，分角色进行合作表演，体验合作表演的乐趣。

3. 设计单元活动内容。

根据单元主题活动的目标、幼儿的需要和兴趣、可以利用的教育资源等因素，设计一系列活动内容，可以初步确定每个活动的名称、目标，还可以标明每个活动主要涉及的领域。"西游记"的活动内容如下：

《西游记》单元主题活动名称及目标

序号	活动名称	活动目标
1	分享调查问卷	1. 能清楚向别人介绍自己熟悉的《西游记》人物特征。 2. 了解《西游记》的主要内容以及主要人物性格。
2	取经四人行	1. 理解有情节的儿歌内容，学会有表情地朗诵儿歌。 2. 能大胆表现人物特点，体验表演的乐趣。 3. 知道不要跟陌生人走，有正确的安全意识。
3	我变变变	1. 学会歌曲，唱准切分音，能随音乐进行不同的造型变换。 2. 了解猴子的动作特点，能用形体动作进行表现。
4	水帘洞乐翻天	1. 理解故事内容，大胆想象花果山水帘洞的情境。 2. 能根据故事情境运用多种材料布置环境。
5	迷宫盘丝洞	1. 能与同伴合作，用橡皮筋在空间制造迷宫，提高解决问题的能力。 2. 增进身体的灵敏性和协调性。
6	美猴王	1. 了解猴子的特征。 2. 掌握条状泥和块状泥的组合结构。
7	神奇妙妙瓶	1. 初步观察热胀冷缩现象。 2. 具有敢于假设和乐于实验的科学态度。

需要注意的是，这些单元主题活动在具体开展前设计好单元活动名称、目标等，便于在具体开展过程中发挥引领和指导作用。在活动开展过程中幼儿可能会遇到各种意想不到的反应、偶发事件等多种因素的影响，目标会提醒教师适时进行引导和作出相应的调整。

4. 立体化思考单元主题活动中环境资源的有效利用。

可以就单元主题活动的"区域活动""环境资源""园外资源"等方面提出一些思考和建议。为了主题活动的顺利开展，教师需要考虑主题活动开展过程中，需要哪些相应的区域活动，区域活动中需要投放哪些材料，需要创设怎样的环境，需要以及如何利用园外资源等问题，还要考虑如何使这些方面围绕主题形成教育合力。例如，在"西游记"主题活动中，设计者列出了如下相关环境资源：

（1）主题墙。

① 依据幼儿感兴趣的"三打白骨精""三借芭蕉扇""金角大王、银角大王"等经典故事片段，师生利用绘画形式，共同制作"西游记"的主题墙。

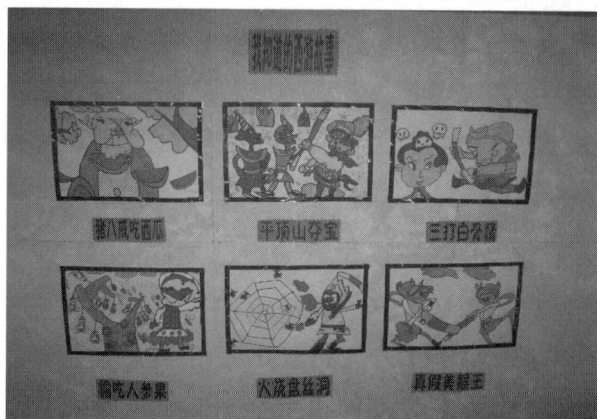

② 利用画、撕、粘等形式，创设幼儿喜欢的"盘丝洞""花果山""水帘洞"主题情境，供幼儿欣赏。

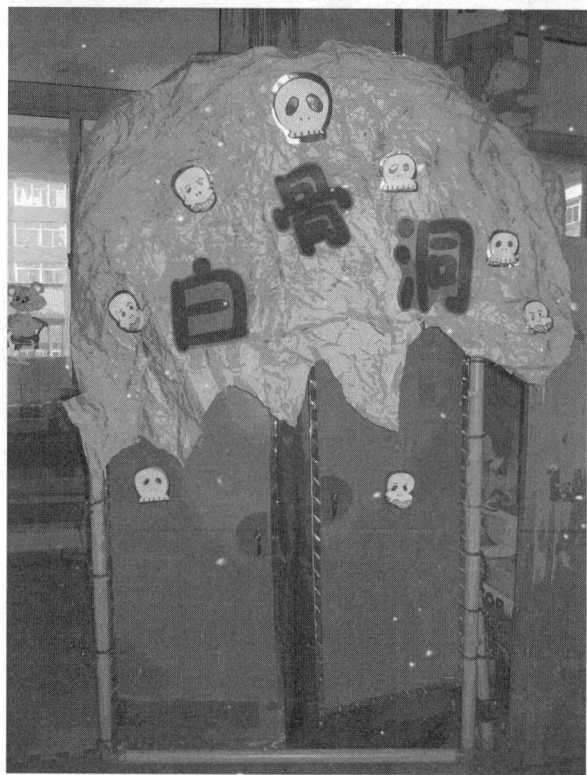

③ 创设《西游记》人物墙饰，将幼儿绘画作品展示出来，加深对《西游记》人物的认识。

（2）活动区。

语言区：提供《西游记》故事图书或图片，供幼儿观赏讲述。

美工区：投放彩笔、彩纸、废旧图书、橡皮泥等材料，运用绘画、捏泥、制作等形式，创作自己喜欢的《西游记》中的人物形象、使用的兵器，也可进行经典故事的连环画创作。

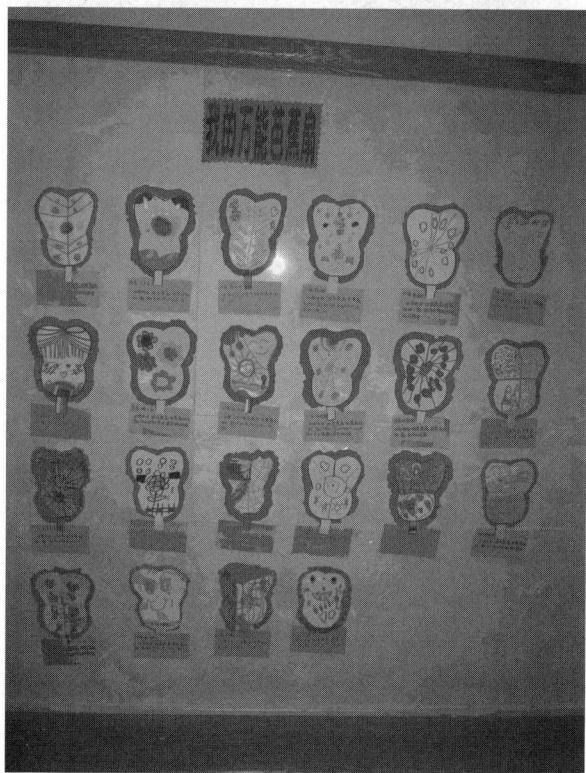

（3）家园共育。

① 请家长在家里观看动画片或图书《西游记》，并给幼儿讲一些其中有趣的故事情节。

② 利用纱巾、报纸、旧衣服与幼儿一起制作金箍棒、袈裟等服装道具，表演"三打白骨精""三借芭蕉扇""大闹天宫"等经典

片段。

5. 设计具体活动方案。

一个完整的活动方案，至少包括活动名称、活动目标、活动准备和活动过程等部分。研究表明，儿童，特别是年幼儿童，主要是通过动手操作学习的。与此相适应，设计主题中的具体活动方案是，需要设计一些幼儿能够而且喜欢参与的、开放的、有趣的游戏活动，帮助幼儿在活动中进行个性化的学习与发展。例如，《西游记》中的"活动二——取经四人行"的活动过程是这样设计的：

活动二：取经四人行

活动目标

1. 理解有情节的儿歌内容，学会有表情地朗诵儿歌。

2. 能大胆表现人物特点，体验表演的乐趣。

3. 知道不要跟陌生人走，有正确的安全意识。

活动准备

《孙悟空打妖怪》音乐、动画课件。

活动过程

1. 观看《孙悟空打妖怪》课件，欣赏儿歌，理解儿歌内容。

2. 提问：这首儿歌都有谁？讲了一个怎样的故事？

引导幼儿按儿歌内容依次说出唐僧、孙悟空、猪八戒、沙和尚、老妖婆等人物特征、所用兵器和本领……

3. 学说儿歌。

(1) 教师边操作课件，边完整朗诵儿歌。

(2) 幼儿跟随儿歌课件学说儿歌。

4. 鼓励幼儿自由表演。

(1) 引导幼儿创编人物动作。

(2) 带领幼儿根据儿歌内容边朗诵边表演。（播放完整儿歌课件）

5. 小结：安全教育。

教育幼儿不随便和陌生人讲话；不吃陌生人给的东西；不能随便跟陌生人走，要学会保护好自己。

活动延伸

1. 音乐区：欣赏由此儿歌创编的《孙悟空打妖怪》Flash动画。

2. 语言区：投放有关"孙悟空打妖怪"的故事书，让幼儿欣赏阅读。

附儿歌：

《孙悟空打妖怪》

唐僧骑马咚那个咚，后面跟着个孙悟空。

孙悟空，跑得快，后面跟了个猪八戒。

猪八戒，鼻子长，后面跟着个沙和尚。

沙和尚，挑着箩，后面来了个老妖婆。

老妖婆，真正坏，骗过了唐僧和八戒。

唐僧、八戒真糊涂，是人、是妖分不出。

分不出，上了当，多亏悟空眼睛亮。

眼睛亮，冒金光，高高举起金箍棒。

金箍棒，有力量，妖魔鬼怪消灭光。

这个案例的活动过程部分，包含了大量幼儿参与的有趣的游戏活动，如"创编人物动作"等。在这些有趣的活动中，幼儿实现了个性化的学习与发展。

单元主题课程在越来越多的幼儿园得到广泛应用，主要源于它整合了以儿童为中心的教育理念，并在课程实施中关注活动对幼儿发展的整体性影响，避免了对系统的学科知识学习的过度关注，但是单元主题的选择、设计和实施需要我们更深入地研究和挖潜，以期为幼儿的发展创造更为有效的教育环境。

6. 对单元主题活动的评价。

单元主题活动是目前幼儿园中重要的活动形式，在开展单元主题活动的过程中，也随着时间的推移不断地在发展和变化，要在开展单元主题活动的过程中正确认识其长处和局限，以不断完善单元主题活动。对其评价要从以下方面着手：

（1）以单元主题为载体，加强各领域之间的融合与联系。

单元主题活动重视各学科知识之间的横向联系，力求使不同学科知识围绕主题有机联系在一起，并希望用这种整体性知识影响儿童，使儿童最终建构起完整的内部知识结构。但是，对学科知识之间横向联系的强调并没有自然导致儿童形成完整的内部知识结构。总体来看，单元主题活动偏重考虑外部各学科知识之间如何才能形成一个有机整体，不同程度地忽视了儿童内部主动建构的过程，这是应该引起主题设计者的反思的。

（2）平衡幼儿知识获取与发展能力之间的关系。

现实中很多单元主题活动往往显示出比较明显的知识中心，主要按照学科知识的内在逻辑组织与开展活动，与学科活动中多条学科知识逻辑并存或平行不同的是，单元主题活动中的学科知识逻辑更趋于复合或交织，即多条学科知识逻辑相互交织或复合在一起，共同组成复合或交织的学科知识逻辑。这种按照复合或交织的学科知识内在逻辑组织与开展活动的特点，决定了单元主题活动在本质上还是以知识为中心，强调知识的学习，忽视了对幼儿能力的培养和挖掘。

"西游记"是一个教师预设很成功的主题活动，对其评价我们可以从以下几个方面来分析：

① 深入挖掘文学名著中的教育价值。

教师充分挖掘我国传统文学作品《西游记》中的教育价值，敏锐地抓住幼儿很喜欢《西游记》的故事和其中的人物形象的契机，同时依据大班幼儿对事物充满好奇、爱想象、爱创造的年龄特点设计了系列主题活动。通过活动使幼儿深刻感受到经典文学的艺术魅力。

② 主题活动的设计内容丰富、形式多样。

活动内容重包括问卷调查、学说儿歌、音乐表演、动手布置活动环境及有趣的科学小实验，涵盖了幼儿园五大领域的教育目标。幼儿在听听、说说、唱唱、跳跳、做做中，学到了有益的生活和知识经验与能力。

③ 尊重幼儿的个性和兴趣需要。

在每次活动中，教师给予幼儿很大的创造空间，鼓励幼儿动手、动口、动脑，激发孩子们富有创意的思维，使幼儿的想象力、创造力得以最大化地发展。幼儿在活动中丰富多彩的作品表征就印证了这一点。

④ 在自由快乐中习得有益的经验。

活动设计的成功与否在于孩子的认同和接受。整个主题活动孩子们始终处于积极愉快的情感体验中，通过感受、欣赏、创造、体验等，形成了积极的人生观、价值观、善恶观，这对于幼儿一生的可持续发展起到了重要的作用，这也是本次主题活动能成为经典主题活动的重要原因之一。

案例三　　　　　　意大利瑞吉欧幼儿课程方案[①]

（一）课程目标

瑞吉欧教育体系所追求的目标是让儿童愉快、幸福、健康地成长，其中儿童的主动性、创造性被视为愉快、幸福、健康的前提与核心。也就是让儿童更健康、更聪明、更具潜力、更愿学习、更好奇、更敏感、更具随机应变的适应能力，对象征语言更感兴趣、更能反省自己、更渴望友谊。

（二）课程内容

瑞吉欧教育没有固定的教材或预先设计好的教育活动方案，也没有事先设计好的课程内容。课程的产生来自于儿童生活的周围环境，来自于儿童感兴趣的事物、现象和问题，来自于他们的各种活动。

瑞吉欧的课程实践表明，日常生活中有取之不尽、用之不竭的丰富资源。真正让儿童感兴趣和专注探究的活动并不一定是新颖或奇异的事情，那可能是短暂的兴趣，并不能长久坚持，而充分揭示日常生活中意义的普通事情往往更具有生命力，更能让儿童长久坚持，并探讨其中的价值，萌发持久的兴趣。

瑞吉欧的教育由于没有预先指定给所有幼儿必须学习的正规课程，教师便可以充分利用孩子感兴趣的身边事物，创造更有益于儿童学习的机会。而且，熟悉的情境使得儿童能熟练地运用自己的经验，能够在自己的计划中独当一面，能积极主动地学习。

---

① 王春燕. 幼儿园课程概论［M］. 北京：高等教育出版社，2007：237.

除了围绕自己感兴趣的事物和问题开展研究外，年龄小一些的孩子从事许多他们感兴趣的活动：积木游戏、角色游戏、听故事、游戏表演、烹调、家务活动以及穿衣打扮等自发性的活动，还有许多如颜料画、拼贴画和黏土手工等。以下面这个活动为例：

主题——黑漆漆的夜晚①

这个方案最初的构想来自于 3 月 26 日 20：30—21：30，"地球一小时"，许多孩子在爸爸妈妈的带领下感受了黑黑的夜晚。第二天孩子们自由地交谈：

大宝："昨天晚上可黑了，什么也看不见，可吓人了。"

毛毛："我用手电上厕所了。"

李朋锴："夜晚有猫头鹰。"

高一铭："晚上有蝙蝠不睡觉。"

王嘉扬："小猫晚上不睡觉。"

修逢源："夜晚有星星、有流星可以许愿，夜晚还要吃晚饭、睡觉、洗脸、刷牙。"

邸子明："小朋友晚上都睡觉。"

李美萱："夜晚小猫抓老鼠。"

刑 栋："晚上有大灰狼出来。"

韩梓健："晚上可以放鞭炮。"

桑一桐："晚上还可以放礼花。"

展一桐："晚上有大老虎。"

陈祉嘉："晚上抓小偷。"

苏轼勋："晚上有月亮。"

修逢源："晚上有流星，能许愿吗？"

张笑颜："我睡觉以后，有没有小偷来偷东西？"

刘蕊菲："我睡觉以后，理发店里还有没有人去剪头发？"

李美萱："我睡觉以后还有人在玩儿吗？小鱼晚上睡不睡觉？"

---

① 马拉古奇. 孩子的一百种语言［M］. 张红军，译. 台北：光佑文化事业股份有限公司，1996：122—127.

刘一萱："老鼠睡觉不睡觉？"

高一铭："蝙蝠晚上做什么？"

展一桐："猫头鹰晚上做什么？"

李朋锴："小螃蟹晚上睡不睡觉？什么花喜欢晚上？"

韩梓健："我想知道晚上有没有小猫出来，有没有我不知道名字的小动物出来玩儿啊？"

孩子们的讨论随着时间的推移，兴致越来越高。可以看出相对黑夜来说，孩子们更喜欢白天，他们对黑暗有些恐惧。

除了黑，孩子们对自然界的事物还有哪些了解呢？我也参加了孩子们的讨论。问大家："黑夜是怎样的呢？""黑夜天上有星星和月亮。""夜晚的灯很漂亮。"……孩子对黑夜的理解多与星星、月亮有关系。我问小朋友白天人们在做什么事呢？黑夜里小动物们又会做什么事呢？太阳什么时候升起？月亮又是什么时候升起呢？

围绕着"夜晚"的话题，孩子们谈了很多，也很兴奋，教师及时抓住孩子们的兴趣点。于是，一个具有想象力，同时也鼓舞人心的主题就出现了：黑漆漆的夜晚。

从这个主题中，我们可以看出，教师能及时抓住幼儿谈话的关键点与兴趣所在。同时这些都是发生在幼儿生活中的事，都是幼儿熟悉的，这样他们就可以根据自身的认知提出问题，设定探索的范畴，幼儿将有许多机会参与不同的活动，全心全意地投入真实的探索活动，去体会或体验一些角色，分享意见与经验，学会解决问题。

（三）课程的组织与实施

瑞吉欧的课程与教学主要是以"项目活动（Project Approach）"或"项目工作（Project Work）"的方式展开的，项目活动是瑞吉欧课程与教学的主要特色。所谓项目活动是指一群儿童以小组形式，运用多种接近客观事物与主观经验的方式方法，对于真实的生活事件和日常情景中的现象所进行的长期而深入的研究活动。

下面我们以"神奇的管子"方案①为例，简单介绍一下关于方案

---

① 此案例来自沈阳市铁西区教工幼儿园执教教师：龙琳琳　指导教师：张艺。

主题的展开或进行。

1. 关于"神奇的管子"方案的最初情境。

主题的产生是由于一次有趣的谈话：这天孩子们在户外活动玩到满头大汗，这时一个小朋友说道："真想喝可乐！""对呀！我最喜欢肯德基的可乐，有吸管可以吸出来。有的时候吸不好，可乐自己就跑出来，可有意思了。""我爸爸在家给鱼换水的时候，也是像吸吸管一样，水一下子就出来了。可好玩了。"就这样孩子们你一言我一语地热烈讨论起来。后来在进教室的时候孩子们还在走廊里对发现的一些暖气管子、水管子不停地讨论着……

在生活中我们随处可见各种各样的管子，管子对于我们既熟悉又陌生。可是管子的用处却十分大，几乎跟我们生活相关的内容都有管子的存在。

我们班的孩子因为有了以往对探究活动的经验，因此在观察事物的时候更加专注，更加喜欢亲自去动手体会，因此我们的主题活动出现了——神奇的管子！

当然，这个主题并非全班幼儿集体参加。瑞吉欧教育理念告诉我们，教师要相信小组的方式更便于幼儿的学习与彼此的意见交流、讨论，也便于小组幼儿与全班幼儿互动、分享知识与经验。因此，教师决定在对管子较感兴趣的一个小组幼儿中进行方案，而且男女各半。

2. 教师们讨论方案可能进行的方向。

在孩子们尚未正式开始进行方案之前，教师们要先讨论关于方案的各种可能性、假设及方案可能进行的方向。教师们要在一起开会、讨论：

（1）提出一些启发性的问题，用于在和幼儿的第一次讨论中。

（2）预定通过与幼儿的谈话，了解与评估幼儿对管子的外形特征、功能及用途等初步的认识程度。

（3）如何鼓励幼儿以使他们产生观察、提问、建议与假设的欲望，同时让幼儿设定方案的初步方向。

（4）教师如何不断地合作以对方案进行关键性的影响……

经过初步讨论，教师列出了如下可能的主题网络：

主题网络部分图示

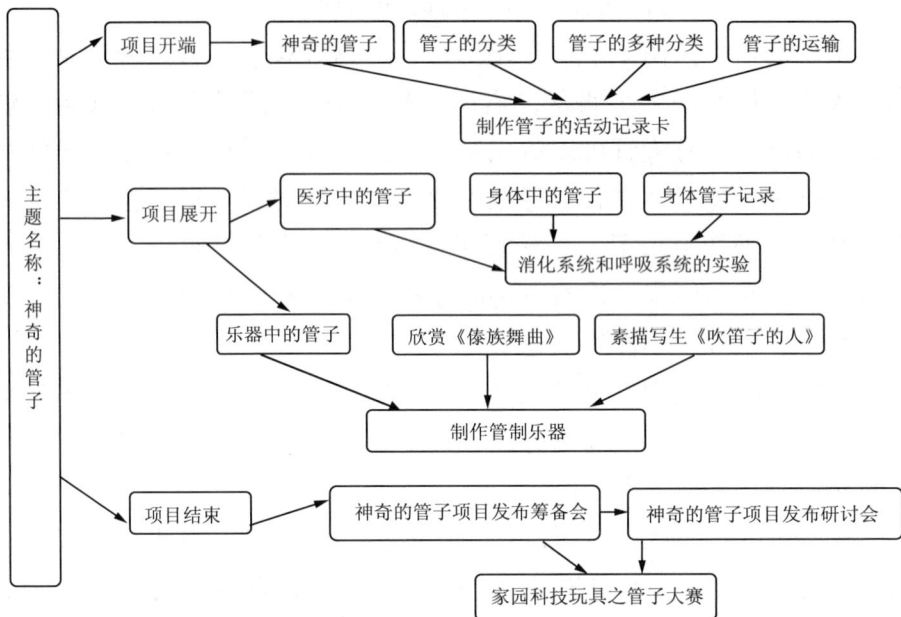

3. 方案的进行。

瑞吉欧教师们认为，任何方案的进行必须首先设立目标并评估幼儿与方案相关的知识和兴趣，这是非常重要的一步。然后，协助幼儿设立一个适当的情境，以使幼儿能从一开始就参与问题的探索。

（1）建立"我就是我们"的认同感，强调团体学习。

方案教学的第一步是建立包括小组成员在内的小社区，发展出对"我们"的认同。瑞吉欧教师把它称作"我就是我们"，以代表我们在共同分享，代表每个幼儿都可提出最好的想法，代表团队间意见的交流，并通过交流刺激新奇的事情发生……而所有这一切是无法靠单个人完成的。教师的重要作用就是激励每位幼儿竭尽所能投入小组的探索活动，进而从中获得成长。所以方案的主题是什么并不重要，重要的是幼儿在与其他人的互动中与其他人一起感觉、思考、工作与成长。在"神奇的管子"项目活动中，孩子们一起找寻身边的管子，他们惊喜地发现了"走廊楼梯的管子""大型滑梯的管子""汽车里的管子""食堂里的管子"等。孩子们不断地交流着自己的发现、彼此收集到的关于管子的不同信息。

（2）鼓励幼儿表达对"管子"的认识——绘画。

教师让这些幼儿聚集在工作坊，围着一张大圆桌，鼓励他们画出他们经过观察所发现的各种各样的管子。孩子们看着彼此所画的管子，纷纷议论着……

（3）教师与孩子的谈话与讨论。

当孩子们完成作品后，教师就单独与每一位小朋友谈论他们的作品。然后集合全组的幼儿进行小组讨论，提出一连串开放性的问题，鼓励幼儿们彼此进行讨论。例如，这是什么管子？这个管子可以做什么用？没有了它，我们的生活会怎么样？如何正确使用这个管子帮助我们做事情？……让幼儿充分地发表自己的见解，以此作为以后主题展开或游戏进行的重要依据。

（4）教师的记录与分析。

在幼儿们谈话的过程中，教师要以录音的方式记录下关于主题的重要对话，尤其是一些关键性的过程。这样就可以去分析研究，什么样的话题引起幼儿最大的兴趣，幼儿之间是如何互动的，幼儿之间有哪些共识，幼儿在谈话中表露出哪些方面的认知冲突等方面的问题。在这一过程中，教师们发现，其中三位幼儿对管子的认识经验特别丰富，他们的谈话让其他幼儿受益不少。教师们也发现，男孩和女孩在对管子的认识上存在着差异性。男孩们对管子有比较浓厚的兴趣和更深刻的认知，如他们由身边存在的水管子想到医疗器械中使用的管子，再延伸到乐器中的管子，在教师图片的启发下，想到了人体中的管子。而女孩们则把管子按照颜色分成好多种，并且对有彩色的塑料管做成的工艺品更感兴趣。可是，第二天有关管子的讨论与绘画却没有第一天那么热烈、丰富。于是，教师们决定先等几天再继续，以便评估一下幼儿是否真的有足够的兴趣进行管子的长期性方案。教师们通过分析发现，幼儿之所以第二天兴趣降低，主要是由于成人使用的方式不妥，如成人如果把话题集中在较小的一两个主题上效果可能会更好。因此，教师们决定在星期一与孩子们见面时，鼓励他们画出自己新发现的各种管子，并说出他们各自的用途。这时，幼儿的兴致再次高涨起来，于是教师们果断地决定继续进行管子的探索。由此可见，教师们对记录作分析就可以把握幼儿对于主题的兴趣与专注的程度。同时，作这些分析也可以使教师们进一步了解幼儿的发展水平，从而进一步把握主题的发展路径。

（5）查阅资料。

教师们发现幼儿对管子的认识还存在很大的不足，于是决定让幼儿收集更多的有关管子的资料。教师们发起一项讨论，询问幼儿从什么地方可以得到更多的关于管子的信息。这一讨论引发了幼儿的兴奋之情，他们喊道："我爷爷知道好多管子的事情""我姐姐也知道""我哥哥""电视""电影""商店""杂志""报纸""家里和图书馆的书籍"孩子们争先恐后地说着。于是，教师们就让幼儿隔天到当地的图书馆查找有关管子的书籍，有的还借回幼儿园，长期摆在工作坊，以使幼儿随时浏览和查阅。孩子们经常把自己画的画与图书上的画作比较，或想到某些问题时经常从书中找答案，弄清他们的疑问。在这一过程中，幼儿学会了学习，学会了探究。

（6）与亲朋好友一起分享。

管子小组在老师的帮助下，共同完成邀请函的书写与制作。有的幼儿负责写信封上的地址，有的负责完成附在邀请函上的图画，有的制作欢迎的海报，邀请亲朋好友来学校一起分享他们的所做、所学。之后的几个星期，学校热烈欢迎了这些来访的客人。这些客人中有小学生、父亲、奶奶，还有在当地工作的工程设计师。幼儿们事先准备了对每一位客人要问的问题，然后进行讨论，这对于每一位幼儿来说收获颇多，尤其是对于有亲友来访的幼儿更是如此。

（7）制作管子。

在孩子们与客人分享的同时，他们也用纸张、水彩与蜡笔制作管子。在创作过程中，男女间的差异再次表现出来。正如在早先的绘画中，女孩比男孩使用了更多的装饰与细节，男孩则比女孩更注重管子的功用。孩子们在制作过程中，又引发了许多小主题讨论的兴趣，包括管弦乐器为什么会有美妙的音乐传出来、人体是如何通过管子输送养料从而维持生命的等问题。然而，关于管子的更多用途则不断成为孩子们讨论的焦点。沿着这一主题，教师询问孩子们："如果让你发明一根管子，你将用它来解决什么问题？"大家进行了十分热烈的讨论，对于材料与技巧的使用提了许多不同的想法与建议，讨论的过程中出现了一个重点：制作一根与众不同的神奇的管子。经过孩子们的多次辩论，他们决定分组搜集信息，进行一次"神奇的管子项目发布会"。孩子们用了几天的时间，参阅书籍，挑选材料，收集、找寻可用的材料。在老师的协助下，孩子们成功展示了每组的研究和创造成果，而且都相当满意。

（8）展示管子成果。

在活动的最后我们将孩子们的作品拿到大厅里，请同年龄组其他班级的小朋友们一起来玩。孩子们作为作品的设计者负责讲解自己的作品，如"乒乓球滚落的原理"，其他孩子们兴趣盎然地听着作品的介绍，从中不仅让自己的知识经验得到提升，还发展了孩子们的语言表达能力、社会交往能力。孩子们在相互交流当中，有机会将自己的设计分享给大家，促进了孩子们交往能力的提高。

可以看出，在整个方案进行的过程中，涉及了前面所说的关于方案执行时的提问、谈话、假设、观察、操作、阅读、实验、建构、绘画、粘贴、制作、测量及角色游戏等形成了调查、建构和戏剧三大类活动。教师们是在充分相信孩子潜能的前提下，在适当的时候介入孩子们的活动并进行指导。教师并非控制或代替幼儿，他们始终扮演着材料的提供者，活动的帮助者与向导、伙伴及研究者的角色，从而使方案对幼儿的能力提出了最大的挑战，也最大限度地促进了幼儿的发展，同时又充分发挥了幼儿的聪明智慧。这一点正如马拉古奇所言：与其牵着幼儿的手，倒不如让他们靠自己的双脚站立着。瑞吉欧教育在教师的指导与幼儿主动性的发挥上处理得恰到好处。

围绕这种项目活动，瑞吉欧总结了一系列课程与教学的特点：

（1）弹性计划。

瑞吉欧支持并实践着一种课程计划类型——弹性计划，即教师预先制定出总的教育目标，但并不为每一活动事先制定具体目标，而是依靠他们对孩子的了解以及从前的经验，对将要发生的事情提出种种假设，依赖这些假设，他们形成灵活的、适宜这些孩子需要和兴趣的目标。孩子的需要和兴趣既包括在活动中孩子表现出来的，也包括那些在活动发展中由教师推断和引发出来的。

瑞吉欧不预先设定每一活动的具体目标，并不意味着在活动开展之前教师毫无计划，只是这种计划不是对活动的具体目标或程序的规划，而是考虑到孩子可能的想法、假设和象征，及他们可以引导的方向后，对多种可能性的"假设"。瑞吉欧的教育者认为，如果教师有1000个假设，那么他就容易接受来自孩子的第1001个或2000个不同的反应。只有当教师自己设想过足够多的可能性时，才更容易接受未知，对新的想法更加开放。

"弹性计划"不仅使教师对活动接下来的发展阶段有了充分的准备，而且为儿童的参与、为课程的发展、为那些不期而至的教育契机留下了足够的空间。

在瑞吉欧，活动的进行在很大程度上并不依靠开始的计划，而是依靠幼儿的反应和教师灵活的策略，教师依据自己对幼儿细致的观察，从他们的反应中敏感地捕捉蕴涵其中的巨大的学习价值，给予及时而适当的引导。可以说是幼儿和教师一起，共同引导和促成着课程的发生、进行和终结。这样，课程就寓于活动之中，寓于生成之中，寓于师生的互动之中。

（2）合作教学。

在教学方面，瑞吉欧突出的特点在于强调师生合作对某一问题进行研究。瑞吉欧的教师从不试图去控制、限制幼儿的行为，代替幼儿的研究探索；相反，他们非常强调幼儿自己的主动探索和自由表达。因而瑞吉欧的教师们更多地是通过一些试探性的提问或商谈式的建议，来引发幼儿自己的探索和表达。另外，在这种合作的过程中，作为对活动的结果有所期待、有更多自觉性的教师而言，其重要任务之一是将幼儿的兴趣和努力积聚在一个主题之上，使孩子愿意继续下去，要做到这一点，教师不是借助于明确的控制和规范，而是通过教师对幼儿活动的关心、支持、建议和帮助来实现活动的继续和延展。

（3）档案支持。

瑞吉欧教师所说的档案有力地支持了方案活动的过程。这种档案并非简单的文字记载，而是以图画、实物、照片、录音、录像、幻灯、文字说明等多种形式表现出来，它贯穿于方案活动的始终，并在活动结束后延伸。档案并不意味着一个最后的报告、文件夹中的作品收集以及帮助记忆、评价或创造的一个文件，而是儿童、教师交互学习的过程，是他们共同工作的成果。

（4）小组工作。

瑞吉欧的方案活动一般采取小组工作的方式，小组一般是 3～5 人，有时 2 人。瑞吉欧认为这种小组工作的方式有利于保证同伴间的合作研究，瑞吉欧看重的是儿童在共同活动中彼此的调整适应：一方面，借助教师的帮助，一个或几个孩子的问题或观察可以引发其他孩子去探索其从未接触过、甚至从未怀疑过的领域；另一方面，孩子们在合作探索、交流的过程中获得自我认同或发现矛盾、冲突，进而重新评价或改变自己的认识，这就是瑞吉欧所说的儿童间真正的"合作活动"。这种同伴合作，为每个孩子提供了机会，使他们意识到自己的观点与其他人的观点是不同的，从而意识到自己的独特想法，产生自我认同感，同时在与同伴的交流、切磋中，使孩子们发现了其他人的不同观点，意识到世界的多样性。在这个过程中他们获得的不仅仅是友谊和情感，还有认识上的满足。

（5）深入研究。

瑞吉欧的方案活动是深入且富有实效的学习，是对某一个主题进行的深入研究，这种深入研究突出地体现在活动中幼儿对同一现象、概念多角度的全面认识，以及对其在多种水平上不断提升的重新认识。瑞吉欧的方案教学不是一条直线，而是存在大量的循环和反复，以使幼儿的学习更加充分。同时，这种对特定的主题的深入扩展的学习，又会逐渐发展起幼儿深入广泛地探讨问题的倾向和能力，而这种极具迁移性的倾向和能力将使他们受益终生。

（6）图像语言。

在幼儿小组围绕着一个共同的"方案"研究的过程中，瑞吉欧鼓励儿童运用他们的自然语言和表达风格，自由地表达和相互交流——包括语词、动作、手势、姿态、表情、绘画、雕塑等，其中符号性的视觉表征活动（瑞吉欧称其为图像语言）尤其备受关注。

瑞吉欧教育成功的关键在于它的教育理念和实际做法，十分符合当今这个高科技时代对人的主体性、尤其是创造性的高要求，对解决困扰世界幼儿教育的大问题——幼儿园究竟应该教什么，究竟能够教什么，应该如何教，哪种经验对幼儿最有价值——提供了借鉴，同时也启迪了我们的深入思考。

第二章　幼儿园说课

第一节　幼儿园说课概述

一、幼儿园说课的含义

（一）对幼儿园说课含义的界定

关于说课的含义，不同领域和学科的专家给出了不同的定义，但从教育学的角度，我们比较认同如下的定义：说课是指教师以教育教学理论为指导，在精心备课的基础上，面对同行、领导或教学研究人员，主要用口头语言和有关的辅助手段阐述某一学科课程或某一具体课题的教学设计，并与听者一起就课程目标的达成、教学流程的安排、重点难点的把握及教学效果与质量的评价等方面进行预测或反思，共同研讨进一步改进和优化教学设计的教学研究过程。[①]

根据上述说课的含义，我们可以给"幼儿园说课"做如下定义：幼儿园说课是指幼儿教师以幼教基础理论为指导，以《幼儿园教育指导纲要（试行）》为依据，结合具体的教材内容以及幼儿的实际情况，主要用口头语言表述对教育活动的具体分析、设计及其理论依据的过程。简单地讲，就是说清教什么、怎么教、为什么这么教。教师在"说"的过程中，不仅要将教学方案说出来，更要将隐含于教学方案后面的设计思想、教育理念、具体依据等都说出来。要"说"出教学思路的轨迹，"说"出教学方案是如何设计出来的、教学方案设计的依据是什么、教学预定达到的教学目标以及设计的特色是什么等。由显说隐，由隐论显，强调说出教师为什么要如此设计教学。

———————
① 杨九俊. 说课、听课与评课［M］. 北京：教育科学出版社，2004：18.

总之，在幼儿园，说课是幼儿教师的一种教研活动，它旨在提高教师的专业素质和教育教学的质量。

（二）幼儿园说课与备课、上课的关系

面对幼教课程改革所引发的幼儿园课堂教学的改革，面对《幼儿园教育指导纲要（试行）》的深入贯彻与落实，面对幼儿园教材及相应的教学资源等一系列的变革，幼儿教师应该把说课当做是改进和优化备课、提高教育教学质量的一个重要环节来抓，科学合理地处理好备课、说课、上课三者的关系，这也是全面体现教育教学改革，贯彻落实幼教新理念的基本要求和重要保障。

1. 幼儿园说课与备课的关系。

无论是备课还是说课，其目的都是为上课服务，都属于课前的一种准备工作。从所涉及的内容来看，由于说课是一种深层次备课后的展示活动，所以在主要内容方面应该是一致的；从活动的过程看，两者都需要教师花费一定的时间来研究《幼儿园教育指导纲要（试行）》、幼儿园教材及幼儿的学情，并结合有关幼教基础理论，选择并确定合适的教学方式，设计最优化的教学流程。

说课与备课的不同点，主要表现在以下四个方面：

（1）研究的内涵不同。

相对于幼儿教师来说，备课是教师个体独立进行的一种静态的教学研究行为，而说课是教师集体共同开展的一种动态的教学研究活动。在对教学问题的研究与反思方面，说课显然要比备课更深入、更透彻和更细致。

（2）展示的对象不同。

在备课过程中，幼儿教师一般独立进行教学设计，并形成教案。备课时不直接面对幼儿或其他教师，而说课是说课者直接面对其他教师，说明自己备课及备课的依据。

（3）活动的目的不同。

备课是为了能更高效地组织好教学活动，它以全面提高教学质量和不断促进幼儿发展为最终目的；而说课是为了帮助教师学会反思，改进和优化备课，它以整体提高教师队伍素质和实现教师专业化发展为最终目的。

（4）内容要求不同。

备课强调教学活动安排的科学、合理和全面，其中能为上课提供可操作性强、条理清晰的教学流程是备课的关键内容，因此，备课一般只需要写出教什么、怎样教就可以了，而无须说明为什么要这样教。而说课就不同了，教师不仅要说出教什么、怎样教，还要从理论角度阐述为什么要这样教。

2. 幼儿园说课与上课[①]（组织教育活动）的关系。

说课与上课有很多共同之处。例如，在课前说课中，所展示的教学流程、教学内容、教学方式、教学媒体等，其实都会在上课时得到充分的体现。再如，在课后说课中，说课者进行反思活动时所涉及的内容，则更多的是上课时师幼活动的再现。然而，说课、上课毕竟是两种不同的活动过程，它们存在着一定的本质区别。

（1）对内容的要求不同。

上课主要解决教什么、怎样教的问题；而说课不仅要解决教什么、怎样教，还要解释"为什么要这样教"。

（2）面对的群体不同。

幼儿教师组织教育活动时，所面对的群体是幼儿，而说课所面对的群体是具有一定教学经验的同行和领导。由于所面对的群体不同，说课比上课更具有灵活性，它不受时间、空间的限制，不受教学进度的影响，不会干扰正常的教学秩序；同时，说课也不受教材、年龄段、人数的限制，大范围可到区域、幼儿园，小范围可到教研组、备课组。

综上所述，说课是介于备课和上课之间的一种集体教研活动。对于备课而言，说课是一种教学改进和优化的活动；对于上课而言，说课是一种更为严谨的科学准备过程。因而，从某种意义上讲，说课也是对整个教学活动和教学研究过程的一种折射。

---

① 这里说"上课"是表达的需要，通常幼儿园不说上课，说组织教育活动更为恰当些。

二、幼儿园说课的价值①

说课，作为一种教研活动，它是提升教学活动价值含量的过程；是落实所有教学活动的指导框架；是执教者对整个活动所产生的各种因素加以有层次的分析，并把所有相关的元素提取后，为活动提供决策方案并使用有效的方法来解决问题的过程。因此，要提高活动质量及活动中师幼双方所获取的有益经验，首先就应该明确说课的价值。

（一）说课要确保科学性

所谓科学性，体现在说课中即反映说课者的教育观、儿童观以及分析能力、判断能力等的理性思考。

目前绝大多数教师都会说课，但也普遍存在那种主观臆想、违背科学的一些陈述。幼儿园说课的科学价值在于以儿童发展理论、儿童教育理论、课程理论、《幼儿园教育指导纲要（试行）》等相关教育思想为依据，以幼儿的发展为出发点，以提升教育活动质量为归宿。首先，在说课时要确保各要素与教育对象的相适应性，手段与实际活动的相符合性，从活动的实际出发，从原有的基础和知识点出发。其次，要理性思考所提供的教学元素是依据什么理论作背景的，要有明确的科学依据，不能张冠李戴。科学依据能否浸润在整个活动中，使活动不断更新、丰富和充实，使活动适应幼儿认知规律和身心发展所需，这是非常重要的。

（二）说课要确保可行性

说课中的可行性价值即反映了一个实事求是的过程。遵循可行性价值，需要注意以下几点：

第一，我们要慎重识别教育对象，并了解幼儿之间的差异，明了他们的喜好，了解他们的能力，探求他们会怎样做。

第二，要考虑目标的可行性，即目标的确定要符合该年龄段幼儿的发展特点与发展规律，并符合最近发展区的要求。

第三，要考虑教师自身的教学风格、表达风格与教学流程是否相

---

① 改编自林佩芬. 新世纪幼儿园说课稿精选. 宁波：宁波出版社，2005：序言.

符合，并充分体现教师的教学个性。

第四，要审视教学环境因素、教学表现目标、特殊的信息反馈等，使说课过程中所涉及的问题和假设能够顺利进行，并符合教育的规律与要求。

当然在说课过程中有时也会遇到各种各样的困难，如对教学内容的熟练程度把握不够，说课对象难以确定或难以确定课程领域等。不过，可以考虑适当降低要求，以保证其可行性价值。

（三）说课过程的全面性

说课的全面性并非指"大拼盘"，而是在树立促进幼儿全面发展的基础上，坚持整体意识，做到局部与整体相结合，点与面相结合，教学开始、过程以及教学结束的相结合。说课过程中确保全面性价值要注意以下问题：

第一，要注意目标的全面性。在制定目标时，要突出教学内容与幼儿发展之间所蕴涵的教育目标的全面性，要考虑幼儿体智德美的全面发展。

第二，要注意过程的整体性。教育活动的整个流程中所提供的信息元素应该是全面的，既要看到所提供的各项信息是否符合教学的多种指向，还应看到活动的有益成效，应避免某一个环节与整体的不符，或者点与面的严重脱节。

第三，要注意教具、媒体等教学手段运用的灵活性。在教学流程及活动延伸中尽量使整个说课前后相呼应，头尾相融，教具和媒体的使用恰到好处，相得益彰。

（四）说课过程的客观性

说课要遵循客观性原则，如果离开了客观性，就变成了纸上谈兵，甚至会导致负面影响。要实现说课过程中的客观性价值应注意如下问题：

第一，应面对现实，客观分析教材及教学内容，客观分析幼儿，客观面对自身素质，客观地设计一个说课稿，待整个框架设计好后，再深入考虑说课结构中每个流程的改革与创新，从而客观地使用策略。

第二，应客观地分析现状和不足，在环节中体现"真"字——真的能实施；注重"实"字——实际能操作；讲究"连"字——客观地连接整体。尽量做到实事求是、客观现实。

三、幼儿园说课的类型划分①

说课，作为教学研究活动的一个有机组成部分，可以细化为几种基本的类型：从服务于课堂教学的先后顺序来看，说课一般可分为课前说课和课后说课；从改进和优化课堂教学的设计来看，说课也可分为预测型说课和反思型说课；从教学业务评比的角度看，说课又可分为评比型说课和非评比型说课；从教学研究的角度看，说课还可以分为专题研究型说课和示范型说课；从说课的主题角度看，说课可以分为授课者说课和评课者说课等。下面就从幼儿园常用的几种说课类型做以下具体的阐述和剖析。

（一）预测型说课

预测型说课也称为课前说课，就是幼儿教师在认真研读教材与教学资源、领会教材编写意图、分析教学资源、初步完成教学设计基础上的一种说课形式，是教师个体深层次备课后的一种教学预演活动，其目的是改进和优化教学设计。

例如，在幼儿园教研活动中，园长通常会安排在上课的前一周进行下一周教育内容的说课活动。在集体备课时，同一年龄班教师可以互相说课并评价研讨，把上课时可能出现的问题和突发情况进行研究和讨论，以期达到更好的教学效果，科学合理地促进幼儿的全面发展。

（二）反思型说课

反思型说课也称为课后说课，就是幼儿教师按照既定的教学设计组织活动，并在活动后向所有听课教师或教学研究人员阐述自己教学得失的一种说课形式，是建立在教师个体教学活动基础上的一种集体反思与研讨活动。正是在这种集体的反思与研讨中，使说课者和参与

---

① 改编自杨久俊. 说课、听课与评课［M］. 北京：教育科学出版社，2009：18.

研讨的其他教师对教学的成败得失有了更加清晰的认识，也为进一步改进和优化教学设计提供了可能性。

例如，在教师的教研活动中，园长可定期安排和组织教师进行活动后的说课活动，尤其是同一年龄班教师可以互相说课，进而研讨和反思，找出活动中存在的问题和不足，共同商讨相应的对策，以期完善教育资源，提高幼儿教师的专业素质，促进幼儿教师的业务提升。

（三）评比型说课

评比型说课，就是把说课作为教师教学业务评比的内容或一个项目，对教师运用教育教学理论的能力、理解课程目标和教材的实际水平、教学流程设计的科学性和合理性等作出客观公正评判的活动方式。它既是发现和选拔优秀教师的一种评比方法，也是以此带动教师队伍建设、促进教师专业发展的有效途径。相对于评比型说课而言，教师在日常教学研究中所进行的说课活动，都属于非评比型说课，它既可以是课前说课方式，也可以是课后说课方式。

评比型说课作为教师业务能力考核的一项指标，既可以在幼儿园内部进行，也可以作为区、市、省教研部门组织的一年一度的大型幼儿教师练兵评比活动中的一项内容，应该是每个幼儿教师都应具备的一种业务能力。

（四）主题型说课

主题型说课，就是以教育教学工作中遇到的重点、难点或热点问题为主题，引导教师在进行一段时间实践和探索的基础上，用说课的方式向其他教师、专家和领导汇报其研究成果的教育教学研究活动。显然，主题型说课是一种更深入的问题研究活动，它更有助于教育教学重点、难点或热点问题的解决。

在幼儿园，主题型说课一般是在某一课题研究过程中，课题专家或领导对课题方案实施过程中方案落实情况的检查和验证。对于方案实施中的一线幼儿教师来说，这是更深层次理解方案和领会课题研究成果的一个学习过程，对提高幼儿教师的理论素养是有很大帮助的。

（五）示范型说课

示范型说课，一般是以优秀教师，如教学能手、学科带头人或特级教师等为代表向听课教师做示范型说课的基础上，请该教师按照其说课内容上课，然后再组织教师进行评议的教学研究方式。可见，通过这样一种形式的教学研究活动，听课教师可以从听说课、看上课、参评课中增长见识，开阔视野，不断提高自己运用理论指导教育教学实践的能力，也是培养教学骨干的有效方式和重要途径。

一般来说，示范型说课比较适合于在园内或市区内开展，每学期一般可以进行1~2次，目的是以点带面，以老带新，促进幼儿教师整体素质的提高，尤其是促进刚参加工作的新教师的成长和提高。

四、幼儿园说课的原则

说课原则即对说课活动提出的总体要求和行动指南。而规范、优化说课活动，正确掌握、灵活运用说课原则有助于教师教学智慧的生成和教师专业化成长。

（一）科学性原则——说课活动的前提

科学性原则是教学应遵循的基本原则，也是说课应遵循的基本原则，它是保证说课质量的前提和基础。科学性原则对说课的基本要求主要体现在以下几个方面：

1. 教学目标的确定要符合《幼儿园教育指导纲要（试行）》及活动内容和幼儿实际的发展需要。

教学活动的三维目标包括情感态度目标、认知智能目标以及方法技能目标，这三种目标的确定都要与内容分析和学情分析保持高度的一致性，并要有切实可行的落实途径。

例如，大班音乐活动《田纳西摇摆舞》的活动目标定位如下：

（1）在熟悉乐曲的基础上，学跳双圈集体舞，并尝试创编动作。

（2）在手腕花的提示下，掌握交换舞伴的方法。

（3）在跳舞的过程中，能与同伴用目光姿态相互交流，愉快地跳舞。

上述教学活动目标的确定既涵盖了教学活动的三维目标，同时也充分考虑到了大班孩子的实际发展需要，即大班幼儿对集体舞中"面向圆心圈上站好"等指令有所了解；对《田纳西摇摆舞》音乐节奏型比较熟悉。同时，音乐和舞蹈是分不开的，在熟悉音乐的前提下，学跳舞蹈并尝试创编动作就成为了此次活动的主要目标，使活动在目标确定和内容分析以及学情分析三方面达到一致并切实可行。

（节选自《沈阳市幼儿园教材教师用书》）

2. 学情分析要客观、准确，符合实际。

说课中教师要从幼儿学习本活动的原有基础和现有困难两个方面分层次地、客观地、准确地分析学情，为采取相应的教学对策提供可靠的依据。

例如，上述《田纳西摇摆舞》活动中对幼儿学情的分析如下：

（1）大班幼儿对集体舞中"面向圆心圈上站好"等指令有所了解。

（2）对《田纳西摇摆舞》音乐节奏型比较熟悉。

在上述对大班幼儿学习本活动原有基础的分析下，确定了大班幼儿的学习现有困难，即活动目标应该是：学跳舞蹈并尝试创编动作，从而使目标落在了大班幼儿的最近发展区内。

3. 活动内容分析要正确、透彻。

说课中，教师不仅要从微观上弄清、弄懂各知识点的内涵和外延，做到准确无误，更重要的是要从宏观上正确把握本次活动内容在本领域、本年龄段的地位、作用及其本身的知识结构体系，深刻理解各知识点之间的关系。

幼儿教育领域内有许多内容是相对稳定不变的，如幼儿对一年四季的认识，对中国传统节日和国际公认节日的认识，对周围生活的认识等。幼儿园教育的内容应是广泛的、启蒙的，各方面的内容都应有利于发展幼儿的知识、技能和情感态度等。在选择教育内容时，既要符合幼儿的兴趣和现有经验，又要有助于形成符合教育目标的新经验；既要贴近幼儿的生活，又要有助于开拓幼儿的经验；既要体现内容的丰富性、时代性，又要注重幼儿学习的必要性、适宜性以及与小学教育的衔接等。

例如，小班"玩水"活动，在内容的确定与分析中，教师做了如下阐述：

我和张老师都发现班级中大部分孩子特别爱玩水，盥洗活动时，许多孩子都会长时间滞留在水池前，玩玩弄弄舍不得离开，于是我们结合盛夏的天气情况，设计了水的系列活动。根据小班幼儿的实际水平，以优化教与学的方式，带领幼儿到水池里玩耍，水池里面放上一些充气小鸭、木板、能够连续扑腾的青蛙玩具等，还鼓励幼儿自己寻找材料来玩一玩、试一试、看一看、想一想，让孩子们在水里扑腾玩耍，积累对水感性的直接经验。在水盆里放一些泥鳅让幼儿观察，准备了盆、桶、筛漏，幼儿可以根据需要自由地运水、灌水玩，也可以洗玩具。孩子们玩得特别开心！

（江苏省南京市建邺区实验幼儿园：李金凤）

上述活动一看便知是小班年龄段的活动。因为小班幼儿正处于直觉行动性思维阶段，他们对事物的认识经常伴随着动作来实现，并且由于他们生活经验少，注意力比较容易转移，认识上也比较浅显，所以教师设计的活动内容应尽量浅显，贯穿游戏、动作、玩耍于其中，让孩子在玩中学，学中玩。而中班幼儿的思维发展比较快速，生活经验有所丰富，所以活动内容的设计可以更丰富一些。例如，前面"认识水"活动的设计就不能仅限于玩水活动，而要适当加入"溶解""沉浮"等反映水的性质的探究和理解。到了大班，幼儿的抽象逻辑思维开始萌芽，知识经验和社会技能也逐渐得到丰富和发展，他们开始关注事物的变化、事物之间的区别与联系等，因此在"认识水"的活动内容设计中，还应加入对"水的三态变化过程"的研究、对水的用途的认识以及"水环保"等方面的内容。

4. 教法设计紧扣教学目标，符合活动类型特点和领域特点，有利于促进幼儿发展，并且可行性强。

说课中，教师既要说清本节活动的总体构想以及依据，又要说清具体的教学设计尤其是关于重点、难点的教法设计的构想及其依据，使教法设计思路清晰，具有较强的可操作性。

随着幼儿园课程改革的进一步深入，以前所倡导的讲授法、示范法、模仿法等不再呈现一统天下的格局，而是更多地辅之以问题法、探究法、发现法、体验法、新视听等现代教育方法，以适应当代的教育教学改革的需要。但是这些方法怎样运用于自己的教育教学设计之中，能否与幼儿当前的学习活动相结合，与特定的活动内容相结合，与特定的学习环境相结合，从而达到自己预设的教育目标，这些问题都是值得我们幼儿教师深入思考的。

例如，综合活动"纸盒的游戏"，教师在教法设计中做了如下阐述：

这个活动是系列活动"好玩的纸盒"中的第一个活动，其主要目的是想通过摆、弄、折、涂、滚等幼儿自己探索的游戏，熟悉纸盒的质地，并对纸盒的游戏产生浓厚的兴趣。由于每个幼儿有着不同的学习风格，因此，教师并不急于要求幼儿用一种方式玩纸盒，也不对幼儿的操作结果做判断性的评价。教师不会在活动开始的时候说："今天我们一起用纸盒来做一样东西或做××游戏"，也不会在活动结束的时候说："××真能干，他用纸盒做了××"，而教师更希望幼儿在操作中借助各种材料或工具，通过与纸盒的互动，发现问题、解决问题，从而不断地自我建构新知识。活动开始（纸盒事先由幼儿与家长共同收集）时，教师说："哇，这儿怎么会有这么多纸盒？"这句话打开了幼儿的话匣子，有的幼儿说："我把喝汽水的纸盒带来了。"有的幼儿说："我的纸盒是向邻居阿姨要的。"有的幼儿说："我带的纸盒是爸爸从废品站买来的。"还有的幼儿说："我带的纸盒是妈妈在超市向营业员阿姨要的。"通过交流，教师不仅了解了幼儿不同的收集方式，也让幼儿知道了同伴获取纸盒的渠道，开拓了幼儿的思路。接着，教师说："你们想去玩玩吗？怎么样更好玩呢？看看老师为你们准备了什么？"在幼儿了解了自己可使用的材料和工具后，就开始忙碌起来了。

分析：幼儿并不能凭空地学习、想象和创造，教师提供了一定的辅助材料，为幼儿的探索操作活动搭起桥梁，让他们自主选择自己擅长的学习方式来学习。

有的幼儿用宽胶带把大小不同的纸盒进行粘贴，有的幼儿请教师协助用撕、剪等方式把纸盒弄成平面，有的幼儿请教师协助挖出一个小窗口，有的幼儿直接躺在纸盒上打滚儿，还有的幼儿在大纸盒里钻来钻去。在活动进行到一半时，教师说："刚才我看了看，哇，小朋友们真了不起，想到许多好玩的办法，谁来向大家介绍一下？"

分析：在幼儿的相互交流中，幼儿不仅知道了自己的游戏过程，同时对同伴的游戏过程也有所了解。这充分说明，教师不仅关注了幼儿自身知识的建构，而且关注了同伴群体中幼儿是如何通过讨论、协商以及合作等方式建构知识的。

在幼儿展示玩法后，教师说："刚才在玩的时候遇到了什么困难？你是怎么解决的？"甲组幼儿说："我们把纸盒撕开了，还不知道做什么。"教师："谁来帮他们想想？"有的幼儿回答："做个广告牌。"有的幼儿说："画个漂亮的画。"有的幼儿说："可以做块板。"教师问甲组幼儿："你们觉得呢？"甲组幼儿说："我们想用颜料画一幅漂亮的画。"乙组幼儿说："我们想做个小房子，可是没窗户，剪又没法剪。"教师问："后来呢？"幼儿回答："老师用刀帮我们挖一个吧。"

分析：在教师语言的启发引导下，幼儿学会了交流，并能通过交流，了解到使用不同的辅助材料有不同的效果，同时知道了在自己没办法或通过努力也无法完成任务时，可以借助同伴的智慧或寻求成人的帮助。这时幼儿的社会性得到了较好的发展，同时更高效地获得了社会生活经验。

（江苏省南京市建邺区实验幼儿园：杨帆）

综上所述，教师对于教法的设计必须考虑到幼儿的发展需要，同时照顾到幼儿的个性特征和学习风格。如对于那些性格孤僻的孩子，我们要设计一些合作性强的游戏活动，采用鼓励参与、亲情拉近等方法促进其与同伴的合作与交流；对于那些社会性发展较弱的孩子，我们可以多组织参观、考察、探访等活动拓宽其社会生活经验，增加人际交往和交流的机会；对于一些想象力丰富但逻辑思维能力发展缓慢的孩子，我们可以设计猜谜、寻宝之类的问题情境，增加其逻辑推理、是非判断、挑选分类以及质疑推导于一体的活动机会。

（二）理论联系实际的原则——说课活动的灵魂

说课是说者向听者展示其对某节活动教学设想的一种方式，是教学与研究相结合的一种活动。因此在幼儿园说课活动中，说课人不仅要说清其教学构想，还要说清其构想的理论与实际两个方面的依据，将教育教学理论与课堂教学实际有机地结合起来，做到理论与实践的高度统一。具体要求如下：

1. 说课要有理论指导。

在说课中对内容的分析应以各领域基础理论为指导，对幼儿学情的分析则以幼儿心理学、幼儿教育学理论为指导，对教法的设计应以教学论和教学法为指导，力求所说内容言之有理、言之有据。

例如，幼儿园大班实践活动"勇往直前"说课中，教师对活动教材和幼儿的学情做了如下分析：

本活动选自大班"我长大了"中的社会实践活动。

《幼儿园教育指导纲要（试行）》中指出："幼儿的社会教育是幼儿全面发展的重要组成部分。"随着社会的飞速发展、家庭结构的变化，每个家庭对孩子的关注力倍增。这种过分的关注使得孩子被过度保护起来，从而导致孩子失去了自我成长与自我锻炼的机会。所以，当孩子遇到困难与问题时，常常是束手无策或是表现出与己无关的态度。目前，我班幼儿也大多有此种状况，然而在与孩子的朝夕相处中我发现随着孩子年龄的增长，孩子们参与合作的意识、责任感和对成功的渴望都有所增加。因此我设计了以培养幼儿社会交往能力为教育目标的活动"勇往直前"。

在活动设计过程中根据大班幼儿挑战欲望与好奇心强烈、合作意识处于发展初期、喜欢实践操作以及与人交流等特点，我设计了以完成任务为目的，渗透了多个领域的能力培养，同时运用了多种活动形式，整个实践活动围绕着完成任务展开。注重幼儿实践体验，允许孩子之间差异的存在，引导孩子用自己的方式积极参与实践活动及表达自己的建议，充分体现了教学中以幼儿为主、教师为辅的《幼儿园教育指导纲要（试行）》教育理念。

我把活动重点定位于能够通过团结合作大胆地完成实践活动的全过程，把难点定位于能够互相交流，勇敢地解决随时出现的困难。

（辽宁省沈阳市铁西教工第二幼儿园：袁瑛）

上述案例中，教师对活动内容的分析是以《幼儿园教育指导纲要

（试行）》为理论基础的，对幼儿学情的分析是以大班幼儿的年龄特点和发展需要为理论基础的，对教法的选择也尊重了幼儿心理学和幼儿教育学中对师幼角色定位的阐述要求。

2. 教法设计应上升到理论高度。

教师在教学实践中，往往注意到对教法本身的探索、积累与运用，而忽略了将其总结上升到理论高度并使之系统化、规律化，因而淡化、浅化了教学实践的功能。说课中，教师应尽量把自己的每一个教法设计上升到教育教学的理论高度并接受其检验。

上述社会实践活动"勇往直前"说课中，教师对教法的选择做了如下阐述：

本活动我根据大班幼儿的年龄特点和发展需要，采用了直观教具法、讨论法、游戏法、启发提问法等教学方法。贯穿瑞吉欧方案教学的理念，关注幼儿兴趣点和实际发展水平，采用示范演示法和多种形式的鼓励方式相结合，使幼儿能够在轻松愉快的气氛中自然学会相关的与人交往的礼节与语言，达到教学目的。

可以看出，教师对于教法的选择是有一定的理论做支撑的。

3. 理论与实际要有机统一。

在说课中，既要避免空谈理论脱离实际，放之四海而皆准；又要避免只谈做法不谈依据；还要避免为增加理论色彩而张冠李戴，从而使理论与实际不一致、不吻合。要做到理论切合实际，实践是在理论指导下的实践，理论与实践高度统一。

例如，中班语言活动《老鼠三兄弟》，教师是这样"说活动流程"的：

活动环节	设计意图	活动目标
1. 出示主要角色，引起幼儿兴趣，引出课题。设问：三兄弟得到一块漂亮的布，他们准备用这块布做什么呢？	幼儿的学习是建立在感性经验的基础上和新旧经验的结合上。在这个环节中，教师运用提问让幼儿结合自己的生活经验来进行讲述，既是启发幼儿积极地、仔细地听，也是思维活动的开始。	通过提问、讨论，引出活动的主题，激发幼儿对故事欣赏的兴趣，为下面的活动埋下伏笔。

活动环节	设计意图	活动目标
2. 结合图片，分段欣赏故事，理解故事内容。	教师讲述故事到悬念处，组织幼儿讨论老鼠三兄弟会对裁缝说什么？悬念的讨论，不但给孩子创设宽松的语言谈论的氛围，让幼儿充分发挥自己的想象力，根据自己的经验来讨论，使活动更加具有趣味性，同时也激发了幼儿学习的积极性，想急于知道故事的结果。此时教师要以平等的身份参与讨论，做隐性指导，切忌每一个问题都由教师提出，幼儿回答。这样幼儿会感到索然无味，被教师控制着，幼儿只能是被动地一问一答。	这一环节中通过提问、讨论、观察、再提问，内容一环扣一环，让幼儿在讨论、谈话中创造性地运用语言，大胆、清楚地表达自己的想法和感受，发展幼儿的想象力，幼儿在你一言我一语中提高语言的表达能力。它是解决活动重点、突破难点的一个关键环节。此环节为幼儿提供了说话和表现的机会，将活动推向高潮，最终达到活动的目标。
3. 看课件，完整欣赏故事。	感受老鼠三兄弟的美好形象，使幼儿懂得做事要替他人着想。	让幼儿通过视听结合的感受进一步理解作品的情感脉络，解决难点。
4. 活动经验的迁移。组织幼儿讨论：为什么鼠妹妹穿着比我们好看？	使幼儿进一步理解作品的情感脉络。	
5. 活动延伸——可以围绕"如果你有一块漂亮的布，你准备怎么办？"开展活动	通过讨论的形式，让幼儿从自身出发，设身处地地想一想。	进一步强化幼儿关心、爱护别人的情感。

（节选自林佩芬主编：《新世纪幼儿园说课稿精选》，宁波出版社2008年版，第135页）

从上述案例中，我们可以看出，教师在"说活动流程"中，既注重了理论对实践的支撑，体现了一定的理论高度；同时在活动环节中也做到了实践与理论相呼应，使二者达到完美结合。在对活动目标的

第二章 幼儿园说课

阐述中，既说明了要达到什么样的目标，也阐述了通过什么手段和方式达到此目标，有理有据，使听者很信服。

（三）实效性原则——说课活动的核心

任何活动的开展，都有其鲜明的目的，说课活动也不例外。说课的目的就是要通过说课这一简易、速成的形式或手段在短时间内集思广益，检验和提高教师的教学能力、教研能力，从而优化教学过程，提高教学效率。因此，实效性就成了说课活动的核心。为保证每一次说课活动都能达到预期目的，收到可观实效，至少要做到以下几点：

1. 目的明确。

大体上，说课可用于检查、研究、评价、示范等多种目的。一般来说，检查型说课主要用于领导检查教师的备课情况；研究型说课主要用于同行之间切磋教法；评价型说课主要用于教学评比、竞赛活动；示范型说课则是为了给教师树立说课的样板，供其学习、参考。在开展说课活动前，首先要有明确目的，也就是要清楚开展的是哪一类型的说课活动，以便做好相应的准备工作。

2. 针对性强。

这主要是针对检查型、研究型两种说课活动而言。检查型说课一般来说主要针对以下问题：教师的工作态度、教师的专业知识、教师的教学能力、教师的教研能力；研究型说课应主要针对承上启下的活动、难度较大的活动、结构复杂的活动以及教师之间意见分歧较大的活动等。只有加强了说课的针对性，才便于说课人和评说人的准备以及对问题的集中研究与解决。

3. 准备充分。

说课前，说课人、评说人都要围绕本次说课活动的目的进行系统地准备，认真钻研《幼儿园教育指导纲要（试行）》和活动内容，分析学情，做到有的放矢。说课人还要写出条理清楚、有理有据、重点突出、言简意赅的说课稿。

4. 评说准确。

评说要科学准确，指导性强。说课人说完之后，参加评说的人员要积极发言，抓住教学理论上的重大问题和教学中带有倾向性、普遍性、规律性的问题进行重点评说。主持人还应该将已达成的共识和仍存在分歧的问题分别予以归纳总结，以便在教学中贯彻执行或今后继续进行研究。

例如，针对前面中班语言教育活动《老鼠三兄弟》的"说活动流程"，专家给出了如下评论：

第一，体现了生活教育的理念。活动内容的选择贴近幼儿的生活，故事所表达的精神对道德意识还处于自我中心的幼儿具有较强的心灵震动，很有针对性。

第二，活动选用了先进的视听教育手段。多媒体技术将图、文、声、像融为一体，以看图片、看课件的形式直接刺激幼儿的视听器官，通过视觉、听觉感官积极参与活动，幼儿通过情境表演直接获得印象。幼儿在看看、听听、想象、说说、玩玩的轻松氛围中掌握活动的重点和难点，使教学进行得生动活泼，激发幼儿学习的兴趣，充分发挥想象力。

第三，讨论交流的恰当运用。语言是在运用的过程中发展起来的。幼儿语言的发展在于使每个孩子都有"说"的机会，所以引导幼儿采用了"讨论交流"的学习方法，教师讲述故事到悬念处，组织幼儿进行讨论，吸引幼儿在体验的过程中主动建构知识体系，使活动更加具有趣味性，同时也激发了幼儿学习的积极性。

（四）创新性原则——说课活动的生命线

说课是深层次的教研活动，是教师将教学构想转化为教学活动之前的一种课前预演，其本身也是集体备课，是备课活动的一个组成部分。尤其是研究型说课，其实质就是集体备课。在说课活动中，说课人一方面要立足自己的教学特长、教学风格；另一方面要借助有同行、专家参与评说，众人共同研究的良好机会，树立创新的意识和勇气，大胆假设，诚心求证，探索出新的教学思路和方法，从而不断提高自己的业务水平，进而不断提高教学质量。只有在说课中不断发现新问题、解决新问题，才能使说课活动永远"新鲜"，充满生机和活力。具体来说要做到如下几点要求：

1. 把握要求，容量适当。

把握好程度分量，是上好一节活动课的基本要求之一，要处理好提高教学效率与课堂教学的要求、容量的关系问题。一方面，要充分利用单位活动时间，提高教学效率；另一方面，教学活动作为幼儿学习的一个重要环节，步子应该迈实，对活动内容应能基本掌握。实际上，学习是一个不断积累的过程，不可能"速成"。教师的素养体现在对教学活动中程度、分量的"度"的准确把握。

将视野转向幼儿，将幼儿的发展需求作为研究、选择内容的内在依据，从而更全面地实现课程内容、形式的整合，促进幼儿的全面发展。小、中、大班幼儿有着各自不同的年龄特征和认知特点，因此面对不同年龄段幼儿必须选择不同的活动内容。

例如，在小班开展"超市"的活动要比"拍卖"活动更受欢迎，而大班的孩子则宁可多花费些心血，精心"筹备"大型拍卖活动，而不想再去当个"超市"营业员；探索"微生物世界"的活动在大班很受欢迎，而小班却无人问津。同样是"玩水"活动，小班就比较适合在玩水中体验水的特性，感知什么是"沉"，什么是"浮"；而中班孩子就不能仅局限于玩水活动，需要适当加入"如何让沉的物体浮上来，如何让浮的物体沉下去"以及一些"溶解"现象的知识等；到了大班，还应加入"为什么有的物体在水中沉下去，而有的物体在水中浮起来"的问题研究以及对"水的三态变化过程"的研究等。

2. 立足于"活动"，寓技于"活动"。

说课的侧重点主要是在对教学的设计和分析上。说课不同于教学基本功比赛，不同于教学技能表演，它必须立足于"活动"本身。所以说课活动必须把"活动流程"说清、说透，让听者明白活动到底是怎么一步一步进行的，活动的重点、难点是什么，是通过什么方式方法解决的，最后的效果如何等。

3. 掌握详略，突出重点。

说课时，应在全面介绍情况的基础上，紧紧抓住那些教师较为关心、渴望了解的重点问题，展示出解决和处理问题的办法，以充分发挥说课的交流作用。所以在"说活动流程"的时候，一定要分清目标中的重点和难点部分，重点部分要解决几个问题，方式方法是什么，教师是怎么导入的，重点部分大约需要多长时间，如何自然地过渡到难点部分等。

案例　　　大班语言活动《秋天的雨》"说活动流程"

环节	采用形式	提问设计	解决的问题
第一环节：欣赏散文。	配乐朗诵散文。	"这篇散文的题目叫什么？""你听到了什么？"	初步了解散文内容，使幼儿对散文有印象。
第二环节：再次欣赏散文，感受散文的优美意境。	借助多媒体课件，穿插直观性的提问。	"秋天的雨有一盒五彩缤纷的颜料，它把颜色送给谁？""秋天的雨有非常好闻的气味，你闻到了什么气味？""秋天的雨有一只小喇叭，你听到了什么消息？"	加深幼儿对散文的印象，帮助幼儿弄清秋雨和秋天整个情景的关系，从颜色、气味等不同角度去感受秋天的美、秋天的丰收、秋天的快乐，并帮助幼儿体会作者的想象，更好地理解散文画面。从而使幼儿有感而发，为幼儿创编做好铺垫。
第三环节：理解散文的"比喻"手法的运用。	借助多媒体课件，出示范例，幼儿寻找散文中的比喻句，幼儿仿编比喻句。	范例："红红的枫叶（画面出示枫叶）像一枚枚邮票（画面出示邮票），邮来了秋天的盛装。你在散文里还听到过……像……的句子吗？""你能说一些这样的句子吗？"	解决难点，理解"比喻"的修辞手法，并能尝试学说比喻句。
活动延伸：仿编《秋天的雨》。	提供仿编图示、各种小图片，操作粘贴后讲述，以小组形式进行交流。	请小朋友自己仿编《秋天的雨》，并将自己的创编结果念给自己组里的小朋友听。	创造性地运用语言，仿编散文，扩展幼儿词汇，发挥幼儿的想象力。

（节选自林佩芬主编：《新世纪幼儿园说课稿精选》，宁波出版社 2008 年版，第 138 页）

从上述"说活动流程"可以看出，开头和结尾部分比较简洁，所占时间比较少，而中间部分即重点和难点部分是整个活动的重中之重，是活动目标重点实现的部分，所需时间也比较多。

4. 避免空泛，力求实在。

说课既要有明确的教学要求，又要有落实的措施，使人看得清、抓得住，发挥好说课的交流作用。

例如，上述《秋天的雨》说课稿中，为了解决目标中"初步了解散文内容，使幼儿对散文有印象"，教师是通过一系列提问来实现的："这篇散文的题目叫什么？""你听到了什么？"

随着教育改革的不断深化，"说课"这一全新的教研形式正悄然兴起，其综合反映教师素质、教师教育理论水平、教师教学业务能力的优越性日益显现。我们希望能通过"说课"这一形式，不断推动教育教学改革，加快师资队伍的培养，让更多的优秀教师迅速成长起来。

第二节　幼儿园说课的内容要素

幼儿园说课方案是按照说课内容的内在逻辑来撰写的。具体包括以下几个要素：

一、说活动教材（也称教材分析）

说活动教材就是通过分析所选活动主题的内容特点，指明它在整体或主题网络教学中的地位。所以教师首先必须说清楚此次活动的内容是什么及为什么要选择这些内容，要说明教材选择是从当时、当地幼儿群体的需要而准备的。如果在选材方面涉及地域特色，甚至是幼儿园特色就要更加突出说明，以此来发展幼儿园的园本课程。活动内容和教材不是同一概念，活动内容应包含教材，但不局限于教材，幼儿园里的说教材不单指说教材内容，还包括分析幼儿的现状及发展水平，即简要分析幼儿的年龄特点、身心发展状况，幼儿原有知识和基础技能的掌握情况、智力的发展情况；幼儿的非智力因素，包括幼儿的兴趣、动机、行为习惯、意志等发展状况。这一环节，教师要将平时对幼儿观察的零散印象，逐步条理化、明晰化，有针对性地表述出来，既能更清楚地了解幼儿，又能使教师将幼儿发展水平与教学活动设计的关系紧密联系起来去考虑目标、内容的确定与选择，从而达到教育活动能有效促进幼儿发展的程度。

案例　中班语言活动——《月亮》中的"说活动教材"

《幼儿园教育指导纲要（试行）》指出：引导幼儿接触优秀的儿童文学作品，使之感受语言的丰富和优美。而儿童散文诗就是一种介于诗歌和散文之间的儿童文学形式。它具有诗的意境和散文的形式，它注重自然的节奏感和音乐美，篇幅短小，还具有想象力丰富、感情真挚、语言天真、意境优美、音调和谐、节奏感强等特点。儿童散文诗的"诗情画意"和"短小精悍"使它成为幼儿园语言教育的重要内容。幼儿到了中班后，他们的口语表达能力有了一定的进步，愿意欣赏形式优美的散文诗，知道作品艺术语言与生活语言的不同，能初步感受到散文诗语言所蕴涵的美。散文诗《月亮》中许多生动优美的形象展现在孩子们的眼前，让他们在轻松愉快、生动逼真的情境中感受和体会作品的意境美，在理解作品的主题和情感的基础上能学习用较恰当的动词、动作、绘画等形式体现诗歌美的方面，并尝试仿编散文诗，在优美的情境中促进幼儿语言表达能力的发展。为增加诗歌的意境感受，我精心设计、制作了多媒体课件，利用多媒体烘托诗歌的意境美、语言美。

《月亮》是一首优美动听、充满童趣的散文诗，它以幼儿的眼睛来描绘月夜，以幼儿的心灵去体味月亮的欢乐，充满了美丽的想象。简洁明了、形象生动的语言将月亮与小鸟、青蛙、宝宝之间的关系淋漓尽致地刻画出来，不但增添了散文的韵律美，而且将彼此间的亲密关系描绘得有声有色，使作品画面感增强，想象力丰富、韵律和谐、富有童趣，整首诗歌洋溢着快乐开朗的感情。同时这首散文诗中还蕴含了一个科学现象"倒影"，是一篇有较高的文学欣赏价值的作品。

散文诗不但意境美，而且拟人等表现手法的运用较为生动、形象、有趣，充满了动感。如其中蕴涵的一棵、一弯、一个等数量词，挂、漂、盛等动词以及句式"月亮和我好"，使诗歌结构齐整，句式统一，适合中班上学期的幼儿欣赏。

中班幼儿思维具有直觉行动和具体形象性的特点，他们的情绪具有易感染、易转移，艺术的存在非常符合幼儿的认识特点和情绪情感特点。因此，他们都喜爱与他们认识水平相适应的艺术品，如倾听优美的作品，注视鲜艳的色彩和图像。他们会把周围的事物看成是有生命的，并会把自己的感情移向客体，该阶段幼儿的想象情感特征在此会充分展现，同时也使语言表达更为生动形象，从而获得自由表现的愉快体验。通过散文诗的欣赏还可以让其生成一系列的活动，如有趣的倒影等。

附儿童诗：《月亮》

每一棵树梢，	每一湾池塘，	每一个脸盆，
挂一个月亮，	漂一个月亮，	盛一个月亮，
小鸟说：	青蛙说：	宝宝说：
"月亮和我好。"	"月亮和我好。"	"月亮和我好。"

（节选自林佩芬主编：《新世纪幼儿园说课稿精选》，宁波出版社 2008 年版，第29 页）

在上述说课稿中，教师首先从这首儿童诗在教材中的地位说起，谈到了诗歌的意境美和语言美，从儿童文学的高度强调了这首儿童诗对幼儿发展的重要性；其次，从幼儿发展的需要角度，分析了这首散文诗对中班年龄段幼儿的适宜性。总之，教师从教材内容的重要性和幼儿发展水平的适宜性两方面阐述了这一教学内容的可行性和必要性。

二、说活动目标

活动目标是活动设计的重要环节，它既是教育活动设计的起点，又是教育活动设计的终点。"说活动目标"时，如果是系列主题活动，就要先说主题活动目标，再说本次活动目标。主要从情感、态度、能力、知识、技能等方面综合地表达出来，并能体现主题的教育要求，最后说确立此目标的依据。同时在这部分还要针对活动谈谈自己对重点、难点的确定依据和实现的途径。

案例　　中班认知活动"月历宝宝"的"说活动目标"

本次活动将拟人化的月历宝宝带到孩子们面前，鉴于中班孩子的年龄特点和认知水平，呈现的只是当年当月的月历，让孩子们在感知、操作、游戏中萌发兴趣、获取知识、提高能力。为此，我设计了如下目标：

1. 认知目标：通过观察、操作，发现"月历宝宝"的秘密。

2. 技能目标：初步了解月历的用途与我们生活之间的关系。

3. 情感目标：萌发对生活中事物的探究兴趣和求知欲望。

根据上述活动目标，我确定了活动的重点、难点如下：

1. 活动重点：通过观察、操作，发现"月历宝宝"的秘密。

2. 活动难点：初步了解月历的用途和我们生活之间的关系——在月历中找到具体的某一天，并学习安排自己一周的活动。

为突破活动的重点、难点，我主要采用了以下策略：

其一，注重一个"趣"字——让孩子有活动的兴趣和愿望。

月历对于幼儿来说十分常见，生活中处处可见。但细心的人不难发现，孩子对这一内容并无多大的兴趣，因为月历本身只有一些枯燥的阿拉伯数字和简单的文字，色彩也无鲜艳可言。对于这样的教材如何吸引处于形象思维的孩子是关键所在。本次活动把月历拟人化成幼儿身边可爱、可亲的朋友——月历宝宝，从而调动孩子内心深处的活动愿望。

其二，强调一个"思"字——让孩子在整体感知中发现月历的秘密。

月历中蕴涵的知识点是比较多的，如年份、月份、星期（包括双休日、节日是红色，其余为黑色）、各月的天数等。在活动设计时考虑到若同时出现这么多的知识点也许会产生负面效应，让幼儿无从着手，但如果缺少了整体感知，又不能保证学习的有效性。因此本次活动首先将月历整体呈现在孩子们面前，同时启发幼儿与之积极互动，逐个解决月历各因素的作用，层层突破活动重点和难点。

其三，把握一个"用"字——让孩子在实践中运用。

知识的获得不是目的，重要的是要学会运用，活动中引导幼儿帮助小动物找具体某一天，安排一周的活动，深化月历在生活中的运用。采用的这些方法适合幼儿的年龄特点，孩子们感兴趣，有自主活动的愿望。

（节选自林佩芬主编：《新世纪幼儿园说课稿精选》，宁波出版社 2008 年版，第 114 页）

上述案例在"说活动准备"时，既说出了目标的三个层面，同时根据孩子的年龄特点和接受水平，拟定了活动的重点和难点。为突破活动目标的重点和难点部分，教师进行了三方面策略的阐述，有理有据，层次分明，使人听后豁然开朗。

案例　小班认知活动"一一对应"说课中的"说活动目标"

1. 活动目标：

（1）引导幼儿把相关物体进行一一匹配，感知一一对应的数量关系。

（2）萌发幼儿参与活动的兴趣，并尝试着说出自己的想法。

2. 活动重点：通过活动，初步学会相关物体的重叠或并置匹配，感知一一对应的现象。

3. 活动难点：获得一些有关对应的经验。

一一对应是比较物体的集合是否相等的最简便、最直接的方式。不仅可以比较出两个集合之间量的大小，更重要的是还可以发现相等关系，这是幼儿数概念产生的一个关键性步骤。因此，让幼儿通过尝试一一对应的操作匹配能较好地为幼儿进行"比较活动"做好准备。小班幼儿的注意力容易分散，经常不能持久地参与活动，而且他们对自己感知到的东西缺少表达的习惯和方法。因此萌发他们参与活动的兴趣，培养他们表达自己的想法很重要。

此活动中幼儿通过一系列的操作来获得重叠和并置的对应方法，并通过这种方法发现物体之间的数量关系。在活动中教师不向幼儿传授一一对应的方法，而是让幼儿自己去发现，这有利于幼儿认知结构的发展，有利于他们以后对数概念的理解。

（节选自林佩芬主编：《新世纪幼儿园说课稿精选》，宁波出版社2008年版，第16页）

案例"一一对应"虽然不像案例"月历宝宝"那样，用了大篇幅来阐述"如何突破活动的重点和难点"，但这位教师对活动目标中的重点和难点的确定也分别进行了细致的分析，同时也阐述了在活动中是如何实现这几个目标的，做到了言简意赅。

上述两个案例都是针对没有主题的单个活动的说课，而针对主题系列活动中某一个分支活动的说课，在阐述目标时，要先阐述主题活动目标，然后再阐述该具体活动的目标，或者把二者协调统一起来。

案例　　　大班美工活动"剪窗花"中的"说活动目标"

"剪窗花"是主题系列活动"过大年"中的一个分支活动。活动"过大年"主题预设目标如下：以过大年为主线，将礼仪、风俗、民间艺术等融入其中。希望幼儿通过本单元的学习，能够知道春节是中国最重要的节日之一，也是中国人家庭团聚的日子；通过了解有关过新年的习俗，激发幼儿对中华民族传统文化的热爱，增进幼儿与家庭亲子间的交流；通过区域活动的创设，提高幼儿的动手操作能力及创造力。

根据上述主题预设目标，我拟定了大班美工活动"剪窗花"的活动目标：

1. 喜欢观察各种窗花图案，并愿意学习剪窗花。
2. 知道剪贴窗花是我国东北地区过春节的一种民间庆祝活动。
3. 能在教师的指导下，剪出1～2种图案的窗花。

活动重点：了解窗花的剪法。

活动难点：创造性地剪出自己喜欢的窗花。

（辽宁省沈阳市铁西区装备部幼儿园：赵媛媛）

本主题目标融认知目标（知道春节是中国最重要的节日之一，也是中国人家庭团聚的日子）、情感目标（激发幼儿对中华民族传统文化的热爱；增进幼儿与家长间的交流）、技能与能力目标（提高幼儿的操作能力及创造力）为一体，同时通过具体的行为目标让我们明确主题中涵盖了礼仪教育、新年习俗认知活动、民间艺术欣赏学习、亲子活动、区域活动等，具体明确。

三、说活动准备

活动准备包括活动前的准备（即家长工作、社区协调、环境创设、资料收集、幼儿园活动等），活动中的准备（即有关玩具、教具等材料，包括幼儿用书、教学挂图等）。具体书写时，需要从知识经验准备和物质准备（包括环境的创设和材料教具的准备）两方面着手。活动准备是为让幼儿通过与环境、材料的相互作用来获得发展的，因此，活动准备必须与幼儿的能力、兴趣、需要等相适应。这一点在说课时必须说清楚。

案例　托班音乐活动"落叶宝宝的摇篮"中的"说活动准备"

1. 知识经验的准备：观察秋天的落叶，知道秋天到了，树叶有的变黄，有的变红，都落下来了。

2. 物质准备：树叶宝宝一个；将一块丝巾的四个角系在椅背相对的两把小椅子上，做成"摇篮"，将其放在"树下"。

（林佩芬主编：《新世纪幼儿园说课稿精选》，宁波出版社 2008 年版，第 2 页）

上述知识经验的准备是让幼儿知道秋天有很多落叶，并为活动中的捡落叶服务。而将树叶制成树叶宝宝的形象，目的是吸引幼儿参与到音乐活动中来。自制摇篮放于大树下是一种场景创设，又为感受、表现歌曲服务。

案例　在主题活动"海底总动员"中，教师这样阐述"活动准备"

为了让幼儿更好地理解和学习"海底动物的生活状态"，我收集了大量各种各样的贝壳，把整个活动室布置成一个光怪陆离的"海底世界"，从屋顶到墙壁，到处都是各种各样的海底生物。幼儿在这样仿真的情境中，仿佛自己也变成了小鱼，在海底世界自由自在地生活和游戏。我还带领幼儿去真正的海底世界参观，到海洋乐园游玩，回来后让幼儿把自己在海底世界和海洋乐园看到的情景和活动室里的情景相对照，然后对活动室的环境进行增添和改造，自己动手制作各种海洋动物放置其中。

（辽宁省沈阳市铁西区装备部幼儿园：赵媛媛）

从上述案例中可以看出，教师把大自然和大社会真实的情境和小朋友们自己创设的虚拟情境结合到一起，做到了两种环境相互补充、动静结合、虚实相生，使幼儿对主题的理解和活动的展开起到了很好的铺垫作用。

四、说教法

教学方法是教师有效地传递信息、指导幼儿的途径。说教法主要说明在本次活动中将采用的教学方法和运用的教学手段，以及这样做的原因，要着重说明自己其中独创的做法，特别是培养幼儿创新精神和实践能力的具体做法。说教法时要根据教材的特点、幼儿的发展水平、教师的特长以及教学设备的情况等，说明选择某种方法或手段的依据。

说教法就是要求教师说明"怎样教""为什么要这样教"的环节。教师要说出在教育目标、教学内容确定之后，用什么方法、手段来实现。既要说出整个活动用什么教学形式及方法，是集体的、分组的还是个别进行的，更要说清为什么用这种形式和方法，教师如何指导、为什么要这么指导等。教学方法种类繁多，尺度也不同。目前我们在进行活动中经常运用的方法有：

（一）直觉体验类方法

1. 情境观察法。

教师创设问题情境或游戏情境，引导幼儿进行观察并作出相应的反馈，如看图讲述活动中教师就经常采用这种方法。

2. 操作实验法。

教师通过表演、演示或示范的方式让幼儿懂得一些概念、道理或操作的程序。一般来讲，引导幼儿认识并验证一些科学现象时就经常采用这种方法进行示范，以引发幼儿对某一种科学现象的兴趣，进而使幼儿动手操作。

3. 社会生活实践法。

教师通过带领幼儿对某一场所进行实地考察、参观、调查并使幼儿获取相关信息的方式。如在"认识春天"这一主题活动时，教师就可以通过"春游"的形式让孩子开阔视野，获取关于"春天"的相关信息。

（二）语言对话类方法

1. 讲解法。

教师通过正确的语言向幼儿说明一些简单的道理、规则及其意义，让幼儿知道什么是对的，什么是错的，应该怎样做和为什么这样做。

2. 谈话法。

教师与幼儿相互提问、对答的教育方法。使用谈话法可以帮助幼儿明确理解、加深原有的社会经验。

3. 讨论法。

教师指导幼儿就教育活动中的某些问题、观点、认识进行相互启发、相互学习、相互交流的教育方法。

（三）新视听方法

教师利用网络环境、多媒体课件以及录音录像等吸引幼儿的注意力，达到完美的教学效果的一种方法，在当今是很受孩子们欢迎的一种教学方法。

上述教学方法是我们在教育活动中经常采用的方法。此外，在教育活动中，教师还可以采用陶冶熏染法、角色扮演法等，使活动收到更好的效果。

案例　中班语言活动"一个蛋"说课稿中的"说教法"摘录

1. 讨论法：让幼儿对教师提出的问题进行讨论，让幼儿猜一猜、说一说。在活动中锻炼幼儿的思维能力，培养幼儿的想象力，还可以锻炼幼儿的语言表达能力。

2. 情景教学法：在一开始的时候教师出示 PPT 课件的第一页：

一片草地。请幼儿猜猜谁会出现，然后导入到活动中去。

3. 示范法：在活动中教师会示范用散文句式仿编，幼儿可以运用已有的经验尝试仿编。

（辽宁省沈阳市铁西区教工第二幼儿园：袁斌）

上述三种方法的综合运用恰恰符合了语言类教学活动的特点，教师紧紧抓住孩子学习语言的特点，充分发挥幼儿语言表达的积极性，使幼儿在"讨论"中发展各自的语言表达能力。

案例　小班科学活动"会动的玩具"教师在课后进行说课时，针对教学方法的运用是这样阐述的（节选）：

教师提问："你的玩具是怎么动的？"一些动手能力较强的男孩子马上摆弄起自己的玩具，他们给自己的玩具上发条、装电池、按开关，还兴奋地尖叫着让同伴来看。教师问另外一些孩子："你们的玩具是怎么动的？"这些孩子笑着但没有回答。一些性格活泼的孩子马上叫道："我的火车会开，它还会转弯儿。""我的娃娃会笑，它还会走路。""我带来的是电动玩具，它会翻跟头。"一些孩子则默默不语，一会儿看看自己的玩具，一会儿看看其他的孩子，显得没有精神。

那些喜欢摆弄玩具但没有回答教师问题的孩子，是动手能力强但语言词汇发展较弱的孩子。教师此时采用语言提问法，注意帮助并引导幼儿用丰富的词汇进行描述，就问："你的玩具是怎么动的？它动起来像什么？"在老师的引导下，他们说出了自己的发现，有的说："我的皮球会滚，像个大西瓜。"有的说："风一吹，我的小风车会转，变成彩色的了。"有的还说："我用手一转，陀螺转得都要飞起来了！"

能很快看出自己的玩具是怎么动的，并且大胆说出来的孩子，是一些观察能力强而且语言发展也较好的孩子。教师采用追问法，给他们提出更高的挑战，满足他们探索的欲望，于是问："有的孩子带来了电动玩具，有的是手动玩具，它们有什么不同呢？"他们立刻兴奋地嚷起来，和同伴一起拆拆弄弄，接着有的孩子发现了玩具的秘密，开心地喊道："电动玩具要有电池，有些玩具用小手帮帮忙就行了。"有的说："这些玩具有电池，可以一直动下去，那些玩具没有电池转

第二章　幼儿园说课

一会儿就不动了。"有的说："电动玩具有开关，手动玩具要用手来帮忙，没有开关。"

对于那些默默无语坐着的孩子，教师没有急于求成，而是运用示范法、暗示法、共同操作法，给孩子耐心、细致的引导。教师和他们一起玩玩具，让他们在操作玩具的过程中感知玩具的运动特点，通过提问："你玩的是什么？它是怎么动的？"（教师边提问边用动作和口型进行提示）引导孩子用眼睛去观察，大胆地说出自己的发现。在教师的引导下，那些反应迟缓的孩子也获得了探索的快乐，并对自己的发现记忆深刻。

（江苏省南京市建邺区实验幼儿园：严星路）

从上述案例中可以看出，由于孩子的个性特征具有先天天赋性质，很难改变，因此在活动设计过程中要考虑采用何种教育教学手段和方法适应这些个性特征；而有些个性特征是后天文化熏陶的结果，是可以通过教育而改变的。如果这些个性特征不适于在特定文化背景下学习，我们就需要在教育活动设计中考虑采用何种手段和方法来促进其改变。在上述案例中，教师正是在细心观察中，针对不同孩子的发展需要而采用不同的教学方法，从而促进了不同幼儿在原有水平上的进步。

五、说学法

说学法就是说明幼儿要"怎样学""为什么这样学"的环节，教师要说出教给幼儿哪些学习方法，培养幼儿哪些能力。教师在说学法时要说出活动中幼儿怎样学习、依据是什么；自己在活动中如何激发幼儿学习兴趣、引导幼儿积极主动探索的；还要讲出怎样根据班级特点和幼儿的年龄、心理特征，运用哪些教育教学规律指导幼儿进行学习的。

通常，幼儿的学习方法和教师的教学方法是紧密联系在一起的，甚至是分不开的。比如，观察法既是教学方法，同时也可以说成是幼儿的学习方法。因为幼儿的观察是在教师的引导下进行的，是离不开教师的提问的，"引导幼儿观察"是教师在设计活动中很重要的一个环节，所以"引导过程"就成了教师组织教学活动的方法和手段。而幼儿领悟了"观察"方法之后，运用这个方法获取事物信息的时候，这一方法就成了幼儿的学习方法。一般情况下，我们在说课中经常采用的幼儿学法归纳如下：

（一）多通道参与法

多通道参与法即幼儿综合感知眼前的事物特点，运用听觉、视觉、动觉、皮肤觉、触觉、味觉和嗅觉等多种感觉器官协同作用到某事物或某场景中，获取相关的信息。

资料链接 浅谈多通道参与法在幼儿音乐欣赏活动中的运用

音乐欣赏是幼儿园音乐教育的一个重要组成部分，它是指幼儿通过倾听音乐，对作品进行感受、理解和初步鉴赏的一种审美活动。通过音乐欣赏活动，可以愉悦幼儿情绪、启迪幼儿智慧、发展幼儿的思维、激发他们的想象力和创新能力以及创造热情。但是，在过去的音乐教学中，许多教师都较侧重于传授音乐知识、训练音乐技能而忽略了对孩子音乐欣赏能力的培养。随着幼儿音乐教育改革的不断深入，尤其是《幼儿园教育指导纲要（试行）》的颁布，音乐欣赏教学已日益得到广大幼教工作者的重视。然而，以往的音乐欣赏活动都采用传统的教学方式，以倾听、模仿为主，幼儿也一直处于被动吸收的地位，这显然与幼儿在音乐领域进行实践的需要相去甚远。它在一定程度上降低了欣赏活动的效果，也限制了幼儿个性的发展和创造力的培养。而今的音乐教育提倡适应儿童个性，扩展创造性经验的音乐欣赏教育，这种新的教学理念给予我极大的启示。在幼儿园新课程的指导下，我开始尝试多种手段结合，多种感官参与的开放式音乐欣赏活动。让幼儿在宽松、愉快的活动过程中欣赏美、感受美、表现美和创造美，以满足幼儿的"自我认知""自我表现"和"自我发展"的需要。让幼儿成为欣赏活动的主人，让欣赏活动真正地"活"起来，焕发出生命的活力，从而进一步提高幼儿的审美能力。

音乐作品中高低起伏的旋律、快慢有序的节奏、丰富形象的音乐语言构成了音乐的美感，而音乐美感的获得和人们对音乐内容的把握需要欣赏者积极的联想，通过联想使音乐与自身的一切相联系，进而把象征性的音乐具体化。

心理学认为：人在感知一个特定事物过程中，开放的感知通道越多，对特定对象的把握（理解、记忆）也就越全面、越精确、越丰富、越深刻。音乐教学心理的研究也证明音乐感知活动不仅是一种听觉感知的活动，而且是一种多通道协同工作的感知活动。因此，对于幼儿来说，参与性音乐操作活动，应是倾听、欣赏活动的主要伴随方式。我们在为幼儿选择学习方式时，最优先考虑的应是特定的音乐为特定的幼儿提供了哪些合适的参与机会；在所有参与方式中，又有哪些是更有利于帮助特定的幼儿欣赏好特定的音乐的。在诸多感知通道中，我们使用的除听觉通道外，其他的辅助通道即为运动觉、视觉和语言知觉。运动觉主要是指用跟随音乐做动作、歌唱和演奏打击乐器的方法，来感知音乐和表现音乐；视觉参与的方法，主要是指用在音乐伴奏下欣赏或创作美术作品的方法来感知和表现音乐；语言参与的方法，主要是指用在音乐伴奏下欣赏、表演或创作文学语言的方法来感知和表现音乐。下面就具体谈谈以上感知觉在音乐欣赏活动中的作用和方法。

一、鼓励幼儿用舞蹈、动作等肢体语言来表达对音乐作品的理解

音乐感知心理研究证明：运动（特别是大肌肉的运动）对于音乐感知的效果来说，具有十分重要的支持强化作用。高尔基说过："在听音乐时，得用自己的经验、印象和知识去补充……"幼儿的知识面和联想还不够丰富，但在音乐欣赏中对音乐情绪的直接感受能力并不差，而且自我表现欲望很强。幼儿对于音乐的理解具有明显的外显性，通常用动作表现出来，他们常常会情不自禁地跟着音乐手舞足蹈起来。如在欣赏《我是小兵》《军队进行曲》中，幼儿多喜欢用有力的踏步、神气的敬礼、打枪等动作来表现；而在《摇篮曲》等的欣赏活动中，幼儿则善用轻柔摇晃的手臂和身体动作来表现。以这种肢体语言的形式参与音乐被视为一种有价值的音乐欣赏形式。幼儿没有熟练掌握"言、叹、咏、歌"等多种方法时，"手舞足蹈"的肢体语言就是他们运用最多的一种表情达意的方法。这种形式对幼儿来说是最具有吸引力的欣赏方式。利用幼儿的生理发展有好动、好玩、好奇、好胜等特点，鼓励幼儿积极运用动作、舞蹈等肢体语言，能有效地吸

引其注意力，培养幼儿欣赏音乐的积极性，并充分表达自己对音乐作品的理解。如在欣赏《土耳其进行曲》时，我让幼儿随着音乐打节奏；在欣赏音乐《龟兔赛跑》时，我让幼儿用情境表演的方式来表现乌龟和兔子比赛的情景，当一听到活泼跳跃的音乐，他们会很兴奋地兔跳，当音乐转化为稳健沉着的节奏时，孩子们马上会配合音乐表现出乌龟爬的形象；在欣赏交响乐童话《彼得与狼》时，我又让幼儿把所听到的音乐用动作表达出来。结果，清脆嘹亮的长笛演奏时，孩子们扮演的欢乐小鸟，挥动着双臂想象着自己在天空中自由地飞翔；诙谐的双簧管出现时，孩子们学着小鸭子憨态可掬的脚步摇摇摆摆地走过来……在这样的活动中，幼儿不再是旁观者和听众，他们个个都热情高涨，既活跃了气氛，又理解了作品所表达的内容，还发展了幼儿的想象力和创造力。

需要注意的是，幼儿在欣赏过程中所创编的动作应该是低难度或无难度的。只有这样，幼儿才能够在学习时把主要精力集中在音乐上，而且简单的动作让幼儿容易成功，从而更大胆地创新。在幼儿欣赏过程中，教师应特别注意在确保幼儿的自尊心、自信心不受损害的前提下鼓励幼儿尽可能地创编与他人不同的动作，让幼儿充满创新的自信。

二、通过绘画、图谱等视觉参与，帮助幼儿欣赏音乐

绘画是凝固的音乐，音乐是流动的图画。音乐是流动的，稍纵即逝；而作为视觉对象的图画、符号等，却是十分稳定的，人们可以反反复复地加以欣赏、观察。由此可见，适当地运用绘画、图谱等视觉参与对帮助幼儿欣赏音乐是大有裨益的。音乐作品中存在着许多抽象的因素，由此构成的诸多音乐结构或性质，往往无法用语言表达，幼儿难以体验理解并表现出来；而直观性的画面，则使孩子将视觉与听觉相结合，易于接受，有兴趣表现音乐作品。例如，"草原小牧民"——蒙古民歌《森吉德玛》的乐曲欣赏中，A段舒缓、柔和，B段热烈、欢快。这两种不同的音乐意境难以清晰感知，于是我就出示两幅与音乐意境相符的图画，使孩子们将视觉与听觉相结合，很快就理解了音乐所要传达的意境。例如，在欣赏音乐作品《喜洋洋》时，我鼓励幼儿通过绘画来表达自己对作品的理解和感受。结果，有的孩子画出了一只只大红灯笼、一串串彩灯；有的孩子画出了满天灿烂的

烟花；还有的画出了唱歌跳舞的小朋友，充分展现出一幅喜气洋洋贺新年的热闹景象。再如，在欣赏音乐作品《大海和小溪》中，这首乐曲是用钢琴和竖琴演奏，整首乐曲旋律亲切、优美、富有歌唱性，像潺潺清水在流动，很有诗意。所以，我的目的是通过欣赏使幼儿能感受并区别两种不同的音乐情绪，但对幼儿来说，理解大海的"汹涌澎湃"和小溪的"柔和舒展"两种音乐情绪有一定的难度。这时，我就引导幼儿运用听音乐画旋律图谱的方法来理解。通过听和画，幼儿把"汹涌澎湃"画成一群大鱼，把"柔和舒展"画成漂动的水草，每一个音符，每一条旋律，每一句歌词在孩子们的手中变成了看得见、有内容的画面，简单的图谱帮助幼儿更充分地理解了音乐的内涵。以绘画的形式展示自己音乐欣赏的成果，满足了幼儿的成就感和直观的需求，而且也提供了一个互相学习的机会，让幼儿的音乐欣赏水平得到进一步的提高。

三、运用语言手段来帮助幼儿理解音乐作品、表现音乐作品

语言是人类进行交流、表达情感的重要工具。在音乐欣赏中适当地运用语言手段能把抽象的音乐变得形象些，帮助幼儿更好地理解与表现音乐作品。通过语言描述，可以使幼儿联系已有经验产生新的联想、展开想象，激发幼儿产生对所欣赏的音乐的兴趣。教师对语言的调节支配，能让幼儿感受体验到美、兴奋、难过，从而产生喜爱、欢乐、悲伤等情感。例如，在欣赏歌曲《歌唱二小放牛郎》前，我先给幼儿讲王二小的故事，并注意不同的语气，在讲第一段故事时用叙述的语气，在讲第二段时用表情讲述的语气，第三段用紧张的语气，第四段用悲伤的语气，第五段用崇敬的语气。幼儿随着教师的语言描绘和语音语气或平静、或紧张、或悲伤、或崇敬……在这种情绪不断变化的氛围中，幼儿对音乐的特点、结构也就自然而然地把握了。在欣赏音乐《森吉德玛》时，我先让幼儿边看图边倾听音乐，在幼儿对音乐有了一个初步的感受后，我再次让幼儿欣赏，并配以优美的散文诗："蓝蓝的天，白白的云，一望无际的大草原，羊儿在吃草，牧童在吹笛，笛声在大草原上回荡。听！马儿奔跑而来。看！鲜花争相开放。来！和牧童一起高歌欢舞。"幼儿在优美的语言文字中，体验到了音乐从缓慢到欢腾、从悠扬到热烈的变化而出现的不同的情绪变

化，并随着语言的提示，创编出各种不同的动作，幼儿的创造欲得到了满足。在欣赏小提琴演奏的世界名曲《梦幻曲》时，我又选用了童话《梨子小提琴》来进行配乐朗诵，将孩子们带进柔美抒情的梦幻世界。优美的童话故事和《梦幻曲》的旋律渗融在一起，拨动了孩子们的心弦。

同样的音乐，不同的幼儿就有不同的感受，正如"一千个读者心中，就有一千个哈姆雷特"。音乐欣赏能够激发幼儿的内心活动，并且是带有很强主观性的。因此在活动中，我还启发、鼓励幼儿将自己的感受、内心体验通过语言自由地表达出来，投入音乐的情感之中进行自由想象。在音乐欣赏中，孩子熟悉了乐曲之后，可以说一句自己的话，要和老师给的模式一样，并且用和音乐一样的声音来说。例如：飞呀飞呀，小鸟一边轻轻飞，一边慢慢飞；织呀织呀，妈妈一边织毛衣，一边唱歌。又如在欣赏《摇篮曲》中，摇篮曲的旋律起伏不大，长于抒情，节奏均衡，略有摇荡感，速度徐缓，力度较弱，音乐形象亲切而温存。于是，我先让幼儿听音乐感受"你感觉怎么样？""在梦里你们见到了什么？"然后请幼儿闭上眼睛欣赏，每听完一次让幼儿将感受说出来，"我看见妈妈抱着我，在月亮上飞啊飞。""我做了个美妙的梦，有甜甜的冰淇淋，美丽的糖果屋……"孩子们自由地说出自己奇妙的想法。在我的鼓励、肯定下，平时不爱开口的幼儿或者缺乏自信心的幼儿都能逐步参与到这样的欣赏活动中，唤起共鸣，自由感受。随着幼儿年龄的增长，到了中班、大班阶段，还可以鼓励幼儿在欣赏音乐的基础上，进行大胆地想象，根据音乐创编故事。故事伴随着幼儿的成长，因此幼儿有丰富的故事体验，音乐故事化还能调动幼儿的积极性用他们喜欢的方式表达自己对音乐的理解和欣赏，以培养其自主欣赏音乐的能力，它也是建构音乐欣赏教学模式的重要环节。以《音乐的瞬间》为例，我抓住曲子欢快的风格，引导幼儿想象"什么东西会有这么欢快的节奏？"于是有的幼儿就想是兔子在跳，鸭子在边走边叫，青蛙在唱歌。接下来我又引导幼儿："他们为什么要这样做呢？"幼儿就说："他们在一起开联欢会""他们要表演节目"，紧接着我就让幼儿欣赏音乐的中间部分，让幼儿听听"他们都表演了哪些节目？"幼儿听完之后就认为"在跳舞""在戏水""在吹笛子"，对于幼儿的想象我都给予充分的肯定和鼓励。这一环节，我是突出欣赏音乐的重点，将乐曲的第二部分单独让幼儿进行欣赏想象，留给幼儿创编故事的空间。对于乐曲第三部分的欣赏创编，我就抓住其ABA的曲式结构，提示幼儿所创编的内容要与第一部分基本一致。因此幼儿就创编出"前面是鸭子叫着来集合，最后又叫着回去了""青蛙跳着来到荷叶上，最后又跳到水里回家了""开头兔子跳着来到草地上，最后又跳着回家了"的故事开头和结尾。因此，在组织幼儿欣赏音乐的基础上首先要了解这首曲子，找出故事创编的重点，加以突破。依据音乐的旋律结构引导幼儿创编故事，让幼儿以创编故事的形式深入了解、欣赏乐曲。另外，这样的活动以小组欣赏的形式为宜，这样有利于发挥幼儿的想象力，体现幼儿的主体意识。

四、用生动形象的器乐活动，发挥幼儿欣赏音乐的能力

幼儿的音乐欣赏能力是属于幼儿内化的心理因素，怎样将其转化成为外在的行为，用生动形象的方式表现出来，满足幼儿表现的欲望呢？除了以上的方式外，器乐活动无疑也是一种满足幼儿表现欲望的活动形式。乐器不仅是作为一种伴奏的工具，也是儿童表现生活中声音的道具。建立在音乐欣赏基础上的器乐活动，可以分为两个阶段。

第一阶段，根据乐曲旋律，选择适合的节奏型进行初步的器乐活动。过去幼儿的器乐活动都是在老师指挥棒下的表演活动，而现在的器乐活动是把主动权交给幼儿，在幼儿充分欣赏音乐的基础上，根据乐曲的旋律选择节奏进行演奏。但教师在这一环节要注意虽然鼓励幼儿自己选择伴奏型，但也要引导幼儿注意倾听音乐的旋律选择适合的节奏，避免演奏成为一种噪音。选择适合的节奏型使器乐活动更加生动化，不再只是一成不变的一拍一下的伴奏形式，而要更有利于调动幼儿欣赏和表现音乐的兴趣。同时，也有利于教师了解幼儿对乐曲的体验情况。

第二阶段，根据音乐所表现的情节，选择适合的乐器进行形象地演奏活动。有了合适的节奏，如果没有恰当的乐器进行演奏，那也不会具有完美的效果。如在《音乐的瞬间》的欣赏活动中，一组幼儿在第一部分就选择响板和三角铁这两种乐器，他们认为三角铁的声音就像青蛙落在荷叶上的声音，而响板就代表青蛙叫。这样依据情节选择乐器，使整个演奏活动形象化，像是在直观地展示一个故事。这样的

演奏方式，让幼儿更加深刻地理解乐曲，提升幼儿对乐曲的欣赏能力。

幼儿的欣赏活动不同于成人的欣赏，必须要从幼儿的生活、与他们息息相关的日常环境出发以及他们所感兴趣的活动形式出发，才能激发其欣赏的欲望、探究的动力。当他们有兴趣时才能够全心投入到音乐活动中去，用整个身心去感受节奏疏密、旋律起伏、情绪变化的节律，其内心对音乐的感受、理解才可能是精确的、生动的，才能导向于创造性的发展。

音乐欣赏与其他音乐活动之间的主要分界线落在：音乐欣赏更侧重于发展幼儿对音乐的感受与体验能力，而不特别注重发展音乐的表演与创作技能。幼儿对音乐作品的理解认识、想象联想和情感体验，只有综合运用语言、绘画、动作等多种手段，开放多个感知通道，才能让幼儿对音乐欣赏做到真正的主体参与，激发起强烈的情感因素，发展幼儿的音乐感受能力、表现能力、创造能力。在幼儿运用各种不同的艺术表现手段来表现音乐时，教师应注重幼儿创新能力的培养，相信并尊重每一位幼儿，让幼儿充满创新的自信，体验成功的愉快，只要是孩子自己的东西，哪怕只是表达其中的一点点，都应加以鼓励和支持。

（文章来源：校讯通博客 作者：咏菊知秋 2005年洛阳市幼儿园优秀教学论文评比二等奖）

（二）观察法

观察法是教师有目的、有计划地组织和启发幼儿运用多种感官，去感知周围世界的事物与现象，使之获得具体的印象，并在此基础上逐步形成概念的一种方法。它可以保证幼儿在直接接触事物的过程中，运用多种感官直观、生动、具体地认识事物，提高幼儿感官的综合活动能力，也可以培养幼儿用感官探索周围环境的习惯，并为发展幼儿的抽象思维能力、形成概念提供丰富的感性经验。在幼儿园常用到的观察法包括对个别物体的观察、比较观察和长期系统性的观察三种方法。

例如，小班幼儿对"小白兔"外形特点的观察就属于对个别物体的观察；中班科学活动"塑料制品和纸制品的区别"就是引导幼儿在比较观察两种材料制品的基础上进行归纳总结的；而大班幼儿对"青蛙生长过程"的经验就是经过长期系统性观察获得的。

（三）实验操作法

实验操作法是幼儿参加并亲自动手操作实验，获得相关结论和经验的方法。这种实验操作法通常是在幼儿科学活动中常用到的一种方法，主要是容易、简单，和日常生活紧密联系，并带有游戏性质的实验，所以对实验的结果要求比较低，一般实验活动时间短，能较快地观察到实验结果和变化，得出简单的科学概念。

例如，"物体的沉与浮"的教育活动就是通过让幼儿操作实验，在"玩水"中获得"哪些东西是浮在水面上的，哪些东西是沉到水下的"的结论。

（四）讨论交流法

讨论交流法是幼儿通过口头语言，表达自己在活动中的发现和探索的方法、过程，以及咨询、了解教师与同伴的意图和看法。它常伴随着幼儿探索活动的全过程。讨论交流法包括师幼之间的"一问一答式"和教师把问题抛给孩子的"自由谈论式"两种方式。

（五）情感陶冶法

情感陶冶法是利用环境条件、生活气氛及教师本身的言行举止，对幼儿进行积极感化、熏陶，发挥潜移默化影响的一种学习方法。通常包括环境陶冶法和艺术感染法两种。

当然，幼儿在活动中的学习方法很多，教师在说课过程中要依据活动目标的要求和活动内容的特点以及幼儿的发展需要，采用并引导幼儿运用不同的学法，理解创造性地表现主题活动内容，以达到预期教育目标。

案例 中班语言活动"一个蛋"说课稿中的"说学法"

根据活动目标和活动内容的要求，我主要采用了如下的学习方法：

1. 讨论法：幼儿之间相互讨论，说说谁会躲在蛋壳里面。因为这个没有固定的答案，但是要求幼儿根据蛋的特征来猜测里面藏的动物，而不是凭空想象，随便地进行猜测。

2. 多通道参与法：请幼儿想一想、看一看、亲自动手点击让小动物从蛋里面出来、最后和幼儿一起玩一玩。

上述案例是"说课稿"中的"说学法"的展示，简洁明了，但在实际"说课展示"中，教师的语言应该再充实些和丰富些。而且，很多的说课活动，通常教师会把"教法"和"学法"混在一起说，因为二者原则上是分不开的。

案例　针对中班体育活动"小小救护队员"活动，教师在"说课展示"中，对幼儿的教法、学法做了如下的阐述：

环节一：师生共同观看录像，讨论引出课题。

教师导语：今天我们先来看段录像，看完请小朋友告诉老师：

1. 录像中说了一件什么事？

2. 战争给人们带来了什么灾难？

3. 在战场上有许多人受伤了，那该怎么办呢？

教法、学法分析：在导入部分我加上了观看录像的环节，录像的侧重点放在展示战争对人们的伤害以及当地人们的一些救助方法，以激发幼儿帮助他们的愿望，将一种亲社会的情感转换为亲社会的积极行为。幼儿边看录像，边有感而发，注意力一下子被集中起来。这一教学手段既符合了幼儿的年龄特点，又激发了幼儿参与活动的热情，调动了幼儿的过去经验，使活动能够顺利开展，学习氛围浓烈。这部分我通过电教手段（新视听方法）调动了幼儿的多种感官参与，即多通道参与法，激发了孩子们的参与热情，从而使讨论热烈起来。

环节二：小组分工，共同制作担架。

1. 小组讨论：担架可以干什么？

2. 制作担架的要求。

教师导语：我们要制作在战场上救助伤员的担架，我为你们每个小组提供了两根竹竿和一些布条，我们把布条的两头对折，套在其中的一根竹竿上，然后将布条在另一根上缠绕一圈后打结，长度要相同，请每个小组共同合作，大家先讨论如何分工，做好自己的事。

3. 幼儿尝试对折、缠绕、打结的方法。

4. 讨论：还可以用什么方法？

5. 幼儿以小组为单位制作担架，教师巡回指导。

（1）帮助幼儿分工。

（2）帮助幼儿调整绳子的间距。

教法、学法分析：讨论中幼儿自然想到了担架，由于尝试后师生发现用绳子打结有两点不足：一是绳子太细，间距大，送伤员时容易将伤员从空隙间掉下来；二是绳子在一头固定，而另一头却会移动。所以这一次师生探讨了新的方法：先将打结的材料换成较宽的布条，不仅防滑又有一定的宽度。然后再将打结的方法做了适当的调整，就是将布条对折缠绕在一根竹竿上后，再在另一根竹竿上缠绕一圈后打结、固定，这样不到 15 分钟，四个小组就分别做好了担架。

在这一环节中我增加了模仿法和讨论法，对原先的内容做了一个扩充。先用讲解演示法介绍，然后用模仿法让孩子学会对折、缠绕、打结的方法。幼儿在掌握了这一技能后，在此基础上再组织幼儿讨论，尝试一些新的方法，做到既顾此又顾彼。

环节三：师生共同游戏。

1. 介绍游戏，并提出游戏要求。

教师导语：我们的小手真能干，担架已经做好了。今天我们来做"小小救护员"的游戏，以小组为单位，大家先站在线后，听到爆炸的声音，两个孩子抬担架，其他幼儿保护伤员，把伤员送到安全的地方，跑时要注意，可不能让伤员从你的担架上掉下来，记住了吗？

2. 将幼儿分组，师幼共同游戏。

教师导语：现在请小组商量，谁抬担架，谁保护伤员。

（1）幼儿游戏。

（2）总结游戏的情况。

3. 幼儿再次游戏。

（1）设置障碍，增加挑战，进一步激发热情。

教师导语：战争越来越激烈，这次在护送的路上可能会遇到一些障碍，你们会怎样做呢？

（2）交换角色，平衡运动量，丰富游戏情节。

教师导语：现在可以交换。记住遇到困难要合作，勇敢地越过障碍物，把伤员送到安全的地方。

（3）总结游戏情况。

教师导语：你们刚才遇到了什么困难？你是怎样克服的？

4. 幼儿第三次游戏。

（1）变换情境，增加难度，锻炼意志力。

教师导语：战争很激烈了，这次在护送的路上可能会遇到炮弹的袭击，你们会怎样做？

（2）总结前一次游戏的情况。

教师导语：刚才遇到了什么困难？你是怎样克服的？

教法、学法分析：此部分我运用了氛围暗示法、分层讲解法，更好地达成了目标。运用分层讲解法时，我先让孩子练习将伤员从一处送往另一处；然后增加障碍，并讨论如何通过障碍；最后再加炮弹，进行反击。氛围暗示法增加了游戏的真实性和趣味性，让孩子更好地投入到游戏之中，体验合作和帮助他人的乐趣。

环节四：放松活动。

1. 总结游戏情况，表扬能将伤员送到爱心医院的幼儿。

2. 放松活动："只要我长大"。

教法、学法分析：这一环节我运用了情感陶冶法，即在场地的一角设立"爱心医院"这一场景，再放上几张小床，让幼儿将伤员送到医院，送到病床上，再由配班教师扮演医生，对幼儿的行为表示肯定，让幼儿体验到救助受伤的人是件快乐的事。

上述案例中教师把教法和学法很好地结合在了一起，既说出了活动中运用了哪些教法和学法，同时也阐述了运用这些教法和学法所达到的效果是什么，层次分析，论点明确，证据充分。

六、说教学程序（活动过程）

说教学程序（或说活动过程）是说课的重点部分，它反映着教师的教学思想、教学个性与风格，也只有通过对活动过程设计的阐述，才能看到其活动安排是否科学、合理，是否具有艺术性。说活动过程就是说明整个活动的流程，即各个活动环节的实施过程。活动步骤的安排、方式方法的选择，必须以目标为核心，而活动目标既要有赖于整体的教育活动过程来实现，又要以不同的侧重点分散实现于各个活动步骤，因此，教师必须分解活动目标，并分析各层次活动目标与各步骤及方式方法之间的适应性关系。

如果教师设计的活动要进行延伸，教师也要说出怎样延伸活动、延伸的作用、延伸的依据等。此部分可以反映出教师对本班幼儿发展水平的掌握程度、对促进幼儿在不同水平上发展的理解认识与做法，以及因材施教、个别教育原理的运用等。

案例　托班语言活动"布娃娃"（儿歌）中教师阐述"说活动过程"

活动环节	具体内容	分析	目标的达成
环节一：通过抱抱、亲亲娃娃等形式来学说儿歌中的语言。	1. 幼儿自由地对娃娃说话。	教师让每个孩子抱一个娃娃做妈妈，提问："妈妈会对娃娃怎么说呢?"从幼儿已有的经验出发，鼓励幼儿大胆地对娃娃说。	达成了重点目标，学说"我来抱抱你，做你的好妈妈"。同时在抱抱、亲亲布娃娃的过程中，激发了幼儿对布娃娃的喜爱之情。
	2. 学说"我来抱抱你，做你的好妈妈"。	教师以神秘的口吻吸引幼儿倾听老师对布娃娃所说的话，然后请幼儿学说。	
环节二：通过观察，引导幼儿学习描述布娃娃的形象。	1. 观察教师的布娃娃，从眼睛、头发、嘴巴、表情等方面来描述布娃娃的形象。2. 学习儿歌"大大的眼睛黑头发，张着嘴巴笑哈哈"。	这一环节改变以往模仿学念儿歌的枯燥模式，而是在教师的引导下根据儿歌来描述布娃娃，既教给了幼儿观察的顺序，又帮助幼儿理解儿歌内容、熟记儿歌。	重点目标"能从眼睛、头发、嘴巴、表情等方面来描述布娃娃的形象"的体现，又为难点描述自己的娃娃做铺垫。

活动环节	具体内容	分析	目标的达成
环节三：通过学念儿歌，能整体地感知儿歌。	集体念儿歌。	这一环节是对所学语言的一种巩固，将儿歌整体展现在幼儿面前。	幼儿进一步熟悉儿歌，又为环节四描述自己的娃娃做好铺垫。
环节四：通过观察自己的娃娃，学习描述自己的布娃娃。	1.教师示范描述一个娃娃。	教师的示范是给幼儿一个范例，具有较大的启发作用，以引导幼儿描述自己的娃娃。	这一环节是难点的达成，实现了"根据自己娃娃的形象创造性地从眼睛、头发、嘴巴、表情等方面来描述"这一目标。
	2.幼儿用自己的语言描述自己的娃娃。	在前期经验的准备下，以自由描述为主，教师给予个别指导。但由于幼儿语言的发展存在着个体差异，并非要求所有的幼儿都掌握，体现《幼儿园教育指导纲要（试行）》精神中的注重个别差异。	

此活动的延伸是这样安排的：

活动一：在"娃娃家"游戏中提醒幼儿运用语言"我来抱抱你，做你的好妈妈"。

活动二：利用语言区，投放各种娃娃，让幼儿继续描述娃娃的眼睛、头发、嘴巴、表情等；提供镜子让幼儿照镜子来描述自己或同伴的眼睛、头发、嘴巴、表情等，发展口语表达能力。

（节选自林佩芬主编：《新世纪幼儿园说课稿精选》，宁波出版社 2008 年版，第 6 页）

语言的学习就是为了运用，将儿歌中的语言放在"娃娃家"的游戏中更有利于幼儿运用语言。一般来说，每一种娃娃长相都有所不同，这就为幼儿提供了更多的创编语言的机会。提供镜子又从娃娃过渡到幼儿自身，能引发幼儿对自己模样的探索欲，在说的基础上进一

第二章 幼儿园说课

步建立自我意识。

上述说课稿是以表格的形式展示出"活动过程",有时教师也可用叙述的方式进行展示。

案例　中班科学活动"丰富多彩的塑料品"说活动过程

我为本次活动设计了以下五个环节:

1. 激发幼儿兴趣。

首先我设计提问:"小朋友们,请把你们带来的各种东西拿出来吧,告诉大家,你带来了什么?有什么用?是由什么制成的?"

(这时幼儿会把带来的东西摆放在他们面前的桌子上,具体生动的教具摆放在桌子上,自然构成了一个色彩缤纷的塑料制品展示会,幼儿感受到刺激,学习兴趣和探索愿望立即被激发出来了)

然后幼儿自由发言:我带的是小杯子,喝水用的;我带的是一辆小汽车,玩游戏用的……最后教师小结,小朋友带来的这些东西有一个共同的名字"塑料制品",自然引出课题。

(这一问题的设计体现了幼儿学习知识的主动性和主体性原则)

2. 引导幼儿发现。

本环节我设计了以下两个步骤:

(1) 在活动室里寻找塑料制品。

(2) 寻找后启发引导幼儿说出塑料制品的特征。

教师出示实物,引导幼儿说出物品的形状不同、颜色不同、薄厚不同、软硬不同、高矮不同、长短不同等特征。

(经过幼儿的观察比较和教师的启发引导,塑料制品的外部特征得到总结。然后同样用示范引导的方法,让幼儿说出它不怕摔、不怕水、比较方便、比较安全等内部特征)

这一环节完成了第一个活动目标(通过对具体实物的观察比较,能在探索中认识各种塑料制品,知道它们的特性)。

3. 交流讨论。

本环节主要让幼儿了解塑料制品的用途。请小朋友分组讨论,由于幼儿自带了许多塑料制品,活动区里又投放了那么多,因此幼儿讨论的会非常激烈，讨论不仅提高了幼儿的口语表达能力，同时拓展了幼儿的知识面。

最后，教师把幼儿讨论交流的结果归类小结。

塑料制品分为以下三种：

（1）生活用塑料制品。

（2）学习用塑料制品。

（3）电器产品中的塑料制品。

这一环节完成了第二个活动目标（自主了解塑料制品在人们生活、生产中的用途）。

4. 情境设计。

如今，塑料制品垃圾已成了环境的重要杀手，本环节主要是为了培养幼儿初步的环保意识而设计的。首先从塑料大棚的模型，再通过课前的"垃圾清理"活动和观看光盘以及图片，引导幼儿说出塑料制品对环境和人类的危害，教育幼儿不随意乱扔塑料制品，尽量少使用塑料制品，鼓励幼儿研究一些处理塑料制品的科学方法，让幼儿从小树立学科学、爱科学的信念。

这一环节完成了第三个活动目标（幼儿通过亲身体验和观察、观看，建立初步的环保意识）。

5. 活动延伸。

（1）创设环境，在活动区多投放各种塑料制品，让幼儿在活动中自然巩固对塑料制品的认识。

（2）在活动室张贴有关"白色污染"的图片，动员幼儿和家长一起利用双休日时间体验"白色污染"，并用自己的能力杜绝"白色污染"现象的产生。

上述案例中教师以第一人称的口吻，对"丰富多彩的塑料制品"进行了"活动过程"的阐述。在阐述中，教师紧紧抓住活动目标与活动内容的关系，一个环节解决一个问题，实现一个目标；而在解决问题、实现目标的过程中，教师并不是牵着孩子的鼻子走，而是从幼儿的兴趣角度出发，让孩子自主地去观察、讨论并得出结论，使活动既照顾到了幼儿的兴趣需要同时又考虑到了目标的实现。

七、说效果（或说教学特色）

教学效果是教学目标的归宿和体现。教学效果的预测，既是教师实现教学目标的期望，又体现了教师对教学目标的自我把握程度。教师在说课时，要对幼儿的认知水平、能力发展状况、思想品德的养成等方面做出具体的、可能的预测，说出教学评价、反馈与调节的措施及构想。这一点，是以反馈调控为手段，力求反馈全面（兼顾全体）、及时，并且要有多种应变的调控措施。

案例 小班认知活动"一一对应"中"说教学特色"部分

1. 选材生活化。

春游踏青是幼儿比较感兴趣的话题，因此我把教学活动也变为一次简短的春游，以"出游准备—吃点心—做游戏—乘车回家"为线索展开活动，使孩子们在真实、自然、快乐的氛围中感知一一对应现象。

2. 过程游戏化。

整个活动就是一次角色游戏，教师和幼儿在游戏的互动中通过戴帽子、找食物、捉迷藏、找位子的形式来感知一一对应，探索一一对应的方法，比较物体的多少，完成重点和难点的掌握。活动中我并没有直接告诉幼儿该如何做，而是引导幼儿在宽松、愉快的情景氛围中自己解决问题，努力建构积极、有效的师幼互动。

3. 内容整合化。

在活动中以一一对应的科学认知为主轴，整合了语言领域（如引导幼儿说完整的句子：娃娃给小狗戴上一顶帽子；红房子后面躲着穿红衣服的小动物），健康领域（如根据自己扮演的角色做小动物的动作走到相应的食物旁边），艺术领域（如引导幼儿躲在和自己衣服颜色一样的小房子后面，巩固红、黄、蓝、绿、紫的颜色认知），社会领域（如安全教育，回来的路上应该注意哪些问题）等方面的知识，我又从中挖掘教育的点滴，使幼儿在活动中能积累更多有价值的经验。

（林佩芬主编：《新世纪幼儿园说课稿精选》，宁波出版社 2008 年版，第 16 页）

在上述案例中，教师紧紧抓住了小班幼儿感兴趣的活动"春游"为主线。一是以为小动物准备春游物品引出课题，引导幼儿学习重叠对应。对于幼儿而言，通过重叠的方法更容易发现两个集合之间的对应关系，所以在活动中先让幼儿进行重叠对应的操作。二是感知一一对应的关系，教师提供给幼儿诱发对应性的材料，如狗和骨头（即两种材料之间的内在联系），容易使幼儿进行一一对应操作活动，使幼儿初步形成了一一对应的意识。然后又进行颜色的对应匹配，进一步扩展了幼儿的思路。三是乘车引发座位问题，这主要是数与量的对应，将一一对应提升一个高度。

经过上述三个环节的设置，整个活动显得井然有序，听者自然不难相信说课教师所阐述的三个"活动特色"的体现。

教师在教研活动中的说课，有时在说课的最后，会以"活动反思"的形式结束整个说课。

案例　大班健康教育活动"心情播报"说课中教师的"活动反思"

本活动很好地完成了教育目标。整个活动以《幼儿园教育指导纲要（试行）》中提倡的既面向全体又重视个性化发展为原则，以情感为主线贯穿始终，活动具有极强的趣味性和挑战性。在整个活动过程中幼儿都保持着极高的活动热情，在教师的鼓励、引导下，幼儿积极主动地观察、思考、体验、操作，并能乐于表达自己的情绪情感。

在掷骰子游戏、心情小人制作等环节我能大胆放手让幼儿自主实践，并为其创设了宽松的物质环境和心理环境，充分体现了陶行知倡导的"六大解放"理论；幼儿分组协商出现问题时，我没有过多地干预幼儿的行为，而是作为支持者、合作者引导幼儿想出解决问题的办法，幼儿的交往能力与团队合作精神也从中得到了提升。

活动的不足是教师引发的问题过多。在即将开展的系列延伸活动中，增加幼儿质疑的机会，引导幼儿能够主动关注周围人的情感体验，并发挥各种领域的情感教育功能，促进幼儿健全人格的形成。

（辽宁省沈阳市铁西区教工第二幼儿园：单玲）

八 、展示参与设计的辅助课件（展示教学辅助手段）

这是说课教师在说课过程中的最后一个环节。现如今，随着现代化教学手段在教学中的广泛应用，课件制作已成为幼儿园优化课堂教育资源、提高课堂教学时空跨越感知效果、提升幼儿参与兴趣以及实现目标的必不可少的一个手段。为此，课件展示也就相应地成为幼儿园说课的一个很重要的环节。

教师在展示课件时要简述自己设计、制作的思路和过程。所制作的课件要起到突出本次活动重点，降低难度，以及突破难点的作用。具体操作的时候可以与说课的其他环节结合起来进行，如说它的重要性可以在"说目标"或"说准备"等环节中进行；在展示课件内容时可以在"说活动过程"时进行，相辅相成，从而收到更好的效果。

案例 大班语言活动《春雨的色彩》（散文诗欣赏）教师在说课中是这样阐述课件的重要性及运用的技巧的：

1. 说活动目标。

（1）欣赏、理解散文诗；学习动词：落、洒、滴、淋。

（2）激发幼儿语言表达欲望，学会积极思考，参与讨论，提高对文学作品的感受和表现能力。

（3）感受春雨给大自然带来的勃勃生机，激发幼儿热爱大自然的情感。

为帮助幼儿实现上述三个目标，我通过让幼儿欣赏课件，结合提问回答，达到情景交融、物我交融来理解感受散文诗，为了重点学习动词，我把课件的一小段提炼出来，让幼儿在理解的基础上，用自己的经验、动作表现来实现目标。

2. "说活动准备"中"教具的准备"是这样阐述的：

课件《春雨的色彩》，配乐朗诵的有关录音、钢琴曲。

课件中会说会动的鲜明人物，能深深吸引幼儿的注意力，也起到互动（幼儿、课件）作用，运用课件演示，达到逼真的效果。同时我还充分发挥自身的优势，用自己的声音、丰富的情感表现吸引幼儿，根据每一个环节的需要，将课件、教师生动讲解、配乐朗诵有机结合，取长补短，达到最终的一个教学效果。

3. 说活动流程。

（1）课题导入。

设疑	解决的方法	解决的策略	要达到的目标
春雨到底是什么颜色的？	直接观看多媒体课件开始的一部分。	春雨十分常见，在前几天教师已经带幼儿去看过、听过春雨，现在的课上运用课件是为了帮助幼儿对以往经验进行回忆。	激发幼儿的兴趣，创设让幼儿想说、敢说、喜欢说的氛围及机会，进一步发展幼儿的想象力、语言表达能力。

（2）基本部分。

① 指导幼儿欣赏完整的课件演示。

设疑	解决的方法	解决的策略	要达到的目标
那春雨到底是什么颜色的呢？	让幼儿看完整的多媒体课件，听教师声情并茂地朗诵。	利用教师的声音、表情吸引幼儿注意，因为如果教师的朗诵由音响代替的话，孩子们的注意力会被课件吸引，孩子们沉浸在画面之中，师生之间的交流就没有了，对散文诗的中心含义理解就将大打折扣。	通过欣赏来初步理解散文诗，验证自己的猜想，为目标服务。

② 人物互动后，就开始引领幼儿来理解散文诗的内容。

设疑	解决的方法	解决的策略	要达到的目标
请幼儿讲讲小鸟们的讨论结果。	回忆内容。	这个提问是为了检验幼儿在欣赏中对散文诗的理解。我请幼儿自由讲述，来达到第一时间的生生互动。	激发幼儿的语言表达欲望，喜欢参与讨论，提高对作品的理解，来初步解决难点。
小朋友们有没有讲完全呢？让我们大家一起再来看一看、听一听。	第二遍完整欣赏多媒体课件。	散文诗突出的是重复地欣赏，让幼儿在欣赏中获得美的熏陶。这一遍的课件演示，教师可以用激光手电灯加以指示，带着孩子有重点地欣赏。	在欣赏、理解散文诗的基础上，有意识地去发现一些目标中的动词，为突破重点埋下伏笔。
春雨下到草地上、柳树上、桃树上、杏树上、油菜地里、蒲公英上都是怎样的呢？	让幼儿先个别回答，再欣赏这一部分的课件。	这一段去掉以往图片的呆板，多媒体的运用给孩子带来身临其境的感觉，特别是动词"落、洒、滴、淋"，多媒体在这段体现尤为出色，让幼儿一看就理解了这些动词，再加上朗诵时也通过动词来进一步认识植物的成长，体现了活动的多元化。	
这一段可真美，让我们大家一起来学一学吧！	大家一起学习、朗诵。	这里教师可以带着幼儿一边有感情地朗诵一边用动作来表现，体现了设计活动中的动静交替。幼儿有了动口、动手的表演机会，有了动情的对话朗诵，学习的主动性也调动起来了。	这一环节也真正为突破重点、难点服务。

③ 教师带领幼儿一起朗诵最后一段。

设疑	解决的方法	解决的策略	要达到的目标
春雨听了大家的争论下得更欢了，它还说了一段什么话呢？	幼儿个别、集体回答，然后大家一起学说。	把动作、语言、课件的演示相结合，把幼儿带入散文诗的画面当中。也从课件中丰富学习了新词"万紫千红"。	达到了学习的又一次高潮，从中突破活动的重点和难点。

④ 倾听钢琴曲，对散文诗进行完整地朗诵、表演，让美的情感贯穿始终。

（3）活动延伸：提供了一个真实的环境（下雨天），让幼儿真正领会散文诗的含义，让幼儿穿雨衣、雨鞋去幼儿园的花园、操场上去寻找春雨的颜色，让绵绵的春雨，让"沙沙沙"的声音，轻轻唤起幼儿学习的兴趣，享受美的意境，为最后一条情感目标服务，实现教师教学设计的真正目的，真正为幼儿服务。

（节选自林佩芬主编：《新世纪幼儿园说课稿精选》，宁波出版社 2008 年版，第 62 页）

从上述的案例中，我们可以看出，整个活动教师充分运用了现代媒体提供的信息，让幼儿在体验真实情感的基础上欣赏与学习，提高幼儿的注意力、理解力和对学习的兴趣。教师在"说活动程序"时，紧紧抓住活动内容与活动课件的关系，层层递进，充分展示了课件的魅力，为实现教育目标起到了不可估量的促进作用。

总之，说课一定要以内容分析和幼儿状况分析为基础，以教学目标为根本方向，紧紧抓住教学重点和难点，优化教学过程结构，选择教学方法，科学运用各种教学媒体，有效地控制教学过程所要达到的教学效果，说明其基本的教学思路，并提出按照教学思路设计的教学实施方案，说出与众不同的教学新意。

案例　　　　　　　　小手小脚动起来（小班）

1. 说活动教材。

本活动选自省编教材小班上学期活动"我的小手和小脚"。我班幼儿刚刚入园两个月，年龄大多为三岁左右，通过之前活动幼儿已认识了小手和小脚，也初步知道怎样保护小手和小脚。为了幼儿能更加协调灵活地运用小手和小脚做游戏，并在游戏中获得快乐，在选材时，我参照《教育教学活动计划安排建议表》，根据我班幼儿身心发展特点和现有发展水平，结合《幼儿园教育指导纲要（试行）》中"在探索中求知，在活动中发展"的要求，我设计了小手小脚动起来的游戏活动。

本活动的重点为喜欢玩有关小手和小脚的游戏，通过游戏体验快乐，难点为运用小手和小脚协调灵活地做游戏。

2. 说活动目标。

游戏是幼儿最重要的活动形式，又是儿童的一种创造性活动。根据幼儿的年龄特点和现有发展水平，特制定活动的目标为：

（1）情感目标：喜欢玩有关小手和小脚的游戏，在游戏中体验快乐。

（2）运动能力目标：运用小手和小脚协调灵活地做游戏。

上述目标的设定我考虑到了三岁幼儿的情绪特点和运动水平，以游戏激发幼儿愉快的情绪体验，并赋予一定的运动任务，将愉快情绪、学习、能力获得融为一体，使幼儿在生活、游戏中习得知识和技能。

3. 说活动准备。

环境是产生互动的容器，具有教育性价值，由幼儿自主控制活动是游戏的最内在本质。"活动准备"本身也是教育过程，环境创设、游戏所需材料、知识基础都应该成为教师活动之前的必修课，为达到目标，完成内容，我做了以下准备工作：

（1）环境创设：开放益智区，提供手势图片，开放户外操作区，提供按摩球、皮球等。

（2）物质准备：音乐、录音机、照相机、电脑、实物投影仪、颜料。

（3）知识准备：幼儿已认识了小手和小脚，初步知道怎样保护小手和小脚。

4. 说教法、学法。

艾里克森指出：促进幼儿自主性和主动性的发展，是早期教育的基本任务。本活动中采用了多媒体教学法、示范法、引导发现法等教学方法，运用了游戏、自主探究等学法，让幼儿体验在玩中学的快乐。教师应做幼儿活动的引导者、支持者与帮助者。

5. 说活动过程。

本活动为了达到上述活动目标，设计了四个环节：

（1）小手小脚律动，导入活动。

我是这样说的："小朋友，让我们一起来活动活动自己的小手小脚！"（放音乐演示）这个律动能锻炼幼儿手脚的协调灵活性，音乐节奏感很强，幼儿很喜欢做，所以兴趣很快被调动起来。

（2）幼儿分组活动，教师适时指导。

这一环节我是这样提问的："小朋友都有一双灵巧的手和一对灵活的脚，我们一起用小手和小脚做游戏好吗？""老师给小朋友准备了好玩的手指游戏和小脚游戏，请小朋友选择你喜欢的游戏。"幼儿分成两组进行活动，两名教师分组教学。

我指导益智区幼儿手指游戏，幼儿通过提供的手势图片自主地进行模仿操作，对能力差的幼儿适时地进行指导，并用有趣的语言鼓励幼儿，例如："宝宝的小手真灵巧，变成了小螃蟹！"当幼儿模仿操作结束时，我以《我的小乌龟》手指儿歌吸引幼儿的注意（示范），幼儿很喜欢这个手指游戏，小手都跟着我动起来，其中的象声词"嘣"幼儿很喜欢模仿，小手也随着儿歌内容一伸一缩动了起来。

另一名教师指导户外操作区幼儿游戏，幼儿光着小脚丫走触觉道、玩皮球，用触觉球按摩小手、小脚。

《幼儿园教育指导纲要（试行）》中倡导幼儿自主学习，提倡预设课程和生成课程的有机结合。我充分考虑了这一点，以幼儿为主体，让幼儿自己选择活动的形式。其中的手指游戏《我的小乌龟》是已预设的课程，玩皮球游戏幼儿会生成很多种玩法，我所提供的触觉道可以走也可以爬，幼儿游戏时我用照相机记录了他们活动时的精彩瞬间。

（3）展示活动照片，体验分享乐趣。

这个环节用电脑展览活动照片，当幼儿看到自己或同伴时很兴奋，滔滔不绝地介绍着自己在做什么，大家在分享中得到了快乐的情绪体验。这时候音乐响起，幼儿与我跳起舞来（放音乐演示），幼儿的情感在舞蹈中再次得到释放，活动达到高潮。

（4）活动扩展，小手印画。

激发兴趣需要贯穿于活动的始终，在活动的结束阶段要把幼儿的兴趣延展到对新活动的需求和期待，我手涂颜料在实物投影仪上印出一个手印来，幼儿看到手还可以印画，好奇心和求知欲再次被激发，为生成下一次活动做好了准备。

6. 说教学效果。

幼儿园教育以游戏为基本活动，其根本目的是通过促进幼儿主体性的发展来带动幼儿身心各方面的发展。本活动完成了教育目标，内容适合我班幼儿身心发展特点和现有发展水平。手势图片的提供及手指游戏《我的小乌龟》，让幼儿的小手动起来，促进了手的协调灵活性。触觉道的提供让幼儿的小脚动起来，使幼儿的大动作得到发展。按摩球让幼儿初步体验了合作的乐趣，皮球的玩法多种多样，幼儿尽情地变换，小手小脚都动了起来。活动中音乐元素的运用，给幼儿的艺术表现提供了机会，使幼儿的情感得到释放。本活动体现了课程的整合性及各领域的相互渗透，教学形式充分尊重了幼儿，真正做到了角色转换，通过照相机记录的形式幼儿分享了小手和小脚的游戏经验，发展了幼儿的思维。小手印画起到了抛砖引玉的作用，为生成下一个有趣的活动做好了准备。在活动中幼儿通过与环境材料的相互作用，在自主探索中不仅感受到了快乐，各方面能力也得到了不同程度的发展。活动中的不足是，幼儿动作的协调性和美感还需加强。

（辽宁省沈阳市铁西区实验幼儿园：荣平）

第三节　幼儿园说课要注意的问题

说课，不同于一般的发言稿和教育活动，它要求说者比较系统地介绍自己的活动设计及其理论依据，而不是宣讲教案，也不是活动的浓缩，它的核心在于说理，在于说清为什么要这样教，说课的重点在于活动重点和难点的突破。此外，在说课过程中，需要教师使用普通话、充满激情、慷慨自然、紧凑连贯、简练准确、自然而有效地使用媒体。

说课是把自己设计课程的思维活动"说"出来的过程，它能使幼儿教师在思想上对设计课程中的理论依据、构思再一次进行审视，强化了理论对实践的指导。说课是教师刻苦钻研教材、表达教育思想和理念、探讨教学方法、实践教学手段、不断提高教育教学业务水平的一种好方法，也是深化教育改革后，教师进一步学习教育理论，用科学手段指导教学实践，提高教科研水平，增强教学基本功训练的一项内在要求。在幼儿园说课，能够引导广大幼儿教师认真学习幼教的基本理论，深入钻研教材，主动转变教育观念，掌握现代教育技术，提高教育教学技能，更好地深化幼教改革，优化课堂教学过程，提高课堂教学效率，全面推进素质教育。具体说来，幼儿教师在说课活动中需要把握以下几个问题：

一、说课前教师的准备工作

（一）给自己设置问题，并做出合理回答

说课教师在准备说课教案时应多问自己几个"为什么"，并力争自己作出令人满意的解释。如果对有些问题尚未搞清楚，应在准备说课前认真学习教学理论、研读《幼儿园教育指导纲要（试行）》和教材，查阅一些资料或请教其他教师，切忌说课时使用"可能""大概""或许"等词语。当然，说课质量的高低还取决于教师的专业理论素养、实践经验、语言表达能力以及文化底蕴等方面的因素。

（二）给自己的说课赋予基本的指导思想

因为课前说课是课前的预案，想象的空间较大，所以说课设计要根据对内容的理解，给自己的说课赋予基本的指导思想。

例如，活动设计的基本理念，在设计中体现了哪些新精神？活动的整体思路是在哪些幼教理论支撑下展开的，也就是活动的理论依据；教学设计的意图是什么？力求达到什么目的？在实施中可能会产生哪些问题，各种问题又如何引导、解决？对幼儿来说，所选择的教材是否要进行处理，并阐述出处理的理由等。

（三）合理确定说课的目标

因说课准备时间较紧，在课前说课可先准备好各领域课程的框架（框架包含目标框架、理论框架），做到心中有数。再合理安排好准备时间——目标一般考虑 2～3 分钟要确定下来，重点考虑教学设计的框架，以提纲的形式写下来，特别要记下幼儿的特点、问题、需要以及教育对策，遇到不熟悉的教材要仔细分析教材的价值与内涵，教材与幼儿发展的关系，然后再确定目标。

除了上述三点要求外，说课前，说课者一定要明确说课和备课的区别、说课与上课的区别以及说课的听众和对象等。

二、说课时教师的细节处理

说课本身是个动态生成的过程，说课者面对说课对象要有一个交流的过程，能否调动听众的情绪和思想在很大程度上决定着说课的成败。一般来说，说课可以准备一份比较完美的稿子，但是再精美的讲稿，如果照本宣科也未必能够调动起听众的情绪，你只有将听者的情绪调动起来，才能引起听者思想上的共鸣，才能打动听课者。所以在说课过程中，要注意把握以下几点：

（一）说课整体要流畅，不作报告式、流水账式的介绍，流程中许多环节的过渡要自然

如教材分析后要确定目标时，可以说"基于对教材的理解和分析，该活动的教学目标应该定位为……""下面我主要谈谈对教学活动设计重点、难点的处理"等。

（二）说课要有层次感，详略得当，突出"说"字，切忌"读"和"背"

不要面面俱到，将说课说得很细，因为说课只是教学预案，切不可平均使用力量，对重点和难点、教学流程及理论依据等一定要详讲，对一般问题要略讲。要多谈谈你对幼儿学习状态的了解，幼儿在

学习中可能碰到的困难和教师的教学策略。例如，在活动重点、难点的处理上，都设计了哪些问题，又是怎样安排的，如何体现出层次性等。

（三）说课时要有自信，充满激情，大方自然

说课时不但要精神饱满，而且要充满激情，要使听者首先从表象上感到说课者对说课的决心与自信，从而感染听者，引起共鸣。

（四）说课的语言要紧凑连贯，简练准确

说课的语言应具有较强的针对性，语言表达要简练干脆，要有声有色，灵活多变，前后连贯紧凑，过渡流畅自然。

（五）说课过程要使用普通话

目前，全社会都在大力推广使用普通话，说课过程中要吐字清晰、发音准确、抑扬顿挫。使用发音标准的普通话说课更有利于成功。

（六）自然而有效地使用多媒体和课件演示

在说课时，要注意将多媒体教学手段以最简洁、实用的方式融入教学设计之中，为说课增添色彩，多媒体教学手段的运用要自然、生动，要以最恰当的方式组合在说课的主体里，来刺激听者，使说课更加生动，从而取得最佳效果。

三、说课后教师的反思总结

说课的核心在于说理，重点要说清为什么要这样做，教学重点和教学难点如何突破。因此在对自己设计课程中的思维活动进行再次审视后，要进行必要的反思和总结，主要总结自身在教育观念上的转变、教育技能上的提升、教学过程的有效性，凝练出自身的教学风格与特色等。

第四节　对幼儿园说课的评价

有说课必然会有对说课的评价。无论是课前说课还是课后反思性说课，如果没有同行或专家的评价，那么说课的价值就降低了。所

以，只有把说课与评价说课结合起来，才能使教师从理性的高度去研究分析所上之课，把握说课的方向和方法，从而更有效地使教师自我加压，提高教育教学的积极性和能动性。

为切实发挥说课活动在促进幼儿教师专业成长及提高课程实施水平方面的重要作用，使说课能有章可循、有据可查，下面围绕说课评价的原则、内容与方法，来探讨对幼儿园说课评价的一些共性问题。

一、评价原则

（一）及时性原则

评价说课应采取现场说完课就评价的办法，使之及时而高效。从心理学上看，只有置身现场氛围，人的情绪才会高涨，也最容易阐述个人的观点，真正做到畅所欲言。因此，在说课者说完课之后，评价者应在规定的时间内对说课教师及说课内容进行综合而又具体的评价。

（二）辩证性原则

辩证性原则就是坚持用"一分为二"的观点来审视教师的说课，要实事求是、客观、公正地对说课教师的说课内容进行评价，既要善于发现说课中的闪光点，肯定说课者的成功之处，同时又要实事求是地指出说课中存在的不足，并针对不足提出改进和优化的方法或策略，从而为说课教师指明努力的方向。

例如，小班数学活动《小狗办画展》，教师在一次教研活动中说课后，教研员给出了这样的评价：

1. 活动设计符合小班幼儿的年龄特点和认知需要，以情境游戏贯穿于整个教学活动之中，使活动看上去非常饱满、生动和有趣。

2. 活动的设计充分体现了《幼儿园教育指导纲要（试行）》的精神，因此活动具有生活化、人文化的特点。

3. 活动的设计既面向全体，又体现因材施教的双重教学特点，促进了不同水平的幼儿在原有基础上的发展。

4. 内容设计上没有停留在知识点上，而是落实在促进幼儿的思维发展上。

5. 活动的环节设计环环紧扣，有始有终。

6. 如果在活动的设计中体现把活动的主动权完全交给幼儿的话，那么幼儿就会有足够操作的空间和氛围，这样活动就更完美了。

（沈阳市工业大学幼儿园说课教师：田帅 教研员：吴秀瑾）

从上述对教师说课的评价中，我们可以看出，教研员既指出了说课教师活动设计的优点，同时对不足之处以希望或改善的口吻恰当地点出，使人很容易接受并愿意改正。

（三）个性化原则

首先，评价者应有自己的认知与观点，不能千篇一律地用一些幼教的基本理论来套用所有的说课评价。诸如出现"本说课符合《幼儿园教育指导纲要（试行）》的基本理念，体现了《幼儿园教育指导纲要（试行）》的基本要求等"，这样的评价太宽泛，似乎适用于任何一个幼儿教师的说课评价，同时又不具有任何的针对性。所以，评价者一定要有自己的立场和观点，恰当地点评出活动的优势与不足。

其次，评课者应点评出说课教师的个性化特征，包括说课教师活动设计的特色以及说课的风格等。

例如，针对中班认知活动"月历宝宝"的说课，专家给出了如下的评价：

1. 在活动目标的拟定上，教师充分尊重了幼儿的年龄特点和认知规律。

月历是一个探究性很强的内容，所蕴涵的知识点多而杂，可挖掘性大。本次活动提供给幼儿的是由教师制作的月历，选取的是月历中部分的构成要素，这是根据中班第二学期幼儿年龄特点和认知规律所设定的，是符合幼儿发展的需要的。

2. 强调知识点在生活中的运用。

从说课中可以看出，教师在本次活动中突出月历在生活中的运用。例如，引导幼儿帮助小动物寻找月历中具体的某一天，安排自己一周的活动，充分强调了生活与实践。另外，在孩子运用知识的同时，他们的社会性情感也得到了发展，他们获取了收集信息的欲望，获得了关心周围事物的情感。

3. 活动突出了幼儿主体、教师主导的地位。

活动充分体现了以人为本，即以幼儿为本的理念。活动注重了幼儿的自我探究、自我发现、自我提高。整个活动教师始终是以支持者、引导者、合作者的身份出现，她的作用主要在于创设环境，调动孩子对活动的兴趣以及设疑与总结，始终注意把活动的空间还给孩子。

4. 注重目标的整合与延伸。

目标的制定充分考虑了情感、知识与技能的整合，并且将激发情感和知识技能的掌握放在了同等重要的地位上，整个活动洋溢着孩子们喜欢月历宝宝、帮助月历宝宝寻找秘密的美好情感，孩子们的积极性被很好地调动起来，并通过帮助他们的月历宝宝找到残缺的数字达到了目标的延伸，获得了可持续的价值。

二、评价内容

不同类型的说课，虽然有其不同的目的和要求，但是从发挥评价的导向和激励功能来看，其评价的内容总体上都要根据说课的内容而定。

纵观各种幼儿园"评说"方案，对说课的评价内容大体可以包括以下几种：

（一）对说课稿件、说课过程的评价

对说课稿件、说课过程的评价，大体上是一致的，它主要从以下几个方面进行评价：

1. 评价说课者对活动教材的分析是否科学、合理。

一个优秀的幼儿教师在分析教材的时候，应该做到能简要而准确地说明活动内容的结构特点、地位和作用，能准确预测幼儿的学情和需要，能针对幼儿特点创造性地处理和利用教材，拓展儿童的经验。

2. 评价说课者在拟定、贯彻落实活动目标中是否具有可操作性。

首先，一个优秀的幼儿教师要能根据教材特点，恰当合理地确定相应的活动目标，使目标明确、具体、完整、难度适当、适合儿童的发展水平，体现《幼儿园教育指导纲要（试行）》精神。

其次，教师在阐述目标的同时，要明确重点和难点，并能科学阐述目标确立的依据，能有效促进儿童的学习，具有可操作性强的特点。

3. 评价说课者对教学方法的选择是否全面、合理。

首先，一个好的活动方案，教师在选择教育方法的时候，决不是一种或两种方法从头贯彻到尾的，这不符合幼儿的年龄特点和兴趣需要，教师必须采用各种不同的教育方法和手段，使活动内容和形式变得丰富多彩。

其次，教师在说课过程中所阐述的教学方法要为活动目标和活动内容服务的，即实用性强，既要符合幼儿的认知特点又要有利于目标的达成。

4. 评价说课者对学法的选择和指导是否合理、到位。

首先，评课者要看说课教师是否针对本次活动所运用的教学方法去选择相应的幼儿学习方法。

比如，教师在教学过程中运用了"多媒体"的方法和手段，那么就要指导幼儿运用多通道法去感知、体验并参与其中；如果教师用了"演示实验"的教育方法的话，那么教师就要指导幼儿尝试"操作实验"的学习方法。总之，学法指导要具体、明确，紧扣教法，适应内容。

其次，评课者还要看到，说课教师在阐述完所选择的幼儿学法之后，是否运用了幼儿教育学、幼儿心理学的理论，进一步阐述了运用此学法解决了哪些实际问题，达到了哪些目标等。

5. 评价活动过程（活动流程）是否科学，能否达到或已经达到活动目标。

首先，要看说课稿中的"说活动过程"是否体现专业的幼教思想，突出幼儿的主体地位；教学思路是否清晰，线索一脉相承，环节是否合理，衔接自然、循序渐进。

其次，要看整个活动过程是否安排得详略得当，是否突出重点，突破难点，运用了哪些辅助的教学手段。

再次，活动过程中，教师在教学媒体的运用上，是否做到了优化组合，运用适时适度高效。

最后，说课者是否合理设计反馈，准确预估教学效果，措施是否得当，应变性强。

（二）对说课者现场发挥的评价

一个优秀的幼儿教师在说课时，要能做到如下几点要求：

1. 能脱稿讲述，内容熟悉，讲述清楚、生动。

2. 普通话标准、自然。

3. 举止得体，神态自然。

4. 语速快慢适度，停顿恰当。

5. 能根据现场气氛及变化情况及时调整节奏及内容。

总之，好的说课给人的感觉应该是说课者掌握了较新的教育理念，能体现教育改革的思想；能很好地理解教材，了解幼儿，准确地把握重点、难点，并有效地进行处理；能合理地灵活运用幼儿教育学、幼儿心理学的基本原理，采取的教学策略手段符合幼儿认知规律和领域教学特点；说课应该逻辑性强，条理清晰，层次分明，语言准确、形象、生动，富有启发性和感染力，还能够体现说课者较强的取舍、组织、处理能力，知识面广，对所述问题有独特的见解等。只有这样的说课，才能获得良好的评价。

三、评价方法[①]

（一）自评

教师说课结束后，可以进行自我评价和剖析，同时也为别人的评价提供背景和现实的支持，是评析的基础。对幼儿园教师的说课，通常教师会把自评放到说课的最后一个环节中，即"活动反思"或"效果预测"中。

例如，张娜老师在"绳子秀"说课中，是这样评价自己的活动方案的：

本活动我很好地完成了教育目标。整个活动以《幼儿园教育指导纲要（试行）》中提倡的既面向全体又重视个性化发展为原则，活动具有极强的趣味性和挑战性。整个活动过程中幼儿都保持着极高的活动热情，在创意体验用绳子建构立体造型环节，我能大胆放手让幼儿自主实践，充分体现了陶行知倡导的"六大解放"理论；当幼儿在探

---

① 改编自杨久俊. 说课、听课与评课［M］. 北京：教育科学出版社，2009：44.

索尝试遇到问题时，我没有过多地干涉幼儿的行为，而是作为支持者、合作者引导幼儿想出解决问题的办法，并鼓励幼儿之间互相帮助，幼儿的实际探究解决问题能力、交往能力与团队合作精神也从中得到了提升。在教师的鼓励、引导下，幼儿积极主动地观察、思考、体验、操作并能乐于积极介绍自己的作品，获得成功感。

在接下来的延伸活动中，鼓励幼儿在生活中观察发现，继续探索用绳子结合其他材料建构身边事物的立体造型，美化幼儿园环境和生活空间。

（二）同行评价

说课教师结束说课内容后，参与说课活动的其他教师根据自己的经验和对教学的理解阐述自己的观点，既可以对整个说课内容进行评价，也可以就某一具体内容发表意见或建议，这种评价比较适合以园为单位的说课活动，更多表现为一种同伴互助的关系。

例如，对于大班语言活动"春雨的色彩"教师的说课，同行教师对活动中的课件运用给出了如下的评价：

看了这位老师的说课，给我最大的启发就是，她能在活动中充分运用课件演示，达到逼真的效果。课件中会说会动的鲜明人物，能深深吸引幼儿的注意力；同时这位老师还充分发挥自身的优势，用自己的声音，丰富的情感表现吸引幼儿，根据每个环节的需要，将课件、教师生动讲解、配乐朗诵有机结合，取长补短，达到最佳效果。课件的内容及制作水平都是值得我们学习的。

（三）评委评定

这种评价大多应用于教学竞赛活动中。教育行政部门或教研室为培养和选拔教学骨干，把说课活动作为其中的一个评比项目，由教研员、骨干教师或领导组成评委班子，通过对选手的说课内容的全面评价，以此引导幼儿园教师深入开展说课活动，把说课纳入到教学研究中，带动区域或幼儿园教师队伍建设。

例如，在2009年沈阳市教师基本功大赛中的说课评比中，教研员对其中的大班语言活动"云彩和风儿"（说课案例已附在本章最后面）的说课给出了如下的评价：

（1）教师对教材的分析比较透彻，符合大班上学期幼儿的年龄特点和发展需要。

（2）目标的拟定能从本班幼儿的实际出发，既考虑了目标的结构性又考虑到了目标的侧重点，重点和难点分析准确、合理。

（3）教师对教法和学法的选择既符合教育目标的要求，同时考虑到了幼儿的兴趣需要和操作水平，多媒体课件的运用对目标的实现起到了推波助澜的作用。

（4）教师对"活动过程"的阐述能做到层次分明，环环紧扣，重点突出，时间分配比较合理。并且体现了"以幼儿为主"的理念，使幼儿在轻松的情绪状态下完成了对文学作品的欣赏和理解，在热烈的讨论中领会了儿歌的创编方法。目标在不知不觉中得到了实现。

（5）教师在说课中如果情绪再激昂一些，再放松一些就更好了；课件如果能伴随着"活动过程"的阐述而展示相应的片段，会收到更好的效果。

（四）专家评定

这一种评价通常适用于主题型说课活动，即在教师阐述解决问题的方案后，聘请课程专家对说课作出评价，以引导幼儿园或年级教研组加强课程的研究与建设，深化教学改革。专家评定看似一种评价行为，但实质上是一种专业引领，是教师与专家面对面的教学研究方式。

例如，小班主题活动"认识我自己"教师在设计并阐述完自己的活动设计方案后，课题组专家给出了相应的点评：

活动方案：

一、主题产生的背景分析

这段时间，我无意中发现我班幼儿时常三五成群地围在一起，相互比着什么。"你看，我长了这么高！""我比你高一点儿。""哼！我才高呢！""不对不对，是我高。""你还比我差这么多。""这算什么，我是全班长得最高的，不信我们俩比一比。""你看是他高还是我高？"有时为了一点点高度争来争去。"哼！有什么了不起的，我多吃点饭就长得比你高了。"不仅如此，他们还经常给我提出一些古怪的问题。"老师，人为什么会长高？""老师，为什么人要长大？""为什么我们每个人都长得不一样?""为什么我是男孩,她是女孩?"……随着年龄的增长,幼儿回到家以后,还向父母提出了很多关于"我"的问题。幼儿很想了解自己,但他们对自己的成长过程及为什么会长大不是很清楚。我们老师看到幼儿如此感兴趣,就在综合性区域活动中为幼儿提供了各种有关"我"的活动。如"我长高了""男孩女孩翻翻棋""制作我的小图书"等活动。就这样,以"我"为主题的活动产生了。

二、活动的重要价值

从幼儿的交谈中,我节选了一些内容,如男孩、女孩、我的属相、我的爱好、自制图书等,都是孩子提出的一些关于"我"的问题中生成的,孩子们非常感兴趣,能够调动起孩子们的积极性和参与性。活动的形式多样,幼儿的情感及能力都能从中得到发展。为此教师和幼儿共同准备了材料,以利于幼儿在区域中开展活动,在活动中教师也希望幼儿生成更多的活动内容。

例如,我们在手工区开展了"自制图书"活动,在美工区开展了绘画"我的属相",在益智区开展了"男孩女孩配配棋"活动,在生活区开展了"我真能干"动手操作活动,在语言区开展了交流活动"我小的时候"等主题活动。

三、活动总目标

1. 能主动参加区域活动,愿意在活动中与同伴交往,共同分享游戏的经验和快乐。学会关心同伴,情感得到满足。

2. 在区域活动中动手动脑,进行创新,探索问题答案。

3. 通过与同伴的合作发现问题、解决问题。

四、活动流程(节选)

活动1 自制图书

目标:

(1) 能尝试大胆与朋友共同合作,制作图书。

(2) 能够保持桌面、画面的干净。

准备:画纸、水彩笔、油画棒。

策略:点拨启发——自由讨论——实践参与——成果交流。

玩法:

(1) 师幼共同讨论如何制作图书。

（2）幼儿分组活动。

（3）把幼儿制作的图书放在语言角展出，供幼儿欣赏、讨论。

制作方法：幼儿收集一些废旧的报纸、图片，根据自己的需要粘贴在小书上。

（4）鼓励幼儿进行创造性的活动，装饰得与别人不一样。

过程实录：

孩子们开始讨论怎样做图书了，琪琪说："你做这个，我做那个，就来得及了。""大家分开来做。"皓皓说。最后大家一致同意分工合作。分成三组后，孩子们自由选择了自己想做的那部分任务。一组幼儿负责封面和封底设计，一组幼儿负责内页的内容编排，一组幼儿负责寻找材料装订图书。

孩子们也在想办法将自己的快乐带给朋友，有的孩子说："我要在我的图书上面画上我的好朋友。"有的说："我可以帮助朋友。"有的说："我想把我的属相贴在上面。"最后，孩子们边制作边说："我画的是××""我们已经制作了两本图书了。"师幼在愉快的氛围中，一起总结出制作图书的方法。

课题组专家给出的部分点评：

（1）这个主题"我"选得不错，符合幼儿年龄段特点和对自身探索的需要。

（2）教师能根据孩子的发展需要创设了相应的主题区域，满足了幼儿对主题探究的迫切需要，很好地整合了教育资源。

（3）"制作图书"这个话题，是主题"我"中的一个分支活动。从总体上来说，整个活动是在一种非常开心、愉快的氛围下进行的，情感体验贯穿在活动中，以幼儿的体验为主，过程中师幼互动较好。

但是在活动中也存在着一些问题：

（1）情感目标（幼儿能尝试大胆与朋友共同合作制作图书）没能完全在活动过程中体现出来，需要改进。

（2）在过程中，教师让幼儿说说怎么样将自己制作图书的快乐与朋友分享时，不应束缚幼儿的想法，应充分尊重孩子们的想法，应充分尊重孩子们的选择，为他们提供需要的材料。

（节选自陈晓芳主编：《幼儿园教育活动设计策略及案例评析》，北京师范大学出版社 2008 年版，第 143 页，有改动）

上述案例中，我们可以看出，在这种主题活动的研讨或课题研究活动中的说课，跟我们前面所述的正规说课是不同的，这种说课仅对主题活动方案进行阐述，目的是为了对教学过程中的一种新的活动方式或方案的探讨和研究，重点是从"存在的合理性"角度进行研讨。

附：　　　　　　　　　　**幼儿园说课评价表**

级段：　　　　　内容：　　　　　说课人：　　　　　日期：

要素		要求	权重	得分	备注
说教材(20)	教材分析(10)	熟悉《幼儿园教育指导纲要（试行）》中提出的五大领域要求，准确分析教材内容的特点，对是否符合幼儿身心发展的需求有理论依据。	A 10 B 8 C 6 D 4		
	目标设计(10)	教学目标（知识与技能、过程与方法、情感态度与价值观）设计全面、具体、科学，层次分明，有理论依据。准确地确定教材的重点、难点和关键点，能根据教材内容，联系幼儿实际，注重思想教育，培养幼儿的能力及创新意识。	A 10 B 8 C 6 D 4		
说教法和说学法(20)	教法选择(10)	教法选择切合教学内容，符合教学原理和教学要求。教具和学具的选用灵活、恰当、科学、合理，符合幼儿的实际。能说出其理论依据。	A 10 B 8 C 6 D 4		
	学法指导(10)	学法指导具体、明确、紧扣教法，适应内容；能运用教育学、心理学理论分析学情，根据幼儿的年龄特征教给幼儿相应的学习方法，培养学习能力。	A 10 B 8 C 6 D 4		

幼儿园说课、听课与评课

要素		要求	权重	得分	备注
说教学程序（45）	教学过程（40）	教学程序合理、科学，有创意，阐述依据符合幼儿教育学、心理学的一般规律。	A 40 B 35 C 30 D 25		
		教学过程条理清楚，思路清晰，各环节的衔接和过渡自然，体现教学目标。			
		情境、问题设计富有启发性，能体现幼儿主体的发挥、个性的培养、智力和非智力因素的发展。能适时恰当地突出重点，突破难点。			
		能根据内容简述区域环境的创设及课后延伸活动。			
	活动准备（包括教具、学具的使用）（5）	能根据活动需要准备一定量的教具、学具在使用上符合教学原理、要求，有创意，对教学起有效的辅助作用。体现教法和学法的改革。切合幼儿园和幼儿的实际。	A 5 B 4 C 3 D 2		
语言表达及其他（15）	语言表达（10）	普通话准确、流利，语言表达规范、科学、清晰、简练，逻辑性强，讲述条理清楚、层次分明，生动、形象，富有启发性和感染力；能调动幼儿学习的积极性和主动性。	A 10 B 8 C 6 D 4		
	其他（5）	说课仪表端庄大方，态度自然；知识面广，组织、应变能力强；问题开掘深，有自己的见解。脱稿（没有读、背讲稿），时间掌握恰当，并能准确预知活动效果。	A 5 B 4 C 3 D 2		
	权重：A（90—100），B（70—89），C（60—69），D（1—59）		等次：	总分：	

（本评价量表来源于沈阳市铁西区幼教研究室，有改动）

附：幼儿园说课案例

案例一　幼儿园大班健康活动：心情播报（有删改）

一、说活动教材

1. 教材的主要内容。

"心情播报"选自辽宁省幼儿教师指导用书上册10月份健康活动。此次活动主要是幼儿在体验不同情感后，通过扮演心情播报员的角色大胆主动表达自己的情绪情感。

2. 教材分析。

《幼儿园教育指导纲要（试行）》中指出："幼儿身体的健康和心理的健康是密切相关的，要高度重视良好人际环境对幼儿身心健康的重要性。"当今社会家长很重视幼儿的情商教育，很重视孩子的感受，但家长却忽视了幼儿的自我情绪调节能力和心理承受能力，所以当幼儿遇到不开心的事或受到挫折时，就会乱发脾气，不会调节自己的心情，也不会照顾他人的情绪，更不懂得如何让自己快乐，并带给他人快乐。因此，我设计了这次以幼儿心理健康教育为目的的活动"心情播报"。

在活动设计过程中我根据大班幼儿的表现欲望、好奇心及探索欲望强，喜欢实践操作与讲述等特点，以情感教育为主线，渗透了多个领域的内容，同时整合了多种活动形式（例如：游戏、音乐、绘画等），整个活动围绕着"情感"两个字展开。注重"体验"，允许孩子之间的差异存在，引导孩子用自己的方式表达心情，充分体现了"以人为本"的教育理念，体现了教育的尊重和平等。

二、说活动目标

根据幼儿发展的需要以及教材的特点，我制定了如下教育目标：

1. 能在轻松愉快的环境中乐于大胆地体验情感、表达情感。

2. 懂得理解他人的情绪情感，并学会用各种方法让他人高兴。

3. 在想象力及语言表述能力方面有一定的发展和突破。

4. 分组活动中能做到相互协商，提高交往能力。

重点和难点：我把活动重点定位于让幼儿能够通过播报的形式积极主动地表述出自己的情感体验。把难点定位于让幼儿寻找到使自己和他人高兴的办法。

三、说活动准备

根据以上活动目标，我做了如下的准备：

1. 骰子一个。

2. 教师精心制作的心情小人一个；用于制作心情小人的各种材料。

3. 各种乐器。

4. 音乐《幸福拍手歌》、录音机及磁带等。

5. 幼儿已熟练制作小人的程序和方法。

四、说教法、学法

1. 教法。

本次活动我根据幼儿的年龄特点和发展需要，分别采用了直观教学法、讨论法、演示法、游戏法、启发提问法等教学方法。以方案教学的理念，关注幼儿在活动中的兴趣点，采用情境表演、游戏和教师多种形式的鼓励方式相结合，来激发幼儿的兴趣，幼儿能够在轻松、愉快的气氛中自然学会相关的心理健康知识，达到教学目的。

2. 学法。

根据上述教学方法的运用，在幼儿的学法指导上，整个活动中我以幼儿为主体，通过提问、操作、表演、讨论等方式，训练幼儿的发散思维，激发幼儿的主动探索欲望，使幼儿能大胆表达自己的情感，教育幼儿要有快乐的心情，并使用深入浅出的教学原则，通过启发——讨论——观察——实践得出结论。

五、说活动过程

1. 以游戏"掷骰子"导入，激发幼儿兴趣。

首先我运用了直观教学法。教师故做神秘状对幼儿说："小朋友，今天老师给你们带来了一件特别的礼物。"引起幼儿的好奇，吸引幼儿的注意力。然后从身后拿出一个巨大的骰子，幼儿发现是骰子，而且能看见的一面有小笑脸，有的孩子大声说："真有意思!"有的说"太好看了!"有的说"太奇怪了!""跟爸爸玩麻将的骰子不一样，麻将的骰子小，上面有点，是表示数的，这个骰子上是笑脸。"此时老师问道："那么你觉得这个笑脸是表示什么的呢?"有的孩子抢答道："是表示心情的。"

（在这个小环节中老师通过出示直观教具的方法来激发幼儿主动的学习兴趣，并没有过多的提问。因为大班幼儿观察能力和语言表述能力较强，能主动说出自己看到的和想到的。老师只是在孩子的重要发现后，提出关键问题，引出本次活动的主题，既能引发孩子的思考又起到了画龙点睛的作用）

接下来，为了满足幼儿迫不及待的探索欲望，并使每个幼儿都有与骰子零距离接触的机会，此环节采用了观察法，放音乐传递骰子。在传递骰子的过程中，每个幼儿用较快的速度浏览骰子，培养幼儿的观察力和快速记忆能力。传递后请幼儿互相说一说：你看到了什么?

（在这个环节中没有采取幼儿个别来说看到骰子上有什么，原因有二：一是因为大班幼儿记忆力较强，大多数都能记住六个画面，因此每个孩子都有说的欲望，要给每个孩子均等的发展机会；二是为了下一步掷骰子游戏做准备）

然后就是最能激发幼儿兴致的游戏：掷骰子。为了让幼儿真正成为活动的主体，让孩子自主地学习，掷骰子工作由幼儿自己来完成。老师说："小朋友，我们玩个'掷心情'的游戏好不好?""我要请小朋友来掷骰子。"每个幼儿都踊跃举手，为了公平起见，每次选择掷骰子人选都采用了不同的方法。每次由掷骰子幼儿想出寻找候选人的办法，发散幼儿思维，增强活动趣味性。

每次掷出的表情画面都让幼儿用词来形容和模仿，并可随机地丰富幼儿的词汇，讲述一下自己什么时候会有这样的表情、心情。讲述的形式可根据孩子对每个表情的讲述兴趣度来随机地选择个别讲述或是互相述说。

在讲述过程中，幼儿对有些表情的理解和定义不同，教师尊重幼儿独特的情感体验，对于孩子的不同感受表示接纳和认同，体现教育的人本性，并用积极鼓励的方法使幼儿大胆说出自己的想法。对于幼儿讲述中的一些消极的心理问题给予及时正面的教育。

例如，当孩子被大人骂或大人不给买玩具就伤心、摔跤就会伤心时，教师对幼儿的回答应该加以积极地引导。我们在注重孩子情感态度、知识技能发展的同时，我们也要培养孩子正确的价值观，注重培养孩子坚强勇敢的品质。

2. 心情播报。

此环节为本活动的重点环节。设置表演情境，并采用循序渐进的方法使幼儿学会并乐于播报心情。整个播报环节分为示范演示、动手操作、分组播报三个步骤。

（1）首先教师采用示范演示法教幼儿如何播报。由配班老师拿着心情小人示范演示"心情播报"，引起幼儿兴趣。

"大家好，现在是心情播报时间！我是心情播报员楠楠。今天我的心情颜色是粉色，心情的类别为高兴。今天想做的事是了解小朋友的心情，要给小朋友带来快乐！"

观看播报后，请幼儿总结播报程序。由于我班每天早晨都由值日生进行天气播报，因此幼儿有播报的经验，而且每个幼儿都非常乐衷于此项活动。所以在此时老师选择了启发提问法，有层次地引导提问，使幼儿较为容易地总结出播报程序。

（2）制作心情小人。

心情小人是播报必需的道具，操作过程非常简单。利用彩虹屋制作小人的方法，选择表示自己今天心情的颜色为小人做衣服，画出表情，最后在小人背后贴上吸管。请幼儿亲自动手操作，不仅可以发展幼儿的动手制作能力，而且在制作过程中幼儿把心情与颜色相结合，一方面可以让幼儿学习表达自己的情感；另一方面能让幼儿学习释放自己的心情，排解不良的心理状态。增强了活动的趣味性，并使幼儿的思维得到较好的发散，自己的心情意愿得以充分体现，可以更深一层地体验心情，使表达自己的情感愿望变得更为迫切，在思维情感方面得到升华，为突破活动的重点起到了促进作用。

（3）幼儿播报。

在此环节中采用了协商法、表演法与记录法。

幼儿分组播报，播报前组员协商为自己的播报组起一个名字，选出一个主持人进行开头和结尾的主持，并邀请其他组幼儿帮助记录，培养幼儿的协商交往能力与组织能力。

教师播报前进行礼貌教育，通过启发性提问法和讨论法，由幼儿总结播报时的礼貌行为。播报开始，其他幼儿不能随便大声说话，播报结束要鼓掌，知道要尊重别人。

播报过程中对内向胆小的幼儿及时进行鼓励与表扬。

3. 讨论：怎样使自己和别人快乐。

此环节为活动的难点。通过心情记录板发现心情不愉快的小朋友，展开讨论：怎样使小朋友快乐起来？

幼儿对自己的情绪情感已有了充分的体验，知道要保持快乐心情。但如何关心周围的人，使周围人同样有愉快心情，对幼儿来说是一种挑战。在此环节选用了讨论法把问题抛出，并把讨论的结果进行延伸，开展系列活动，使幼儿的情感得到提升。

4. 音乐游戏：假如幸福的话你就……

"老师希望每个小朋友都快乐，因此今天给你们带来了让你们快乐的礼物（各种乐器），现在就和你们一起玩个快乐游戏！"

请幼儿自由选择乐器，在歌曲《幸福拍手歌》中做出自己想做的动作来表示快乐，让幼儿的情绪得到宣泄，使活动达到高潮。

六、说活动特色

整个活动以情感为主线贯穿始终，活动具有极强的趣味性和挑战性。教师作为幼儿活动的支持者、合作者、引导者，遵循幼儿身心发展特点，为幼儿创设宽松愉快的物质环境和心理环境，注重幼儿的体验和表现，激发和挖掘幼儿的兴趣与欲望。在教师的鼓励、引导和与伙伴互相协商、配合下，每个幼儿都能够积极主动地学习、体验、操作、表达，并乐于表达自己的情绪情感，真正成为活动主体。

此次活动能够较好地完成各项目标，在活动中幼儿的情感获得了个性化的体验和发展。

（沈阳市铁西区教工第二幼儿园说课教师：单玲 指导教师：吴秀瑾）

案例二　　　　　大班语言活动：《云彩和风儿》

一、说活动教材

《云彩和风儿》选自省编教材《幼儿园探究式活动课程》大班上册，是一个语言活动。《幼儿园教育指导纲要（试行）》中语言领域的内容要求明确指出：引导幼儿接触优秀的文学作品，使之感受作品的优美和丰富；通过多种活动帮助幼儿加深对作品的理解和体验；鼓励幼儿大胆清楚地表达自己的想法和感受；尝试说明或描述简单的事物和过程；发展幼儿语言的表达能力和思维能力。

《云彩和风儿》这首散文诗表现了云彩在风儿的吹动下变得有趣的自然现象，不仅意境优美，同时充满幼儿情趣，贴近幼儿生活，贴近大自然，符合《幼儿园教育指导纲要（试行）》中对选材的要求。

二、说活动目标

大班幼儿的年龄特点是能够清楚地发出母语的全部语音，能听懂较复杂的句子，理解能力较强而且能用语言描述事物发展变化的顺序，有意识地组织句子语言。为此，在《云彩和风儿》活动中我设计了两个教育目标，一个是能力技能方面的目标，能理解散文内容，会按散文中的句式仿编；在培养幼儿情感方面，我设计的第二个目标是喜欢观察云彩变化并能大胆地表达自己的想法和感受，有利于结合幼儿自己原有的情感经验并用语言表达出来，从而促使幼儿思维发展。这个目标基于第一个目标，是对幼儿原有水平的一个提升，对于幼儿来说是有挑战性的目标。

基本目标的核心要素：

1. 观察：观察是兴趣的表现。

2. 想象：想象是激情的表现。

3. 表达：表达是自信的表现。

三、说活动准备

本次活动准备分为两个方面：首先是幼儿知识经验的准备，我利用与幼儿到户外散步时引导他们观察云彩的变化。这些活动使幼儿对云彩有了初步的了解和兴趣。第二个准备是：电脑、投影仪、云彩图片、《云彩和风儿》的课件，是为了再次激发幼儿的兴趣，帮助幼儿记忆和理解散文诗的内容。

四、说教法、学法

本次活动中我采用了以下教学方法：观察法、提问法、谈话法、电化教学法。幼儿相应的学习法有：观察法、讨论法、表演法、练习法等。

在教法中我先请幼儿观察图片中的云彩像什么，利用的是观察法、提问法。我请幼儿观看课件中的《云彩和风儿》，使幼儿在视、听、讲、做的练习中领会了散文诗的内容，另外我一改过去"教师教、幼儿学"的单一教学方法请幼儿在背景音乐下朗诵散文诗并用动作表现出来，利用的是电化教学法和表演法。最后，请幼儿仿编散文诗《云彩和风儿》，利用的是练习法。从引导幼儿观察图片，再到幼儿欣赏散文诗，掌握文学句式，最后仿编散文诗，从而实现了由教师被动地教到幼儿主动学的转变。

五、说活动过程

活动过程主要分为四个部分：

1. 课题导入。

2. 欣赏课件。

3. 梳理记忆。

4. 能力提升。

第一部分：我请幼儿观察图片中的云彩像什么是为了激发幼儿兴趣。作为活动的开始，也是引导幼儿自主学习的态度。

第二部分：播放散文诗课件《云彩和风儿》，引导幼儿欣赏散文诗，同时由于课件的加入激发幼儿对散文诗的兴趣和理解。这一环节是引发幼儿思维意向，深化幼儿感受，为突破幼儿创造性的仿编打下基础。

第三部分：学习散文诗，并引导幼儿记住云彩变成小白船、狮子、胖娃娃的顺序。帮助幼儿掌握记忆方法。在引导幼儿理解、记忆散文诗顺序的基础上，幼儿跟随课件中的背景音乐，大胆地用动作和语言展示散文诗的内容。

第四部分：仿编练习。《幼儿园教育指导纲要（试行）》中指出给幼儿创设想说、敢说、喜欢说、有机会说，并且能得到积极应答的语言环境。在仿编练习中先请幼儿将学习的诗歌大胆地讲出来。再学习用句式"吹呀吹呀，云彩变成……"说出自己观察到的云彩变化。最后在仿编散文诗《云彩和风儿》时教师做巡回指导。最后活动延伸，幼儿将仿编的散文诗《云彩和风儿》以小组形式分享交流，为幼儿与幼儿、教师之间的互动提供交流的机会。并且我鼓励幼儿与众不同地仿编散文，及时给予幼儿肯定和鼓励，增强他们的信心。活动自然结束。

延伸活动：

1. 区域活动：引导幼儿在活动区中，将见过的云彩形状用笔记录下来。

2. 在活动室创设《云彩和风儿》的环境。

3. 家长带领幼儿到户外观察天上的白云，并学习用句式"吹呀吹呀，云彩变成……"说话。

六、效果预测

本次活动我根据大班幼儿年龄特点，选取了幼儿熟悉的有关《云彩和风儿》为题材的内容。通过课件播放的形式将优美的文学意境展现在幼儿眼前，同时作品中语言的美陶冶了幼儿的情操，使幼儿在视、听、讲、做的练习中领会了散文诗的内容和仿编句式，表达自己对文学作品的感受，在欣赏的同时大胆创造和表现文学作品的美，达到了预期的教育效果。

附散文诗：

《云彩和风儿》

天上的云彩真有趣，天上的风儿真能干。

吹呀吹呀，云彩变成小白船，竖起桅杆，扬起风帆，小白船漂呀，漂到远处看不见。

吹呀吹呀，云彩变成大狮子，拱起身子，张开大口，狮子吼呀，吓得羊群都逃散。

吹呀吹呀，云彩变成胖娃娃，头戴金帽子，身穿白围嘴，跑来跑去跟太阳公公闹着玩。

天上的云彩真有趣，天上的风儿真能干。

（沈阳总参通信工程设计研究院幼儿园说课教师：李彦蓉 指导教师：赵小华）

案例三　　　　　　　　大班科学活动：运水游戏

一、说活动教材

本次活动的内容选自省编教材，大班上学期科学领域活动"运水游戏"。科学教育内容的选材应来源于生活、贴近生活，水是幼儿生活中常见和经常接触的物质，幼儿很喜欢玩水，对水的喜爱是一种天性。我班幼儿对水的认知已有一定的经验。对于玩水不仅仅限于单纯地感知水的流动和透明，对玩水的欲望更有目的性，也更喜欢有挑战性的玩水活动，为了满足孩子们的好奇心，尊重他们对玩水的兴趣，我选择了"运水游戏"这一活动。在运水的过程中幼儿不仅能充分享受玩水的乐趣，而且能拓展幼儿的知识面，对于幼儿来说让他们在玩的过程中探索到"用合适的工具来移动水"方面的知识是必要的，体现了陈鹤琴先生提出的在"玩中学"的教育理念。根据教材中的核心要素，确定本次活动的重点是让幼儿在运水活动中充分感受不同工具、材料在运水时的不同方法，同时搭建幼儿自我建构的平台，难点是通过演示初步了解虹吸现象。

二、说活动目标

《幼儿园教育指导纲要（试行）》中科学领域内容要求的第一条"引导幼儿对身边常见事物的现象和特点、变化规律产生兴趣和探究的欲望"，根据我班孩子的年龄特点和实际发展水平，本次活动的目标为：

1. 感知水的流动性，探索用不同的工具、材料运水的方法。

2. 初步了解虹吸现象及其在生活中的运用。

3. 幼儿乐于参与探究活动，通过与他人合作，克服困难来完成任务。

三、说活动准备

根据以上目标分析，我做了如下的活动准备：

1. 知识准备：我班幼儿对玩水有一定的经验，通过其他活动幼儿对水的特性已经了解，为活动做好了知识储备。

2. 材料准备：篮子、塑料瓶、纸袋、塑料袋、海绵、勺子、绳子、塑料管、铁丝、教学课件、防水围裙、干毛巾若干。

四、说教法、学法

《幼儿园教育指导纲要（试行）》指出："以幼儿为主体，调动幼儿的积极性，创造条件吸引幼儿参与到探究活动中来"，同时"教师应成为幼儿学习的支持者、合作者、引导者"。因此，本次活动采用适宜的教学方法主要有：操作法、启发性提问法、讨论演示法等。幼儿运用多种感官参与，用尝试操作的方法来探索问题，对结果采用记录、讨论的方法来加深教学印象，与其他幼儿分享交流成功的快乐。

五、说活动过程

1. 尝试操作、记录。

兴趣是幼儿主动学习的关键，开始我为幼儿抛出问题"怎样把盆里的水运到桶里去呢？"同时为幼儿介绍一些工具、材料，请他们尝试利用这些工具、材料想办法把盆里的水运到桶里去，并亲自探索、操作把自己的探索到的结果记录下来。幼儿对有目的性的玩水产生了兴趣，积极性非常高。活动中，我引导幼儿要将每一种工具、材料都要试一试，这样幼儿在自己的亲身实践中马上就会比较出各工具、材料运水时的特点，例如，有的孩子发现纸袋可以运水，但运不了多少就会损坏；塑料瓶运水多，可是装水慢；海绵是能吸水的等。为了避免水把衣服弄湿，我为幼儿准备了防水的围裙以及操作后擦手的干毛巾，养成了幼儿良好的卫生习惯。同时提供了我设计的记录表格，便于幼儿归纳记录。大班孩子有一定的识字能力，所以表格中主要以文字为主要表现方式。能力差的幼儿可以用图画、符号等方式来表达。这一环节幼儿通过观察、比较、操作获得了最直接的经验。

2. 谈话交流。

通过以上环节，幼儿已有了一定的实际经验，那么本环节就是展示自己的探索结果和其他人共同分享经验。我提出了以下几个问题请幼儿进行交流：在运水的过程中运得怎样？遇到了什么样的问题？有什么样的难题需要解决等。幼儿在交流讨论的过程中根据自己的经验，找出了各种工具、材料运水时的不同方法和特点，确定了能运水的、不能运水的、运水最多的、最少的、运得又快又方便的，运水过程中会损坏的工具、材料等。通过这两个环节突出了本次活动的重点。

3. 游戏、实践。

通过以上的两个环节，小朋友们探索出了各种工具、材料运水时的不同方法，然后请幼儿用已经确认过运水又多又快的工具公平地进行运水比赛，再次满足孩子玩水的欲望及公平竞争的意识。

4. 实验讨论。

教师通过提出问题再次吸引幼儿的兴趣。我是这样引出的："刚才小朋友用合适的工具把盆里的水运到了桶里，那这是水平（平行）的移动，老师这时又有个难题了，怎样把椅子上玻璃杯里的水利用工具引到椅子下的空杯里呢？也就是说，怎样把高处的水利用合适的工具引到低处呢？"同时提供材料给幼儿充分的讨论时间，发挥他们的想象力。当幼儿有自己的想法时，我请幼儿来看看教学课件，通过观看教学课件，初步了解虹吸现象，以此来验证自己的想法。最后请幼儿讨论生活中人们利用虹吸现象做了哪些事，这一环节突破了本次活动的难点。

延伸活动：我请幼儿运用虹吸现象为班里的鱼缸换水，把活动中学到的知识在生活中加以运用。

六、效果预测

本次活动的目标和内容符合我班孩子的年龄特点。正如《幼儿园教育指导纲要（试行）》中所提到的幼儿园科学教育是科学启蒙教育，重在激发幼儿的认识兴趣和探索欲望。本次活动的取材源于幼儿的生活，是幼儿经常接触的，所以幼儿的兴趣和探究欲望很高。活动中，教师提供了丰富的可供幼儿操作的各种材料，使每个幼儿都能亲自操作实践，并在探索中来构建知识。教师提供的记录表格不仅提高了幼儿的记录能力，而且在记录的过程中发现问题，在小组讨论中解决问题，使幼儿有自我纠错、自我构建的能力。教师还注重个体的差异，对表格的记录形式以幼儿自愿为主。本次活动各个环节紧凑并且相互作用，突出了重点，突破了难点。不足的是，活动中材料还需要再丰富。

（沈阳工业大学幼儿园说课教师：姚微 指导教师：原靖）

案例四　　　　大班音乐活动：《葡萄丰收》

一、说活动教材

本活动选自省编教材大班上学期内容。《幼儿园教育指导纲要（试行）》中要求教师引导幼儿接触周围环境和生活中美好的人、事、物，丰富他们的感性经验和审美情趣，激发他们表现美、创造美的情趣。大班的孩子有独立思考的萌芽，对新奇事物充满好奇，喜欢用肢体语言表达自己的想法。《葡萄丰收》这一活动，幼儿运用新颖的创编方法，表达自己对葡萄丰收的理解，体验独特的民族风情，提升审美情趣。既能满足大班孩子的好奇心，又能提升他们创造、合作、表达等多方面能力。活动中，创编舞蹈定为活动的重点。然而新疆舞的民族固定模式限制幼儿自主创编。本活动中，我设计了通过情境、游戏等方法掌握以一个动作延伸出多个舞蹈动作的创编环节。幼儿轻松创编同时也解决课程难点。

二、说活动目标

《幼儿园教育指导纲要（试行）》在艺术领域目标中明确提出：让幼儿喜欢参加艺术活动，并能大胆地表现自己的情感和体验。根据我们班幼儿的年龄特点及实际情况我制定了以下目标：

1. 继续感受新疆的民族风情，体验大胆表演的快乐。

2. 在有趣的情境中，合理创编舞蹈。

3. 巩固新疆舞中动脖、腕花等基本动作。

三、说活动准备

1. 物质准备。

（1）课件：新疆地图的图片；有关葡萄沟丰收景象的多种图片；新疆人们载歌载舞庆祝丰收的图片。

（2）铃鼓若干。

2. 知识准备。

我班幼儿已进行过"走进新疆"系列活动。（初步了解新疆民族风情、饮食习惯；掌握新疆舞腕花、动脖等基本动作；欣赏葡萄丰收的音乐）

四、说教法、学法

《幼儿园教育指导纲要（试行）》中艺术领域的精神是向传统的艺

术教育挑战，强调幼儿的主动性，改变使艺术成为技能训练和表演的功能。本次活动我采用情境法、游戏法、示范法、提问法等方法激发幼儿兴趣，引导幼儿合理创编。

以幼儿为主体，创造条件让幼儿参与活动，提高记忆效果，幼儿运用看、想、说、跳等多种渠道感受新疆葡萄园丰收的景象。新疆舞的民族固定模式限制幼儿自主创编。本活动中，幼儿通过情境游戏等方法掌握以一个动作延伸出多个舞蹈动作的创编方法，解决课程难点。

五、说活动过程

结合幼儿年龄特点及活动目标，我设计了以下四个环节：

1. 引入情境，欣赏课件，了解葡萄沟丰收的情形。

（1）教师引入去新疆旅游的情境。

通过直观、生动的课件将新疆风土民情展现在幼儿面前，使幼儿身临其境，调动兴趣。教师和幼儿共同交流已了解的新疆人的生活习惯。

（2）教师引导幼儿谈话："这是什么地方？大家都在做什么？"幼儿描述葡萄丰收的场面。观察课件时，我把引导重点放在人们摘葡萄的手势和方向及人们的表情上。幼儿带有目的地去欣赏、分析、总结。

2. 幼儿根据故事情境，创编舞蹈。

（1）巩固已学过的新疆舞基本动作。

教师继续提问："他们会用什么方式表达自己的心情？怎样庆祝丰收呢？"幼儿自由交流讨论。观看有关新疆舞的图片。幼儿总结腕花动作像摘葡萄。

教师结合《葡萄丰收》的音乐，先表演舞蹈。本环节我利用示范法，原因是教师的示范更机动灵活。可以根据现场情况进行互动及时调整动作，以达到活跃气氛、提高学习质量的作用。

在孩子跃跃欲试时，请幼儿用喜欢的动作，与教师一起表现葡萄丰收。幼儿自由表现，体验大胆表现自己想法的快乐。

（2）集体创编舞蹈动作。

《幼儿园教育指导纲要（试行）》中提出创造在艺术领域课程中占

有重要的地位。而在传统的舞蹈课教学中，许多教师过分注重幼儿技能的掌握，从而扼杀幼儿的创造性。有些教师引入国外的教育模式，放任幼儿自由表现，忽略了教师的指导作用，舞蹈处于自发状态。而我认为在幼儿创编时，教师必须指明一定方向，于是我设计了根据情境创新舞蹈动作的环节。

① 教师引导："葡萄好多啊，有的长在比较高的地方，有的比较低。我们的手应该放在什么位置才能摘得到？"幼儿通过探索创编出上、下、左、右等不同方向伸手臂腕花。

在提问时，要给予孩子一个明确的思考方向。如果说"应该怎么才能摘得到"之类的话，幼儿将会回答跳起来、拿个梯子、挖个坑之类的话。所以我强调我们的手应该放在什么位置。

② 教师进一步引导："葡萄太多了，一只手摘不过来，还可以怎样摘呢？"幼儿通过思考发现可以用两只手或双手交替等方式腕花。

③ "快天黑了，得快点摘，我们左手也摘、右手也摘"教师提示幼儿可以将两组动作分别结合，尝试变换更多的动作。

幼儿探索过程中教师应注意因材施教。鼓励幼儿时，我用："某某小朋友做得很特别，很美……"而不是"最"字，否则会给其他幼儿带来不必要的心理负担，引发消极情绪。

（3）以游戏形式引导幼儿创编合作动作。

新疆舞中铃鼓的使用是一个特色，使用乐器既可以引发幼儿兴趣，又可以代替复杂的口语传递指令。我设计了听铃鼓做动作的游戏。

教师说明游戏规则：敲铃鼓——男孩拍手，女孩动脖；晃铃鼓——女孩拍手，男孩动脖。鼓励幼儿在分组合作中，创作更多的动作。例如，幼儿在不同的位置去拍手，动脖时搭配不同动作。

教师根据幼儿掌握游戏的能力，控制敲鼓和摇晃的节奏。可以加快速度，提高难度，增添游戏乐趣，帮助幼儿熟练动作。

（4）小组创编完整的舞蹈。

提示幼儿可以在小组中进行合作表演，幼儿可以自主选择使用铃鼓。

3. 小组展示创编成果，互相评价。

幼儿以小组形式大胆展示创编舞蹈，表现葡萄丰收的景象。

通过大胆展现自己的创作，幼儿的自信心、表达能力得到提高。通过幼儿互相评价，培养幼儿主动发现问题的习惯，虚心接受别人建议的良好品质。

4. 教师小结。

活动延伸：

通过观察课件总结新疆服饰特点，与幼儿用废旧物共同制作新疆服饰。（用皱纹纸或麻绳制作新疆女孩子的辫子；用纸杯、纸碗做新疆帽；用报纸做裙子、马甲等——用课件展示）

在表演区中穿戴上自制的新疆服饰继续创编表演。

六、效果预测

整个活动我本着以人为本的教育理念，幼儿自主探索的同时，也突出教师主导地位和指导作用。对于新疆幼儿虽然感觉比较陌生，但葡萄却贴近幼儿生活。以葡萄为切入点，通过课件展示、前期铺垫等方式，充分激发幼儿兴趣及探索创编的欲望。以摘葡萄情境活动贯穿始终，既富有游戏性，又具创造性。集体创编时，我把握大方向，渗透给幼儿一种创编舞蹈方法，所谓"授人以鱼不如授人以渔"。小组创编时，我没有过多干预，而是放手让幼儿大胆探索。

俗话说"教无定法，贵在得法"，还有许多不足之处，希望在座各位领导、老师能给予批评指正，让我在以后的教学实践中，和孩子一起探索，一起成长！谢谢！

（沈阳军区装备部幼儿园说课教师：胡彩博 指导教师：吴秀瑾）

案例五　　　　大班科学活动：有趣的复制

一、说活动教材

《幼儿园教育指导纲要（试行）》强调："引导幼儿对身边常见事物和现象的特点、变化规律产生兴趣和探究的欲望。"好奇、好问、好探究是儿童与生俱来的特点，他们生机勃勃、精力充沛、不知疲倦地探索着周围世界。而5～6岁的幼儿已经有一定的知识经验，对于自身不理解的事情，往往更会产生强烈的好奇感。而且，他们对事物的探究已经不仅仅停留在表面上，对事物的因果关系等内在的东西也产生了强烈的探究欲望。在一段时间内，我们大一班的小朋友对相同的事物产生了浓厚的兴趣，比如，一模一样的图书是怎么做出来的呢？为什么照相机就能照出与本人一样的照片来呢？两张图片里的小熊怎么会一模一样呢？双胞胎是怎么回事呢？等等。孩子们围绕以上问题进行了讨论甚至争论。很显然，孩子们对"复制"产生了浓厚的兴趣，尽管他们并不理解复制的内涵，但是他们却很想知道这"一模一样"的奥秘。为了解决孩子们心中的疑团，满足幼儿探究的愿望和需要，我选择了辽宁省幼儿园大班教材科学领域内容"有趣的复制"，并根据我班孩子的现状和发展水平，设计并实施了科学系列活动"有趣的复制"。

二、说活动目标

根据《幼儿园教育指导纲要（试行）》中科学领域的目标和价值取向，以及我班幼儿的实际发展水平和需要，我设定以下两点活动目标：

1. 初步了解复制现象，感受复制方法给人们生活带来的便利。

2. 尝试简单的复制方法（如印、剪等），对复制产生浓厚的兴趣。

因为复制是比较抽象难懂的科学概念，而且"有趣的复制"又是系列的科学活动，所以本次活动主要是从表现性目标的角度设定的，并没有对行为目标作出规定。这样的安排旨在通过幼儿对操作的尝试，体验复制方法给人们生活带来的便利，并在操作中对复制的过程产生浓厚的兴趣。这也是《幼儿园教育指导纲要（试行）》中强调的，即把情感、态度、价值观放在首位。而本次活动恰恰是从兴趣的角度对幼儿提出了表现性的目标。

三、说活动准备

根据调查，我发现幼儿对复制这样的生活经验比较缺乏，因此活动前我做了如下准备：

1. 幼儿生活经验的准备。

请家长和幼儿共同寻找生活中一模一样的东西，并带到幼儿园。寻找哪些材料可以做出一模一样的东西。

2. 教师知识的准备。

作为教师，我自己查阅大量的资料，了解有关复制的知识，包括复制的方法、复制材料、复制的作用等。因为只有我自己吃透了复制的相关知识，才能很好地根据幼儿的实际情况设定活动方案。

3. 提供丰富、有意义的活动材料。

材料可以引起幼儿的探究兴趣，是幼儿探究的保障，因此我为幼儿提供了足够的、符合幼儿年龄特点的材料，例如，幼儿最喜欢的卡通图片、印章、橡皮泥、镂空图片等。通过提供材料，使幼儿都有探究的条件和可能。

四、说教法、学法

本次活动中，我为了吸引孩子参与活动的积极性，顺利完成教学活动，采用的教法有：讲解示范法、启发诱导法、电化教学方法、谈话法等；学法有：观察法、讨论法、操作法、记录法等。教师的教法与幼儿的学法有机结合，共同为目标的完成服务。

五、说教学过程

为了达到如上目标，我设计了以下几个环节：

1. 导入主题，帮助幼儿理解"复制"的含义。

（1）展示模具，示范制作出福娃和印章里的图片，以吸引幼儿的参与兴趣。

万事开头难，为调动幼儿的学习积极性，激发幼儿的兴趣，我首先发挥自己的导向作用。我神秘地展示模具：橡皮泥、福娃模具和印章，现场制作出若干福娃和印章里的图片。

（2）理解"复制"的含义。

发散性思维是创造性思维的一个重要方面，可以养成幼儿思维的流畅性、灵活性和独创性。因此，本环节中我提出两个问题："小朋友，把东西做成一模一样的过程，叫做什么呢？你们给它起个名字吧！"这个问题抛给小朋友们，答案很快有很多："重复""复印"……有的小朋友还回答出"双胞胎""连锁"，答案千奇百怪，对于这样的回答，我表示中立，既不说对，也不说错，为幼儿提供宽松的语言环境，允许幼儿出错，让幼儿有安全感，从"不说"到"想说"到"我说"的过程。

还有哪些东西是一模一样的呢？一模一样的东西是怎样做出来的呢？让幼儿自由想象、表达，为下面的活动打下了基础。

本环节我主要采用了讲解示范法、谈话法和讨论法。

2. 初步探索复制的方法。

本环节我为幼儿提供若干不同的操作材料和记录表，幼儿以组为单位自由选择材料，进行操作，探索复制的各种方法，并感受探索的快乐。本环节我又分三个层次进行：

（1）教师介绍材料和记录表。我为幼儿提供了一些常见、容易操作的材料，如白纸、剪刀、铅笔、印章、橡皮泥等。

（2）幼儿以组为单位操作并进行记录，教师巡回指导。

（3）展示记录表，幼儿介绍自己探究的成果，感受成功的喜悦。

新的教育观强调：让孩子们面对真实、向真实发问、与真实接触。本着这个原则，让幼儿简单地操作材料，感受通过自己的动手动脑、探究复制的过程。

幼儿是活动的主体，让幼儿自由选组操作。在操作过程中，大多数幼儿会选择自己熟悉的材料，如印章，当他们成功地复制出第一组图片时，会引起他们更大的兴趣，主动去探究自己未见过或不熟悉的材料进行操作。通过这次操作，幼儿将会体验到操作的过程，感受到操作的快乐。

本环节我采用了启发诱导法、操作法。

3. 拓展幼儿的想象，丰富幼儿的经验。

（1）引导幼儿思考：生活中还有哪些东西是复制出来的。

（2）出示幻灯片：感知复制技术在生产和生活中的应用。

本环节我采用了多媒体教学手段，让幼儿通过观看幻灯片等，体会复制技术在生活中的应用。这个环节有助于将幼儿的兴趣推到顶点，再次掀起幼儿参与活动的高潮。

4. 再次操作，感知复制在生活中的应用。

（1）出示材料，请幼儿通过复制的方法，设计漂亮的图案并装点漂亮的服装。

导语：小朋友，你们喜欢这些图片吗？你们可以将这些图片复制在自己的衣服上，还可以利用其他材料，做出更多的图片来装饰我们的衣服，开始行动吧！

（2）幼儿自由选择材料进行复制，体验复制的快乐。

教师巡回指导，鼓励幼儿大胆操作。

本环节主要采用了启发诱导法和操作法。

5. 作品展示。

幼儿互相介绍并分享自己的设计经验，活动自然结束。

在未来社会中，只有能与人合作的人，才能获得生存空间；只有善于合作的人，才能赢得发展。在当今社会，随着独生子女家庭的增多，孩子愈来愈成为家庭的核心，"自我中心"使得幼儿在活动中，不会合作，不会与同伴交流。为了让幼儿体验成功与喜悦，获得合作的快乐，以小组为单位，采用记录的方式，每组小朋友都将发现的复制方法和复制效果添加在记录表上。

"知识是在孩子们探究之后，在孩子们的讨论中形成的。"于是，操作过后，孩子们会争先恐后地向小伙伴们讲述、表达自己的操作过程并展示作品。这样的活动为幼儿提供了表现的机会，善于表现的幼儿能够自然流畅地表达，对于胆小的幼儿，我特别关注并鼓励他们大胆表达自己的观点。

为使活动收到更好的效果，我设计了活动延伸部分并进行了后续的环境创设，延伸部分包括：

（1）在自由活动时间观看录像，了解复制（克隆技术）在现代科学技术中的应用。

（2）在美工区为幼儿提供材料，制作版画。

环境创设包括：收集有关复制的信息，设置"有趣的复制"主题墙，展示有关自然界复制现象的照片、图片、事物，印刷图片的过程、克隆羊的过程，也可以让幼儿随时粘贴自己的复制作品，引导幼儿互相欣赏、交流，体验自豪感和成功感。

六、效果预测

幼儿科学教育不能只重视活动的结果，更应重视它的过程。本次活动不仅让幼儿感受到了操作的快乐，对现代科技产生了兴趣，还提高了幼儿的观察力、思维力、想象力，为培养幼儿的创造能力奠定了坚实的基础。

本次活动通过多样化的教学方法，从孩子的兴趣出发，使孩子在亲自操作的活动中了解了科学知识，积累了生活经验，培养了创新意识，体验了自信，锻炼了能力。我们也从中体会到：只要抓住孩子的兴趣点，把握时机，创造条件，就能最大限度地激发幼儿的求知欲望。只要我们用满腔的热情和强烈的责任感面对幼儿，就会发现身边到处都有好教材。

本次活动后，我们又继续探索，进行了一系列的相关活动，例如，你知道克隆吗？让他们观看碟片《神奇的克隆技术》，为后续的探究性学习做了铺垫。

（辽宁省军区幼儿园说课教师：谷金娥 指导教师：赵小华）

案例六　　　　　　大班社会活动：绳子秀

一、说活动教材

本活动是由《沈阳市幼儿园教材》教师用书第 193 页活动"惊奇一线"延伸而来的。

《幼儿园教育指导纲要（试行）》中指出："科学教育应密切联系幼儿的实际生活进行，要尽量创造条件让幼儿参加探究活动，使他们感受科学探究的过程和方法，体验发现的乐趣。"因此，我选择用生活中常见的绳子来设计组织教育活动。同时，根据大班幼儿表现欲望、好奇心及探索欲望强，喜欢实践操作等特点，以"用绳子建构立体造型"为主线，整个活动渗透了多个领域的内容，同时整合了多种活动形式，注重"探索与尝试"，允许幼儿之间的差异存在，引导幼儿大胆想象和尝试，充分体现了"以幼儿为本"的教育理念。

我把活动重点定位于激发幼儿大胆想象和创造，能够利用绳子建构立体造型，把难点定位于让幼儿能够和老师及同伴分享并介绍自己的作品，感受成功带来的快乐。

二、说活动目标

1. 喜欢参加探究活动，感受探究活动的乐趣。

2. 激发幼儿对绳子的想象力和空间创造力。

3. 能够利用绳子建构立体造型。

三、说活动准备

鉴于以上活动目标，我做了如下的准备：

1. 师幼共同收集来的各种各样的绳子及辅助材料若干。

2. 课件：绳子做出的许多美观大方、造型独特的立体的装饰品。

3. 电脑、投影仪等。

四、说教法、学法

教法：本活动我采用了直观教学法、示范演示法、讨论法、启发提问法等教学方法。贯穿瑞吉欧方案教学的理念，关注幼儿兴趣点，采用游戏和多种形式的鼓励方式相结合，使幼儿能够在轻松、愉快的气氛中自然学会能够利用绳子建构立体造型，达到教学目的。

学法：整个活动中以幼儿为主体，通过提问、操作、讨论、互动等学习方式，使幼儿能大胆创作自己的作品，体验尝试的心情。

五、说活动过程

1. 师幼共同自由玩绳子，激发幼儿对绳子的想象力。

教师引导幼儿观察收集来的各种各样的绳子，请幼儿自由玩绳子。

教师对幼儿说："小朋友，这就是我们收集的各种各样的绳子，我们一起来玩一玩吧！"在这个小环节中老师出示孩子们收集的实物来激发幼儿主动学习的兴趣，教师引导幼儿运用各种感官去观察感受，鼓励幼儿大胆交流自己在玩绳子的时候有哪些感受和发现。比如："这条绳子是绿色的，有弹性，我用它摆出了一条小蛇。"鼓励幼儿多使用形容词，对于大胆表达、语言完整的幼儿及时给予表扬，对表现有进步的幼儿及时鼓励。

2. 观看幻灯片，为丰富幼儿的建构造型做铺垫。

此环节通过观看课件，让幼儿用眼睛去看，用脑子去想，通过借鉴和欣赏，拓展和丰富幼儿的创作元素，起到先"娱目动情"，再"激思励志"的功效。

观看课件后教师运用启发式教学引导幼儿小组交流："你看到了什么？它们是用什么做成的？"（立体的造型）教师引导幼儿从作品的外形、颜色、用途等方面描述自己看到的，同时教师要引导幼儿有序地观察并完整地进行表述。

小结：绳子可以做出许多美观大方、造型独特的立体的装饰品。

3. 创意体验，用绳子建构各种物体的造型。

此环节为活动的重点。引导幼儿通过尝试将绳子连接、变形或借助辅助材料进行设计，建构各种立体造型。

我为幼儿提供丰富的可操作的材料，为每个幼儿都能运用多种感官、多种方式进行探索提供活动的条件，幼儿可以自主选择，使自己的意愿得以充分体现，在幼儿制作过程中，引导他们创作出与众不同、富有个性的作品。为幼儿提供了创造性思维发散和拓展的空间，为其以后获取良好的学习能力奠定了基础。活动的过程也正是《幼儿园教育指导纲要（试行）》精神的充分体现。当幼儿在尝试制作的过程中遇到困难时，我以支持者和引导者的身份，以关怀、接纳、尊重的态度同幼儿协商解决的办法，引导他们自己解决相互合作，使幼儿的交往能力与团队合作精神同时得到提升。

4. 分享交流，感受成功带来的快乐。

此环节为活动的难点。为了突破难点我采用了幼儿最喜爱的"游戏"的形式来调动幼儿的积极性，让他们通过"猜猜看"的游戏能够用多种方式表现、交流、分享探索的过程和结果。轻松地与人交流、分享探索的过程和结果，体验成功的乐趣，使活动达到高潮。

六、效果预测

本活动很好地完成了教育目标。整个活动贯彻了尊重儿童差异的原则，活动具有极强的趣味性和挑战性。整个活动过程中幼儿都保持着较高的活动热情，在创意体验、用绳子建构立体造型环节，我能大胆放手让幼儿自主实践，充分体现了陶行知倡导的"六大解放"的理论；当幼儿在探索尝试遇到问题时，我没有过多地干涉幼儿的行为，而是作为支持者、合作者引导幼儿想出解决问题的办法，并鼓励幼儿之间互相帮助，幼儿的实际探究解决问题能力、交往能力与团队合作精神也从中得到了提升。在教师的鼓励、引导下，幼儿积极主动地观察、思考、体验、操作，并乐于积极介绍自己的作品，获得成功感。

在接下来的延伸活动中，鼓励幼儿在生活中观察发现，继续探索用绳子结合其他材料建构身边事物的立体造型，美化幼儿园环境和生活空间。

（辽宁省沈阳市铁西区教工第二幼儿园说课教师：张娜　指导教师：袁斌）

第三章　幼儿园听课

第一节　幼儿园听课概述

听课①是教师或研究者凭借眼、耳、手等自身的感官及有关的辅助工具（记录本、调查表、录音和录像设备等），直接或间接地从课堂情境中获取相关的信息资料，从感性到理性的一种学习、评价及研究的教育教学方法。听课通常是教育行政部门和教学业务部门检查、指导及各种层面上的教研活动的重要内容，更是教师、教研人员的一项必不可少的、经常性的工作职责与任务。听课不是教学研究的目的，而是手段、是途径。通过听课达到甄别、认定课堂教学优劣的目的，从而提升课堂教学研究的水平和质量。

一、幼儿园听课的基本特点

（一）听课具有一定的目的性

幼儿园听课总是有一定的目的和要求。为什么去听课？听什么样的课？要解决什么问题？听课者都应该有明确的目的和任务。听课者总是根据听课的目的来选择时间、地点和对象的，并有选择和有侧重点地听一部分课或学习一些内容。

例如，新教师听课最主要的目的就是观摩学习，主要看上课教师是怎样教的，如重点、难点是如何突破的，教学手段和教学媒体是如何运用的，课堂气氛是否活跃，如何将所学知识运用于教学。如果是听优秀教师的课，那么主要看教师的创新能力、综合能力和教育机智等，以及教师如何创造性地运用已经掌握的知识和技能。

---

① 改编自杨九俊. 说课、听课与评课［M］. 北京：教育科学出版社，2004：67.

（二）听课具有一定的选择性

有意识、有目的地听课就意味着选择。该听哪些课，不该听哪些课，什么时候听课，要获取些什么信息等都意味着听课是有选择性的。

例如，幼儿园要培养和考核年轻教师，就会选择听年轻教师的课；要推荐教师参加优质课比赛，就会听部分优秀教师的课；要了解课堂教学的现状，就会不打招呼地随时、随地、随机地听课。

（三）听课带有一定的主观性

虽然课堂教学是一种客观的实践活动，但听课活动中的主观因素很多。一是什么时候到什么地方去听什么人的课，基本上是听课者自己确定的；二是听课者和被听课者以及幼儿都是有主观意识的人，课堂教学的实际情况可能会因听课者的参与而发生变化；三是听课者的听课行为受他的教育思想、教学经验、对被听课者的印象等制约。这种主观性既有积极的一面，也会有消极的一面，听课者要使用技巧放大其积极的影响。

（四）听课需要有一定的专业理论做基础

听课需要掌握一定的方法和技能，需要一定的教育教学理论作支撑。听课者即使听本专业以外的课，也要能听出一些成功的地方和不足之处，这本身就需要听课者有一定的教育学、心理学的理论基础及掌握教育改革的新思想。在听课的过程中及听完课后，听课者要进行一些思考和分析，要运用教育研究方法中一些研究策略对被听课者做一些定量或定性的评价，这也需要相关的理论做指导。

（五）听课活动是在特定的情境中进行的

幼儿园教育活动是幼儿园各班每天都进行的活动，课堂又是一种比较自然的情境，而听课又是在现场进行的一种活动。听课者和被听课者都处于一定的情境中，不同的时间、地点、条件都可能有不同的过程和结果，即使是同一位教师在不同的班级面对不同的孩子所组织的教育活动，其效果也不会一样的，从而可能会得到不同的评价。因此，我们所获得的听课资料及有关的感觉和理解是离不开一定情境的，而且是带有偶然性和不确定性的。听课者一定要融入到情境中，并且以具体的情境为教育背景去分析课堂中教师和儿童的状态及教学的效果。

（六）听课通常需要必要的指导和评价

绝大多数听课活动在听课后要形成个人或集体的认识和意见，而且在全部听课活动中，领导对教师、上级对下级、专家对教师及幼儿园内部的研讨课、公开课等的听课占绝大多数，形成的评价要以一定的方式反馈给幼儿园或教师，要提出一定的指导性意见和要求以及相应的改进措施等，并且指导意见要具体，具有可操作性。

二、幼儿园听课的目的和作用

教师听课其意义在于——"观千剑而后识器，操千曲而后知音"。在对许许多多的课堂细节的批判和借鉴中，汲取教育的真元之气，吸纳异质与新机，所造属于自己的育人风格和才智。

——摘自余文森等编著《有效备课·上课·听课·评课》

听课是一项能让听课者与上课者双方均受益的活动。由于听课者的立场、目的不同，对于听课作用的认识也不同，有的强调听课的评估作用，有的强调听课的监督作用，有的强调听课的研究作用等。这些不尽相同的观点，为我们全面认识听课的目的和作用提供了坚实的基础。

概括起来说，通过听课活动，上课的教师能经常地调整教学过程，提高课堂教学的质量，升华课堂管理的艺术；而对于听课者来说，发现别人的缺点同时，可以增长自己的业务知识，更为重要的是可向上课者汲取长处，从各方面得到提高和发展。听课活动也是教学管理的一个重要环节，是强化教学管理的有力措施。为此，搞好"听课"这一有益教学的群体性活动，对教学管理而言也能收到多方面的作用。具体说来，我们可以将听课的目的和作用概括为以下几点：

（一）听课有利于教学管理人员了解和掌握幼儿园贯彻落实《幼儿园教育指导纲要（试行）》的现状

《幼儿园教育指导纲要（试行）》的颁布表明我国幼儿园教育改革进入了一个新的阶段。《幼儿园教育指导纲要（试行）》作为国家对幼儿园教育进行指导的总纲，贯穿着许多先进的教育思想，并指导着我国学前阶段的课程改革。为了确保我国幼儿教育改革向着良性的方向发展，作为幼教改革的倡导者，尤其是教研部门的研究人员，必须了解幼儿园和教师是否在教育活动中实施新的课改方案以及教师是否习惯和喜欢这种新方案。而通过听课就可以直接了解很多课程实施中存在的诸多实际问题，这些问题都可以作为教育决策部门和教研指导部门进行下一步课改的参照依据。

（二）听课有利于幼儿教师之间的教学交流，形成教学研讨之风

首先，听课可以提高教师的教学水平。

一般而言，教师在长期的教学工作中，都会逐渐形成一套驾轻就熟的教学模式。假如教师不注意根据新的教学要求进行调整，不积极地与他人交流或向他人学习来完善自我，那么随着时间推移这套原本适合教学需求的教学模式，就会模式化、僵化而失去活力。那么，如何避免这种情况，怎样才能不断地提高教学水平呢？方法固然有很多，但听课不失为一种有效的办法。

通过听课，教师可以了解并学习别人的方法，补充、完善自己；通过听课，教师可以改正自己的弊端；通过听课，教师间可以交流教材的处理、教学原则和方法的合理使用，共同探讨不同领域课程的普遍规律以及课改过程中不断出现的新的教学规律。同时，作为促进教学的重要手段，教师在听课中有意无意地接受来自同行的信息，不断完善自己的工作计划。不同的教师，加工教材、教学方式、启迪学生思维的方法不尽相同。只要听课的教师抱着虚心求学的态度，肯定能从他人的讲课中，获得对自己教学有用的东西。凡此种种，都能达到不断完善自己、提高自己教学水平的目的。

其次，听课可以提升教师的内在修养。

听课对于开阔教师的视野，体察同行的教学技能，学会一些不可言传的知识与方法，发展多方面的能力，有着极其重要的作用。它能引导教师走上自我发展的螺旋式上升的道路，而避免走进自我封闭的死胡同。在幼教课程改革的过程中，借助听课这一直观形象的方式，教师对《幼儿园教育指导纲要（试行）》理念的理解将得以深入，对

新课程改革中呈现出的新颖的教学模式，也有机会接触、学习、应用和创新。

（三）听课有利于各幼儿园树立教研意识，促进教学改革的深入发展

"以人为本"是《幼儿园教育指导纲要（试行）》中最重要的理念之一，也是社会发展对人才培养的必然要求。而教师的发展也是这一理念实施过程中的一个重要表现。师资队伍的质量直接关系到儿童发展的质量，因此教师的发展是促进幼儿园乃至整个幼教阶段人才培养质量的根本因素。各幼儿园中，幼儿教师的能力、风格、专长、实践经验等有着很大的差异。教师之间、园所之间、管理及研究人员与教师之间、优秀教师与一般教师之间，通过听课，不仅可以了解自己或其他教师课堂教学的实际情况，做到相互学习和交流，取长补短，共同提高；而且可以融洽各方面的人际关系，增进相互信任，有助于集体合作、营造良好的教研氛围，促进教学改革的深入和质量的提高。

（四）听课有利于教学经验的推广与交流，帮助青年教师成长

首先，听课有利于优秀教学经验的推广与交流。

通过听课可以发现一部分教师优秀的、先进的教学经验、教学方法和教学理念等，经过思考分析及论证总结，可以组织观摩课等听课学习活动，推广其方法和经验等；其他教师可以通过听课活动学习到那些优秀和先进的理念、方法和经验，结合自己的教学实际进行思考和吸收，促进自己的成长和提高。

应该说听课是教师专业化发展的重要途径，教师在课堂教学中往往意识不到自己的教学行为，而通过听课不仅可以学习到别人的经验，吸取别人失败的教训，用别人的方法指导自己的教学，更主要的是可以对自己的教学进行反思和研究，将一些听课得到的感性认识提升为理性的认识，发现自己教学中的不足，通过取长补短，相互交流，改进自己的教学，就可以共同提高。

其次，听课对于新教师来说显得尤为重要。

对新教师来说，听课尤为重要。因为新教师刚刚走上工作岗位，

缺少教学经验，难免对教材不熟，对教法生疏。可以说，听课对新教师而言，更是拓宽视野、提高教学水平的捷径。具体而言，听课对新教师的作用体现在：能使新教师尽快熟悉教师角色，能获取老教师的教学经验；有利于准确理解知识和传授知识；有利于学习老教师高尚的品德；有利于克服盲目自大的倾向。

三、幼儿园听课的基本要求

听课是教师在日常教学活动中经常性的、不可缺少的教研活动，是促进教学观念更新、教学经验交流、教学方法探讨、教学艺术展示、研究成果汇报、教学水平提高的重要途径和主要手段。听课、评课过程是教师在互动中获取经验、自我提高的过程。因此，听课是教师研究课堂教学、提高业务能力的最有效途径。那么听课的时候对幼儿教师都有哪些具体要求呢？

（一）听课前的准备

盲目性是效率的大敌，听课也是如此。教师盲目进行听课与有所准备去听课，效果大不一样，所以，听课前教师应做好如下准备工作：

1. 要做好思想准备。

听课者在听课之前一定要做好思想准备，即调整好自己的情绪，把其他无关的事情放一放，全身心地投入到即将要做的事情——听课。要树立正确的儿童观和教育观，以儿童知识经验、发展水平为中心，以促进儿童身心和谐发展、提高素质能力为目的。

2. 要做好听课计划。

听课是教师的职责和工作，要有严格的计划性，不能随心所欲。例如：准备在哪所幼儿园听课？准备听哪位老师的课？安排什么时间听？听课的目的、内容是什么？等等，都要做好周密的安排。

3. 要熟悉所听课程的相关内容。

听课前，教师必须熟悉相关教育活动的内容，包括了解活动领域、活动名称、活动目标及具体内容等。了解的途径，一是通过听课前看看相关的教材，熟悉有关内容；二是利用课前短暂的时间，查阅教师的文字教案。熟悉内容和目标的根本目的在于听课时能较好地了解教师教学是否突出重点，解决难点。

4. 要了解所听课的活动类型。

进一步了解教育活动的组织类型是集体教学、分组教学，还是游戏活动，是在室内进行还是室外进行等。这样，听课者就能在脑海中思考集体教学应该注意些什么，分组教学容易出现什么问题，游戏过程重点要观察什么等问题，这样有利于做好听课记录并为听课后的评价做好铺垫。

5. 要熟悉听课的环境。

熟悉听课班级的班型特点、幼儿人数和活动室环境（本班教室、多媒体活动室、户外活动场地等）。

（二）听课者的角色定位

1. 进入"幼儿"角色。

听课者首先要转变角色，认认真真地充当一名幼儿，站在幼儿的角度，使自己处于"学"的情境中，才能了解教师的"教"是否符合儿童的需要。

2. 进入"教者"角色。

听课者如果从指导者的角度来听课，就要做到：

（1）从专业的高度，运用已有的教育理论和教学经验，对教育活动作出分析与判断。

（2）对教育活动细心观察，敏锐地发现优点或亮点，以便评课时及时给予肯定。

（3）准确发现问题并且指出不足，在归纳概括的基础上形成改进和提高的建议。

3. 进入"管理者"角色。

听课者如果将自己置身于管理者的角度，就要统观全局，发现教师在教育活动指导中存在的典型性和普遍性的问题，并将这些问题联系自己的教学实际进行反思，才能有的放矢地改进教学，提高教学质量，这也是幼儿园听课的最终目的。

（三）听课过程中需要关注的问题

1. 认真研究活动方案。

活动方案是教师对教材的理解和把握，一个好的活动方案是教学活动取得成功的最基本条件。因此，观摩教学时，听课者首先要对活动方案（主要是教师的教案）认真研读，仔细分析，可从以下三方面入手：

（1）看目标的拟定是否科学合理。

活动目标是教学活动的出发点和归宿，也是进行教学评价的依据。在目标的制定上，怎样既关注到幼儿的现有水平又促进幼儿的长远发展呢？

首先，目标定位要准。目标主要包含三个方面的内容，即情感目标、知识目标、能力目标，它们是相互依赖、不可分割的。因此，教师要根据幼儿的年龄特点、经验水平等方面合理制定，缺一不可。

其次，目标要具有可操作性。有些教师在目标的制定上过大、过空，如培养幼儿的创造力、语言表达能力等，显得过于空洞，缺乏可操作性。

再次，目标要具有弹性。活动目标要具有弹性，要对不同的幼儿有不同的要求，切忌"一刀切"。目标在阐述上要符合每个幼儿的"最近发展区"要求。

（2）看活动程序的设计是否层次清晰、环环紧扣。

教育活动的程序合理与否是决定教育目标能否有效实现的决定性因素，也是幼儿在学习中能否较长时间保持身心愉快的重要因素。其实，在这个问题上，最根本的处理原则就是动静交替。如活动导入一般以动机呼唤为主，以激发幼儿的学习兴趣和热情。活动中间部分是活动中心内容，教师要遵循结构严谨、环环紧扣、过渡自然、时间分配合理、密度适中等原则。活动结束一般在"享受"的境界中帮助幼儿消除身心疲劳。

（3）看重点、难点的处理是否恰到好处。

听课者应关注教师是怎样充分、灵活、简便、有效地运用幼儿已有的知识再现纵横联系，是否采用引导比较、直观演示等有效的策略，帮助幼儿突出重点、突破难点，理解掌握新知识。

2. 观察教师在活动中的表现。

活动中，教师担当着主导者的角色。教师在教学活动中的教育行为、教学方法是否科学有效都直接影响活动的效果。因此，听课者要积极关注教师在活动过程中的地位和角色，要认真思考教师的教学策略和教育行为，更要深入分析教师教育行为后面的教育理念是否科学正确。具体说来，听课者要关注教师的以下几方面表现：

（1）教法、学法的指导。

幼儿的头脑不是一个要被填满的容器，而是一支需要被点燃的火把。因此，在方法的运用上教师要尽可能做到多样化、个性化，因材施教，使每个幼儿在原有基础上都得到最大限度的发展。所以听课者既要看教师是否能够恰当地选择教学方法，还要看教师能否在教学方法多样性上下一番工夫，使课堂教学超凡脱俗，常教常新，富有艺术性。

（2）肢体语言的运用。

教学活动中教师肢体语言的运用是否恰当，对提高幼儿的学习兴趣、提高教学质量以及幼儿的心理发展有着很大的影响。活动中，如果教师面带笑容、语言亲切、眼神温和，幼儿就会感到轻松、亲切，从而产生一种愉悦的情绪体验，使幼儿全身心投入到活动中。因此，听课者要积极关注教师在活动中的言行举止，尤其是教师的表情、眼神等肢体语言是适当的夸张还是呆板乏味。

（3）对幼儿的回应方式。

《幼儿园教育指导纲要（试行）》中指出：教师要关注幼儿在活动中的表现和反应，敏感地察觉他们的需要，及时以适当的方式应答，形成合作探究的师生互动。因此，听课者要积极关注教师的应答语言，是肯定式的应答（如"你真会动脑筋！""你真棒！"等鼓励语），还是提升式的应答（如教师根据幼儿的回答，用更恰当的语言进行总结提炼，给予经验上的提升），或是拓展式的应答（如教师在幼儿回答的基础上，进行补充、完善，给予幼儿相关的知识拓展等），所有这些听课者都要做到心中有数。

（4）提问的方式。

有效的提问是幼儿良好学习的开端，也是师幼之间良好交流的桥梁。教学中教师应为不同层次的幼儿设计不同的问题。因此，听课者要积极关注教师的提问，比如，问题是否具有开放性和挑战性，是否能引发幼儿的思考，是否能拓展幼儿的经验，是否能提升幼儿的智能，等等。

3. 观察活动中幼儿的状态和表现。

《幼儿园教育指导纲要（试行）》提出了"以幼儿发展为本"的理念，在教学活动中幼儿的自主性体现如何，创造性发挥如何，是否体现了乐学、会学、创造性的学习精神，是否促进了幼儿主动参与、全面发展。为此，听课者可从以下几个方面给予关注和思考：

（1）看幼儿是否真正做到了自主学习。

当今的教育已从封闭式逐渐向多元化、开放式发展，它强调为幼儿创设开放的学习空间，建立互动的师幼关系，让幼儿在自主、开放的氛围中，建构健全的人格，促进全面发展。因此，听课者要积极关注幼儿在教学活动中的学习方法和学习策略。如教师是否为孩子创设了自主学习的环境，是否给孩子提供了自主探索的空间和材料，是否给幼儿创造了与同伴相互学习、探讨、交流、分享的机会，是否给予幼儿反思性学习、选择性学习的机会，等等。

（2）看活动中幼儿是否进行了创造性的表达与交流。

教育家陶行知先生曾提出"处处是创造之地，天天是创造之时，人人是创造之人"，倡导要解放儿童的眼睛、头脑、双手、嘴、空间和时间。因此，听课者要关注教师是否为幼儿创设了宽松的学习氛围，是否在活动方式、活动材料、活动空间、活动伙伴等方面给了幼儿一定的自由度，是否对幼儿的创造表达给予及时的肯定和鼓励，这些因素对幼儿创造性的发挥都有着很大的影响。

（3）看幼儿在活动中是否能主动质疑、发问。

以往，活动过程中的问题发起者多是教师，幼儿只是对教师的发问给予陈述式回答，幼儿的质疑发问行为明显不足。因此，听课者要积极关注教师是否给予幼儿发问的机会，如教师是否针对幼儿的疑问，启发幼儿提出问题，诸如："你还有哪些地方不明白?""你想了解有关青蛙的什么问题呢?"等。久而久之，对幼儿学会思考、学会质疑、学会学习将有很大的促进作用。

（4）看幼儿在活动中的体验、感受。

新课程强调体验性学习，幼儿学习不仅要用自己的脑子去想，而且要用眼睛看，用耳朵听，用嘴说话，用手操作，即用自己的身体去亲身经历，用自己的心灵去感悟。因此，听课者要关注教师是否强调幼儿的活动、操作、实践、考察、调查，是否重视幼儿的亲身体验，是否鼓励幼儿对活动材料的自我解读、自我理解，是否尊重幼儿的个人感受和独特见解，等等。

4. 思考活动的效果。

活动结束后听课者要对该活动的教学效果进行思考和分析，即教学内容的完成程度、幼儿对知识的掌握程度、幼儿能力的提升程度、幼儿个性的发展程度等。听课者可以结合预定的教学目标、具体的教学内容、教师的教学水平，以及幼儿在活动中的表现等方面进行回顾并评议。如预定的目标是否达成，教学活动氛围是否宽松愉悦，幼儿兴趣是否浓厚，参与活动是否主动，教师的教育方法和手段是否促进了幼儿的发展等。

（1）看活动目标的达成度。

在教学活动过程中，教师不仅要思考希望幼儿得到什么，使目标具体清晰，还要思考怎样帮助幼儿有效得到，使目标的达成过程可行而有效。

优化的教学目的应该是教学目标与学习目标的统一体，最大限度地调动教学双方的积极性进而达到教学相长。因此，听课者要根据教育目标来分析目标的落实和达成。

例如，幼儿是否掌握了预定的教学内容；幼儿的能力是否得到了发展；教师是否注意挖掘教学内容中的情感因素，做到知、情、意相结合，促进幼儿的全面发展，等等。

（2）看整体活动的氛围。

教学的过程是师生进行认知交流的过程，也是彼此情感交流的过程。因此，听课者要关注幼儿在活动中的情绪表现，教师是否善于用语言、眼神、表情等肢体语言与幼儿进行情感沟通，是否善于用激励性的语言进行评价，幼儿是否乐于学习，是否对学习产生兴趣，体验到了成功的乐趣。

（3）看幼儿在活动中的发展。

《幼儿园教育指导纲要（试行）》强调应"面向全体，促进每个幼儿富有个性的发展"。一个好的教学活动，应该是教师和幼儿在活动中共同成长，达到互动双赢的效果。因此，听课者不仅要看教师的教育理念是否科学，还要看教师的教育方法是否有效，同时也要关注每个幼儿在活动中是否得到发展。如教师是否关注到每个幼儿，是否主动探究、合作交流，是否敢于提出质疑、提出有价值的问题等。

（四）听课时需要记录的内容

听课者在做具体记录时，需要重点记录以下几方面信息：

一是记录听课的日期、活动领域、年龄班、执教者、活动名称和活动的类型。

二是记录活动的主要过程，包括听课内容，按先后程序提纲挈领地记录下来；时间分配，即各环节所用时间，教师讲解所用的时间，幼儿操作、讨论所用的时间；教法、学法的选择与应用；情境创设；过渡的语言；引导的技巧；激励的方法；组织活动的方式；教师挖掘与利用课堂生成资源的情况；授课教师灵活处理偶发事件的方式、方法等。

三是记录教育思想、领域渗透、教学内容的处理、教学方法的改革等方面值得思考的要点。

四是记录幼儿在活动中的表现情况，包括幼儿的动作、语言、表情及幼儿的探究行为等。

五是记录对教育活动的简要分析。

（五）听课后与授课教师的交谈

听完课后，听课者要与授课教师进行深入的交谈，具体来说要做好以下几点：

首先，请授课教师谈谈教学活动的设计与感受，进一步了解执教者课前的设计、准备与组织实施、教学后的收获与遗憾。

其次，就是对授课教师的活动做适当点评。先要找出这节课的特点和闪光处，总结出一些有规律性的认识，明确对自己有启迪的方面。然后针对这节课的实际情况，提出一些建设性的意见与合理性的修改建议，与授课教师进行交流切磋，以达到互助互学的目的。（涉及评课部分将在第四章做详细阐述）

第二节　幼儿园听课的基本类型

站在研究者的角度去听课，既引领了他人也成长了自己；站在欣赏者的角度去听课，既鼓舞了伙伴也积累了经验；站在学习者的角度去听课，既增长了见识也点化了智慧；站在评析者的角度去听课，既撞击了心智也融入了思想；站在思考者的角度去听课，既创造了文化也丰盈了生命。

——摘自余文森等编著《有效备课·上课·听课·评课》

听课类型①的划分是相对的。总的来说，幼儿园课程的类型决定了听课的类型。不同领域的活动、不同类型的活动对听课的要求是不同的。有对新教师的认识课，对成熟教师的总结课；对业务能力的评价课，对教学状况的检查课；对问题教师的指导课，对自我发展的研究课等。

根据当前幼教课程改革的需要和幼儿园教学的实际状况，我们可以将听课划分为以下四种类型，即：评比型听课、观摩型听课、检查型听课和研究型听课。这种划分不是绝对的，而且在实际的教学研究和听课过程中有可能有交叉，听同一节课有可能达到几种听课目的。这就要求我们在听课过程中，既能做到功能的区分，又能做到有机的联系和整合。

一、评比型听课

评比型听课主要是对一定范围内（幼儿园内、园所之间、区域内

---

① 改编自杨九俊. 说课、听课与评课 [M]. 北京：教育科学出版社，2004：73.

等）教师群体展开活动评比而进行的听课活动，如评优课、考核课及评优秀教师、学科带头人等的听课。

（一）评比型听课的特点

1. 公平公正。

虽然在其他类型的听课活动中也应该具有这样的特点，但在评比型听课中，这一特点更为突出。听课者在听课过程中必须严格按照听课的指示要求对授课者进行认真评价，细化到每一条评价指标中。而且，听课者会尽可能减少主观因素的干扰，客观、公正地对待每一位教师的活动。

2. 横向比较。

听课者对每一位上课的教师不仅要有定性的分析和评价，而且要对上课教师进行横向的、多角度的比较分析，如对教育理念、教学基本功、教学方法、教学手段、教学效果以及对幼儿能力的培养特点等进行比较。

比较性的特点在这类听课中也是很明显的。从某种意义上讲（特别是优质课的评比），对教师的评价在很大程度上是通过对教师的横向比较分析后得出的。

3. 有所取舍。

在各级各类的优质课评比及各种考核课中，被听课的教师是通过各种形式选拔出来的，他们应该是某一方面的优秀者。

听课者要求对这部分教师进行选拔，通过听课保留一部分教师和淘汰一部分教师，或推荐到上一层次去继续参加评比，或直接评出等级，或作出定性的评价。例如，要进行省级教师评优课活动，就要经过幼儿园评比推荐到区里，然后区里评比推荐到市里，再进行省里的评选。

（二）评比型听课的要求

1. 要认真了解和掌握评比的目的、要求和相关的评比标准。

对不同的评比课或考核课的目的、标准、要求等是不同的，对听课者也有不同的要求。例如，优秀课的评比就和学科带头人的选拔考核在侧重点上是有很大差别的，这就要求听课者事先要认真地学习和理解，为听课的客观、公正奠定基础。

2. 对课的内容要熟悉。

无论是一般的评比型听课还是具有考核性质的临时性听课都需要听课者对所要听课的教材内容十分熟悉。这样才能保证听课、评比的公平公正。所以，如有可能，听课者要尽可能多地熟悉听课的内容。

3. 听课过程中要做详细的听课记录。

在评比型听课中，听课者要重点并特别详细地记录每一位教师的特殊之处，要做好比较性的记录和思考，为划分出等级做好前提和准备，以便在比较中区分出层次及作出定性的评价。

4. 要客观、公正地听每一节课。

因为是参加评比活动，所以你所听到的每一节课，教师都是经过精心准备的，有些还做了大量的准备，甚至是集体智慧的结晶。

尽管每个幼儿园的教育理念、教育资源、教师素质都不尽相同，但各幼儿园由园长到参评的教师都会从不同角度重视这样的评比活动。为此，在评比型听课活动中，一般教学手段都比较现代化，教学形式都比较新颖，教学设计都比较科学、合理，但这些都应该是为教学内容和教学效果服务的。作为听课者要善于透过现象看本质，客观公正地听好每一节课，特别是在对被评价教师的比较中，要按照课程改革的要求及相关的教学规律，全面地去思考，克服片面性，防止被表面的一些东西所迷惑。

5. 要对听课人员进行选择。

首先，听课者一定是专业性较强的人员。

在幼儿园评比型听课中，听课者不一定都是该课程领域的专家，但至少应该是从事幼教工作的专业人员，至少能从教育理念上指导授课教师，这样才能听懂教学内容，并适当作出评价。如果对上课内容一窍不通，即使教育教学理论水平再高，也难以说到点子上。

其次，听课者要具有一定的教育教学理论水平及较丰富的教学经验。

如果没有教学理论修养和教学经验，那么，即使对教学内容理解透彻了，也不能进行科学、合理的评价。

综上所述，听课的组织者要根据评比或考核的要求，选择那些政治素质好、工作责任心强、业务水平高、有一定经验和威望的人员负责听课。

二、观摩型听课

观摩型听课是指组织者为总结、交流、推广幼儿园教学理念、教学经验和教学方法等进行的听课活动，包括公开课、示范课、展示课等。

（一）观摩型听课的特点

1. 观摩的课型要具有示范性。

首先，这类课型一般是由特级教师、名师、优秀教师或某一方面有特色、有创新、有经验的教师上的课。

其次，组织者在观摩前，做了大量的准备工作。包括授课教师反复试教，多次说课，并组织专业指导人员进行反复指导，进一步完善活动过程。

2. 观摩课的目的是为了推广有价值的教学经验。

活动的组织者在指导、提升优秀教师活动课质量的同时，一方面是为了帮助那些有经验、有特色的教师进一步提升教学层次，另一方面是为了树立典型，推广教学经验。特别是在目前课程改革过程中，往往将那些年富力强、有创新和活力、在实施新教材中取得一定成功的青年教师作为观摩的对象，推广他们先进的教学方法和教学经验等，进一步扩大他们的影响，以达到"以点带面"的效果。

3. 对于听课教师来说，观摩就意味着直接学习。

任何听课都是一个学习过程，但在观摩型的听课活动中，听课者的学习目的是十分明确的。有位幼儿教师在听完课后感慨道："我观摩完一节好课，有种如获至宝的感觉，整个人都变得豁然开朗，心里头甜滋滋的。授课教师的人格魅力、艺术语言给我留下了深刻的印象。有时即使是不理想的课，某一方面也会有深刻的启示。"

（二）观摩型听课的要求

1. 听课者态度要端正。

首先，组织者在组织这类活动的时候，往往会将听课、会议、考察参观、旅游等结合在一起安排。所以听课现场会显得很拥挤，甚至有些混乱。因此，在这类听课活动中，听课者既不参与课堂教学的讨论，又不直接参与教学内容的学习，通常被认为是与课堂教学不发生关系的人员。如果听课者的学习要求再不迫切、学习态度再不端正，就不可能去认真地观摩学习，也学习不到什么东西。所以，认真地听和看就显得尤为重要。

其次，由于许多条件的不同和情况的变化，加上听课者的自身素质和学习需求不一样，即使被观摩对象是特级教师、名师等，也不一定完美无缺，使每个听课者满意。实际上能听出"问题"，就是自己水平提高的另一种表现形式。

综上所述，作为听课者，一定要有一个虚心学习的态度，要认真仔细、全神贯注地去听和看，要认真地做记录。即使课上得"很差"，也可以从中知道"差"的原因。

2. 对活动过程中有特色、有创新的地方要认真记录。

课程既然被观摩，一般总是会有与众不同的地方，有值得听课者学习的地方，有时候可能是环节设计、教法和学法的选择、教材内容的巧妙处理、崭新的教学手段的运用等宏观方面，有时候可能是一个手势、一个眼神、一句话等微观的方面。

听课者在听课过程要特别将与众不同的地方记录下来，虽然与众不同的地方不一定都是成功的方法或经验，但从听课中发现不足和错误，思考其形成的原因、找到解决的方法，也是一种学习和提高。

3. 以换位思考的方式进行比较和分析。

首先，在听课过程中，听课者就可以比较性地思考一些问题。

比如，他为什么要这样处理教材？这个问题为什么可以那样理解？这样提出问题好不好？幼儿在这个地方为什么会出现学习困惑等。听课者如果经常这样换位思考，并与自己的教学结合起来思考，并记录下来，不断比较所观摩的课与自己上课的不同，从而使自己得到学习和提升。

其次，听完课后，听课者要整理好听课记录。

整理听课记录过程中，听课者要结合自己的教学，对有关的记录进行比较性的思考，比较一下自己如果上这节课将怎样上，会是什么样的结果？有哪些东西是值得自己学习的，自己的课有哪些不足和需要改进的地方？并写出必要的学习心得或听课小结。坚持下去，教师就可以在比较中学习和借鉴别人的经验，改进和提高自己的教学。

三、检查型听课

在幼儿园，检查型听课就是管理者为了了解幼儿园和教师教育教学工作的总体水平和状况，或针对某一方面的问题而进行的听课活动。包括上级教育主管部门对幼儿园督导评估中的听课、检查教学常规落实情况的听课、幼儿园领导听新教师的课、教研部门的调研性听课等。

（一）检查型听课的特点

1. 随时安排，不做提前通知。

一般来讲，无论是教育行政部门和教研指导部门的听课，还是幼儿园领导的听课，只要是出于检查的目的，作为正常工作的一部分，为了得到客观、真实的第一手资料，很少会提前通知被检查的幼儿园和教师。对于听课者来说，实际上在大多数情况下也是随机的，听哪一位教师的课往往也是不确定的。

2. 听课所获得的信息基本是客观、真实的。

从总体上讲，听课者听到的课及了解到的教学情况基本上是客观的，最真实地反映幼儿园和教师平时正常情况下的教学实际。因为检查型听课活动在绝大多数情况下是在教学常态下进行的，所以幼儿园和教师往往没有做好刻意的准备，这样就保证了教学的真实性。

3. 听课的形式可以是灵活多变的。

听课者可以根据自己的工作职能和工作需要，采取灵活多样的形式实施听课，受时间、地点、条件的限制较少。

如为了了解课程改革中"师幼互动中教师角色的变化"这一理念

的落实情况，就应该进行检查型听课，但什么时间听、听哪所幼儿园的课、听哪个领域的课、采取什么形式、是集体调研还是个别抽调等就可以由教研部门灵活掌握。

（二）检查型听课的要求

1. 检查目的要明确、具体。

无论是检查幼儿园的常规教学工作，还是检查教师的课堂教学情况，以及进行一些有关新课程的专题检查，都应该目的明确、要求具体，否则，将影响到听课的质量。

在检查前，组织者必须明确以下几个问题：

检查什么？检查的主要内容是什么？怎样检查？要达到什么目的和得到什么结果？

例如，为了检查《幼儿园教育指导纲要（试行）》中提出的"以幼儿发展为本"这一理念的落实情况，在教学活动中幼儿的自主性体现如何，创造性发挥如何，是否体现了乐学、会学、创造性地学习精神，是否促进了幼儿主动参与、全面发展，听课者可从以下几个方面给予关注和思考：

第一，教师是否为孩子创设了自主学习的环境，是否给孩子提供了自主探索的空间和材料，是否给幼儿创造了与同伴相互学习、探讨、交流、分享的机会，是否给予幼儿反思性学习、选择性学习的机会，等等。

第二，教师是否为幼儿创设了宽松的学习氛围，是否在活动方式、活动材料、活动空间、活动伙伴等方面给了幼儿一定的自由度，是否对幼儿的创造表达给予及时的肯定和鼓励，这些因素对幼儿创造性的发挥都有着很大的影响。

第三，教师是否给予幼儿发问的机会。如你还有哪些地方不明白，你想了解有关××的什么问题，等等。久而久之，对幼儿学会思考、学会质疑、学会学习有很大的促进作用。

第四，教师是否强调幼儿的活动、操作、实践、考察、调查，是否重视幼儿的亲身体验，是否鼓励幼儿对教材的自我解读、自我理解，是否尊重幼儿的个人感受和独特见解，等等。

2. 要在自然状态下进行。

为了确保检查的客观、真实性，检查型听课尽量不要提前通知，"突然袭击"可能会收到更真实的效果。即使必须通知，也应尽可能将影响听课客观公正的因素减少到最低限度。

例如，某幼儿园就新课程改革中"问题教学"的听课检查作如下通知：

各位教师：

3～5月，幼儿园将邀请有关专家组织本园有经验的骨干教师进行一次听课检查活动，检查的内容是："问题教学"在新课程中的运用。

这次听课将随机进行，不做统一安排，但每一位教师至少要准备3节以上的活动；在活动期间，我园每一位教师要保证相互听课不少于15节。

沈阳市博爱艺术幼儿园
2010年2月20日

如上所述，即使对教师提前通知了，但是没有具体时间上的安排，教师也只能在思想上有个准备。这样，听课的真实性在一定程度上得到了保证。

3. 听课者要对听课的要求有所把握。

对于检查型听课来说，听课者必须了解、熟悉、掌握听课的具体要求，如需要检查哪些内容、需要准备哪些材料、怎样使用有关的调查表格和调查工具以及怎样评价等。否则，即使是每一位听课检查者都能很客观公正地对待每一位授课教师，听课的过程和结果也会有很大的出入。因为不同的听课者在教育理念、专业倾向、教学经验、评价方式等方面是有差异的。

4. 要尽量减少授课教师的戒备心理。

因为这种类型的听课活动带有临时性、突发性，外来听课者进入园所或课堂时，往往会引起授课教师的紧张和戒备，从而影响到活动的真实状态。为此，检查者要设法尽快取得被听课对象的理解和配合，灵活处理听课者与被听课者的关系，避免以检查者自居。比如，听课者面带微笑、平易近人的举止就能让授课教师减少紧张的心理，课前听课者与授课教师的简短聊天也能使授课教师打消"被检查"的抵触情绪等。

5. 要准备好与听课教师进行短暂的课后意见交流。

检查型听课虽然不一定都要与教师交换意见，但是在允许的情况下，应该尽可能与教师交换意见或探讨一些问题。原因如下：

首先，这是更深层次了解教师的一种方式。

课后的短暂交流既是处理好听课者同授课教师关系的重要方面，也是学习提高自己的重要方式。它可以使听课者了解授课教师更多的想法以及在课堂上没有或没来得及实现的东西。

其次，教师需要听课者的指导。

绝大多数教师把听课者作为比他水平高的"专家"来看待，教师平时接触听课者的机会很少，他们想知道"专家"对他的看法，即使我们不一定是该领域的专家，但总会有可思考的问题及可研讨的问题。

6. 听课者要进行必要的书面总结。

通过检查型听课活动，听课者要总结听课经验、提炼出所发现的问题并提出相应的解决对策。有时候还要拿出具体的总结性意见或报告供领导决策时参考。由于检查对象仅仅是一部分，这就需要我们从全局的角度进行以点带面的综合思考分析，并得出有代表性的意见，提出对全局有指导性的要求和措施。

四、调研型听课

调研型听课是指教学研究人员为了研究、探讨有关教育教学问题或了解教学改革实验进展情况而进行的听课活动。对于幼儿园来说，一些研讨课、课题实验课、为调研某一领域问题而进行的听课等都属于这个范畴。

（一）调研型听课的特点

1. 听课目的比较明确。

作为这类听课者，无论是教学研究人员，还是园领导和一般教师，其听课的目的都是十分明确的。在听课前往往对所要调研的问题进行反复思考：如为什么要进行调研、怎样去调研、调研后怎么办等问题。由于目的明确，其主动性、积极性和针对性就很强。

2. 听课后要进行认真的研讨。

这类听课活动往往是实验研究性质的，所以，作为听课者来说，调研型听课的主要目的不是去评价教师，而是与授课者一起探讨某些问题。同时，作为组织者也是希望听课者共同进行探讨，因为随时都可能发现一些没有预料到但值得研究的问题。有时候授课者事前是知道听课的有关要求的，也积极参与到有关的调研过程中去。

3. 听课前要对调研的问题作出一定的选择。

因为是研讨性质的听课，所以听课者在事先必须进行一些问题的选择和取舍。

比如，将哪些问题作为调查或研讨对象，通过什么方法与途径进行调研，要进行有针对性的选择；听哪些教师的课，为什么选择这些教师作为听课对象等，都需要明确的目的和指向性。

一般情况下，听课者会选择有开拓创新精神的、有一定教学经验和发展潜力的青年教师作为听课对象；让哪些人员来参与听课进行调研也需要进行选择，选择那些有丰富实践经验的优秀教师，选择在某方面有一定的教育教学经验的专家，选择使用同一种教材的教师或对相关问题有研讨兴趣的教师来听课。

4. 听课者要研讨的问题有一定的导向性。

虽然是调研性质的听课活动，但组织者或听课者对调研的问题往往经过了认真的筛选论证，经过一段时间的实验探讨，而且至少在这个问题上大概存在什么问题已经有所了解或对问题的解决已经有了一些初步的认识，只不过对有些问题的认识还不够明确，需要在调研中不断完善自己的思路。所以，这类听课活动交流和研讨的导向性是比较明确的。

5. 同一问题的研讨课需要多次、反复地进行。

调研性听课活动往往需要很多次。如这次调查或研讨的问题，可以在不同的幼儿园重复，可以让不同的教师上课，也可以让不同的教师听课。但听课者中会有一部分人员相对固定，他们与授课者共同讨论教学设计、教学方法等，共同切磋问题，共同反思，共同总结，经过这样多次地反复，逐步完善、提高调研的质量。

（二）调研型听课的要求

1. 听课者要做好调研的准备工作。

首先，在研讨型听课中，作为听课者，要思考如下问题：

（1）研讨的问题是什么？

（2）为什么将这一问题作为研讨的内容？

（3）有关这一问题在理论和实践上的进展状况如何？

其次，听课者要针对上述问题，进行相关的学习：

（1）掌握相关的一些理论知识。

（2）要了解一些相关的实际操作中的问题。

（3）要选择或设计好调研材料和调研工具，如调查表、评价等级量化表、录音和录像设备等。

（4）要熟悉该使用的方法和技巧。

（5）要掌握调查或记录的原则和标准。

听课者只有经过了上述的思考和学习，才能带着问题听课，同时尽可能预先设想在调查中有可能出现的问题及解决的方法等，以保证调查的准确性、针对性和有效性。

例如，关于"师幼互动"调研的问题：

讨论——讨论是如何发起的；幼儿是否对活动材料感兴趣并产生疑问；教师是否鼓励幼儿提问。

各种问题——问题是否具备真实性；一次提一个还是多个问题；教师是否使用中心问题（继续吸引幼儿的注意力）、探究性问题（要求幼儿有进一步研究问题答案的倾向）。

问题的水平——教师所提问题的水平如何？封闭式问题和开放式问题所占比例如何？教师针对幼儿的问题是如何反应和处理的？幼儿的回答是否得到了教师的认可和表扬。

教师如何处理幼儿的反应——教师回答的时间有多长；教师是否使用口头强化、是否有非语言的反应（微笑、点头）；教师对于幼儿的建议或与自己不同的观点是否持接受态度①。

2. 要积极参与到教学活动的过程中。

首先，在调研型听课活动之前，听课者可以将调研的目的、要求、方法等告诉上课的教师，因为有时候需要教师的配合才能达到调研的要求或完成调研的任务，所以要积极主动地参与到教学过程中，甚至可以同教师一起备课和商讨教学中的有关问题。

其次，在听课过程中，听课者要把自己定位为教学活动的参与者、组织者，而不是旁观者。否则，就无法也不可能全神贯注地了解教学活动的全过程，就无法获得教师和幼儿在课堂教学中的全面、真实的表现，也就达不到研讨的目的。

3. 听课者要主动和虚心地听取授课教师的建议和要求。

因为是调查和研讨活动，听课者需要在听课之后得到一些启发性的结论和经验，所以，为了跟授课教师和其他听课并参与的人员达成认识上的共识，需要听课者在课前或课后，将自己的调研主题和设想等告诉授课教师及其他听课教师，使他们对调研的有关问题有所思考，以便交流时提高针对性。同时，在听完课后，听课者和授课者要一起交换看法，同时积极主动地征求教师们对调研有关问题的意见，虚心听取他们的建议和要求等，进一步完善自己的调研思路，提高调研质量。

4. 听课者要在听完课后写出相应的调研报告。

首先，听课者要认真记录每一次调研课的收获和体验。

无论是集体调研，还是个别调研；无论是组织安排的调研，还是自己主动参与的调研，每一次调研听课后，都应该及时地整理好有关的调研材料，并将自己的所思所想记录下来，完善下一次的调研方案。

其次，要经过汇总写出调研报告。

听课者经过一段时间或几次调研听课后，就有关的调研问题要写出调研报告，将取得的成绩和经验、存在的问题和不足实事求是地反映出来，并提出有关的改进意见或工作措施以及要求等，供有关部门

---

① 改编自陈瑶. 课堂观察指导［M］. 北京：教育科学出版社，2002：158.

决策参考或改进和完善自己的工作①。

附：
幼儿园听课记录表

幼儿园：　　　　　　年　　月　　日

班次		领域		教师	
活动名称					
活动过程				评析	
总体评价：					

附：
小班美术活动"欢乐的曲线"听课记录

幼儿园：沈阳市和平鸽幼儿园　　　　　　2010年3月5日

班次	小一	领域	艺术	教师	张雪
活动名称	欢乐的曲线				
活动过程				评析	
1. 欣赏感知、激发兴趣。 （1）教师在音乐中手持彩带跳舞。 教师出示曲线宝宝：我是曲线宝宝，我最喜欢跳彩带舞，我跳舞的时候会一扭一扭的，彩带也会跟我扭来扭去的，今天，我就来给大家跳个彩带舞吧！ （2）提问：请你给曲线宝宝跳的舞取个名字，你为什么会取这个名字？彩带扭起来什么样子，像什么？ 2. 操作探索，体验快乐。 （1）引导幼儿跟着音乐边舞动彩带，边观察曲线。 教师："现在，请你们和曲线宝宝一起跳个彩带舞，看看你的彩带是怎么跳舞的，像什么？" 教师与幼儿一起手持彩带，随着音乐有节奏地舞动，在游戏中感受曲线。				1. 优美的音乐、教师的舞蹈和舞动的彩带，使孩子们的视线立刻集中到老师的身上，自然地引入了活动。 2. 操作体验过程。 （1）孩子们对彩带充满了好奇，使他们有种跃跃欲试的感觉，体现幼儿对游戏的迫切性。	

---

① 陈瑶. 课堂观察指导［M］. 北京：教育科学出版社，2002：158.

215

第三章　幼儿园听课

幼儿园说课、听课与评课

班次	小一	领域	艺术	教师	张雪
活动名称	欢乐的曲线				

活动过程	评析
（2）向同伴介绍彩带的舞蹈。 教师："小朋友们都仔细观察了，你们可以相互说说自己的彩带是怎么跳舞的。" 教师小结："彩带跳的舞真漂亮，一扭一扭的，有的像虫子，有的像水纹（波浪），有的像水草，有的像蛇（龙），有的像……" （3）鼓励幼儿说说彩带是如何"跳舞"的，引导幼儿用身体学一学，观察曲线的画法。 幼儿每说出一种，教师请大家模仿后，老师用曲线宝宝彩色笔记录，记录后，师生共同空手画曲线等。 重点：引导幼儿观察老师画时手腕的转动，长长的曲线要一笔画到底。 3. 参与表现，在游戏情境中作画。 （1）出示背景图，以曲线宝宝变戏法引出游戏情境。 教师："曲线宝宝扭一扭，扭到水里（天上、草地上、泥土里）变成什么？"教师边操作边讲解。 （2）请你们也和曲线宝宝一起去变戏法。 引导幼儿观察自己画的曲线，说说它们分别变成了什么。 引导幼儿自由选择背景图，自由选择曲线图样来画，并把画好的曲线图样粘贴到背景图中。 要求幼儿大胆活动，会用手腕转动的方法画曲线，长长的曲线要一笔画到底。 在活动中要互相谦让，不推不挤。 4. 引导幼儿观察自己画的曲线，说说它们分别像什么。	（2）老师提出了明确的目的，为下一个环节做了很好的铺垫，也使幼儿的视线停留在彩带上，激发了幼儿观察的兴趣。幼儿展开了积极的讨论，都想把自己观察到的告诉同伴，气氛热烈又活泼。教师可让幼儿讨论之后，自由舞动彩带，从不同方向感受不同的曲线，这样，加深了幼儿对曲线的认识。 （3）通过同伴间的讨论后，幼儿已能各抒己见，大胆地说出来，伴以游戏，使幼儿在不知不觉中学习了技能，教师的记录，又加深了幼儿对曲线的认识及了解，使幼儿乐于参与，积极表现。 3. 孩子们观察准备的画纸，选择自己喜欢的背景图把自己体验的各种曲线表现在画纸上。 4. 教师在这里提供了一个说的环节，让幼儿充分表达了自己所画的曲线。

班次	小一	领域	艺术	教师	张雪
活动名称	欢乐的曲线				

活动过程	评析
5. 活动结束。 请小朋友以小鱼、小鸟、小鸡的身份去看一看，选择一个自己最喜欢的"家"。	5. 这一环节符合小班幼儿美术活动游戏化的特点，非常巧妙，使幼儿积极参与讲评作品的活动，但幼儿不是以评价者的身份，而是以小鱼的身份，让每个幼儿都能积极参与。

总体评价：教师根据小班幼儿直觉行动思维的特点，通过有趣的游戏形式建立良好的师幼关系，创造了相对自由、轻松的活动情境。活动中，教师能根据节奏的变化示范各种方向的曲线，并赋予一定的意义（如水草等），然后引导幼儿把自己体会的各种类型的曲线以组画或单个画的形式表现在纸上，让幼儿在动中体验，在玩中发展，充分体现了小班美术活动游戏化的特点。

第四章　幼儿园评课

　　有人把老师上课比作"画龙"，把评课比作"点睛"，"龙"因"睛"而腾飞，很形象，同时道出了评课的重要性。"外行看热闹，内行看门道"，一节课往往因专业的评课而精彩，上课者因专业的评课而茅塞顿开，听课者因专业的评课而豁然开朗。

——摘自余文森等编著《有效备课·上课·听课·评课》

第一节　幼儿园评课概述

　　评课，顾名思义是对教师的课堂教学所进行的评价。幼儿园评课是指对幼儿园教师所组织的教育教学活动的成败得失及其原因进行切实中肯的分析和评价，并且能够从幼儿教育理论的高度对一些现象作出正确的解释。它对探讨教育教学规律，提高教育教学效率，促进幼儿全面发展，提高教师专业水平，深化课程改革有着十分重要的意义。

一、幼儿园评课的现状

　　随着幼儿园教育教学改革的不断深入，评课在教育教学过程中的作用尤显突出。它具有转变教学观念，更新教学行为，转换教育角色的职能。它是教师之间交流、对话、研究与反思的有效途径，也是提升教师教学水平、改进教学方法、促进幼儿有效学习的重要手段，经常开展评课活动，具有重要的教育教学价值。目前，各幼儿园对评课价值的认识程度越来越高，评课活动较以往相比，开展的次数逐渐增多，正在不断向常规化、规范化方向发展，但从总体的效果看，却并不理想，评课活动还没有发挥出全部功能，没有起到应有的作用，具体表现如下：

（一）重听轻评

有些幼儿园经常组织教师听课，但听完课之后不了了之，评课的作用没有得到重视和发挥，听课也就失去了意义。有的即使评课了，但碍于情面，评课只是敷衍了事，走走过场。"不说好，不说坏，免得惹人怪。"评课大部分是虚假的评议，只讲赞歌，不讲缺点。评议会上，经常是发言只有三五人，评议只有三言两语，评课冷冷清清。

（二）重教轻学

有的评议者只评教师教得如何，不评幼儿学得怎样。忘记了幼儿才是学习活动最重要的主体，离开幼儿的积极参与，教师表现得再好也是事倍功半。

（三）平淡肤浅

有的听课者听了一节课后，看不出什么问题，只是笼统地认为"这节课教得不错"，或者说"这堂课教学效果不好"。有的评课者虽提了不少意见，但多半是枝节问题，教者声音大小，教态如何，挂图悬挂的高低等。评课过多停留在感性层面，触及不到问题实质，缺少在教育理论和《幼儿园教育指导纲要（执行）》科学教育理念指导下的理性评课，使课堂教学中有价值的问题被发现率受到限制，在评课时往往没有足够的"穿透力"，难以抓到问题的核心实质，不能有效地用理论指导实践和将实践上升到理论。难怪有些教师感叹这样的评议没啥意思。

全国课程专业委员会副理事长、华东师范大学课程与教学研究所副所长、博士生导师崔允漷教授，就时下的评课发表过这样的看法[①]：

在听评课中，最主要的问题可以归结为"用业余的思维方式或方法处理专业的事情"。具体表现为：缺乏听评课的专门知识与技能，也缺乏专门的训练或专业引领，同时缺乏专门的人才。如何从专业的角度思考"听评课"呢？我们建议：需要重视对"听评课"的研究，把它放在与"上课"同样重要的地位来研究，以建构更丰富的、专门的知识基础；需要对教师进行专门的教育或培训，使得教师成为不仅

---

① 顾志跃. 如何评课 ［M］. 上海：华东师范大学出版社，2009：7.

是会上课的人，也是会听评课的人；需要明确听评课的主体是教师，特别是同行教师，而不是谁都可以充当听评课者，特别是自己不上课的人、教育教学研究者、行政领导人员或所谓的专家不能越位而充当话语霸权者。

崔教授这番论述可谓精辟，如果评课者不去研究真正的评课，而一味凭自己的经验去评课，这样的评课危害要远远大于益处。

上述问题造成目前幼儿园评课虚假性高、针对性差、科学性低，使得教师出现严重的"评课倦怠症"与"评课惰性"，致使一线教师在理论与实践层面上产生很大的困惑而无所适从，严重抑制了评课后产生的实效与教师专业的可持续发展。分析其原因，可能有以下几个方面。

1. 认识不足，评议不到位。

有的评议者不明确评课的目的、意义，评课又怕得罪人，怕影响讲课教师晋级评优，所以评议时只讲优点不讲缺点。有的问题也来自讲课教师本身，他们认为给自己的课提意见或建议，是掉自己的价，是鸡蛋里挑骨头，一旦别人提出不同意见就抵触。

2. 评议方法不当，效率低。

评课是一门科学和艺术，有规律可循。如果不讲方法盲目地评课，或者不知道如何正确评课，为了应付差事，不得不走过场，效果自然不会好。

3. 缺乏严密组织，随心所欲。

评课效果不好，还与评课没有组织好有密切的关系。有些听课评课，组织人员事前没有具体要求和管理，评课也是随心所欲，盲目进行，自然松松垮垮。

4. 缺少专业素养，认识不到位。

评课出现上述问题还与评课者的理论素养低，教学经验不足，对课不能做到居高临下的分析有密切的关系。

二、幼儿园评课的目的

美国著名的教育评价学者斯皮尔伯格（Spielberg. Jil）就教育评

价说过一句非常精辟的话：评价的目的不是为了证明，而是为了改进。评课作为教育评价的一个重要组成部分，同样不局限在证明教师的课堂教学行为能力和教学效果上，而是为了更好地改进教师的课堂教学，使之能更好地顺应儿童的学习需要和教师的个人专业发展需要①。

（一）评课可以促进幼儿园教育教学质量的提高

教育为本，质量为魂，教育质量是幼儿园工作的生命线。幼儿园的教育质量是通过教师组织教育教学活动实现的，评课作为对教师教育教学活动质量的诊断和评价，在促进教师教育教学能力提高的同时，自然推动了幼儿园教育质量的提高。

（二）评课是促进教师专业发展的重要途径

听评课就是一种在职学习课程，一种重要的专业成长途径。通过参与听评课，教师可以加深对教育专业的理解和对学生学习的研究，从而促进自己的专业发展。听评课也是一种有效的合作研究方式。听评课为教师的专业合作提供了有效的机会和平台，教师借助于听评课共同体，开展自我反思和专业对话，探究具体的课程、教学、学习、管理上的问题，促使该合作体的每一位成员都得到应有的发展。

——崔允漷（华东师范大学）

评课能够有效地评析教师教学的状况和优缺点，为教师提供一个科学了解自身教学状况的窗口，使其明了自己教学中存在的不足和今后努力的方向，为教师的专业发展提供一个很好的平台。针对《幼儿园教育指导纲要（试行）》实施过程中存在的教师的适应性问题，教学评价特别是发展性的教学评价，正是保证《幼儿园教育指导纲要（试行）》顺利实施，促进教师专业发展的重要方法。

另外，听评课也是教育同行进行教材分析、教法研究、教学经验交流的一种好形式。一位哲学家说："你有一个苹果，我有一个苹果，彼此交换以后还是一个苹果；如果你有一个思想，我有一个思想，彼此交换以后，每个人就是两个思想。"所以，教师之间开展听评课活

---

① 顾志跃. 如何评课［M］. 上海：华东师范大学出版社，2009：1.

动，能达到交流教学经验、切磋教艺的目的，教师的教学业务素质也必然会在不断学习、不断反思的过程中不断提高。

（三）评课利于促进幼儿身心全面和谐发展

教学是涉及教师与幼儿双边的活动过程，因此，通过评课可以帮助教师有效地创设情境，组织幼儿参与教学活动，更大地激发幼儿的学习热情，从而体现幼儿的主体地位，尊重幼儿的个性和人格，鼓励幼儿大胆尝试和探索，主动发现与创新，这对于促进幼儿身心全面和谐发展极具实践意义。

三、幼儿园评课的特点

依据教育评价本身具备的特点，评课作为幼儿园教育评价的一个重要环节，具备如下特点：

（一）评课要围绕教学目标

评课，是对照教学目标，对教师和幼儿在教学中的活动及由这些活动所引起的变化进行价值判断的过程。因此，评课首先要具体分析教学目标并追求实现这种目标的过程，离开了教学目标，评课也就不能成立。

（二）评课应追求科学、准确

评课不应只停留在表面化，应尽可能对教学细节作质的分析和界定，评课的方法应该被提到科学的高度，使评课真正起到示范引领作用。

（三）评课要达到良性互动

评课具有强化成功经验，消退失败经验，为听课者和授课者双方下一步的教学改进奠定良好基础的积极作用。但是，评课中也难免产生一些消极影响，容易使教师产生不安全感，特别是在实行聘任制的幼儿园中。评课容易被量化为教师是否具备教育教学能力的手段，使教师在被听课的过程中，不去思考自己教学实施过程中值得肯定的经验和存在的不足，而是首先希望评课者能给予更多的褒奖来保住自己的饭碗。还有的教师在被评课之后，比较容易形成自我概念，产生较为固定的专业发展心态，或夸大自己的教学能力，或总认为自己的教学能力无法提高而止步于目前的专业水平①。

评课者在评课前后应和被评价的教师做好沟通，尽可能强化评课产生的积极效应，抑制评课产生的消极效应。

四、幼儿园评课的原则

原则是人们行为和工作所依据的法则或标准。作为必须遵守的基本要求，幼儿园教育活动评价原则不仅具有理论参考价值，而且更具有实践指导意义。其基本原则包括：

（一）坚持"以幼儿发展为本"的原则

评课要从幼儿全面发展的需要出发，注重幼儿的学习状态和情感体验；注重教学过程中幼儿主体地位的体现和主体作用的发挥，强调尊重幼儿的人格和个性；鼓励幼儿发现、探索和质疑，以利于培养幼儿的创新精神和实践能力。

坚持此原则的前提是对幼儿发展的透彻理解，并将幼儿的发展特点、规律以及发展需要渗透到教育活动之中，并能从幼儿发展的角度对教师的教育活动设计进行评价。比如，我们在听课过程中，有时会遇到这样的情况：教师预设的教学内容并不在幼儿的"最近发展区"内，有的太难，即使教师反复强调幼儿也无法理解；有的简单，幼儿的完成情况远远超出教师的预想，面对幼儿"我学不会"或"我已经会了"的声音，是顺应幼儿的学情还是按照预设继续前行，教师如何处理就体现了教师具有何种儿童观。这时，评课者就要根据教师的处理情况，从支持幼儿发展的角度强化或引导教师关注幼儿的学，引导教师及时对自己预设的方案作出相应的调整和变化，顺学而导，把幼儿现场生成的学习资源转化为掌握新知的背景，使教师明确教学应以幼儿为主体，从幼儿的实际出发，而不是教师一相情愿设计教学过程。

（二）坚持"教学正确诊断和导向"的原则

教学活动是一个准备——实施——目标达成的完整过程，是个复

---

① 顾志跃. 如何评课［M］. 上海：华东师范大学出版社，2009：3.

杂多变的系统，要全面反映这个过程需要考察相当多的因素。正确地评价一个教学活动，既要着眼于教学活动的全过程，又不能面面俱到，要突出体现素质教育教学活动的基本要素的考察，以利于在评价中进行有针对性的诊断和正确的导向。评课中应注意体现改革创新，即体现新的教学思想，新的教改尝试，新的教学手段和方法，新颖的训练形式。只要教者有一点点的创新之处，都要给予充分的肯定，最后达到肯定成绩、克服不足、鼓励奋发向上的目的。

（三）坚持"评教与评学相结合"的原则

对于幼儿园教育活动的评价，在相当长的一段时间里是以评教师教为主的，评价内容包括教师的教学目标、教学内容、教学过程、教学方法、教学特色、教师基本功等方面。事实上，教学活动的主体是幼儿，教学目标的落实最终是体现在幼儿的学习过程中。教师与幼儿是教育活动过程中的两个主体，即教师是施教主体，幼儿是学习主体，如果仅仅从教师的角度出发去评课，容易导致教师只重视如何提高自己的教学水平，不断改进自己的教学方法，但对如何培养幼儿的学习方法，提高幼儿的学习能力却不甚关心。因此，评课必须从过多地关注教师如何"教"转变到同时关注幼儿如何"学"，并关注幼儿在学习活动中多方面潜能的发展过程，体现"以学评教"，以促进教师转变教育观念，改进教学。

（四）坚持"求真务实"的原则

评课是执教者与其他参与者相互学习借鉴的一个机会。只有本着客观公正、实事求是的精神，评课才有实在的意义。评议中既不能吹毛求疵，也不能夸大其词，只说好话、官话、套话，不能掩盖问题或蜻蜓点水。要用一分为二的观点进行评析，做到观点鲜明，语言准确，评析有理有据，要看到执教者的长处，不能说得一无是处，更不能似是而非，做到一是一、二是二，实事求是。

五、幼儿园评课的标准

对于好课的标准可谓仁者见仁，智者见智，莫衷一是。但是，无论哪个领域的教育活动，始终都应该以体现幼教改革的根本理念——

以幼儿的终身发展为目的。从这种认识和意义上讲，评价一节课成功与否，课堂也就应该具有一些共性的特征。但是，由于教学领域不同，幼儿年龄不同，地区不同，每次评课的目的任务不同，没有也不可能有绝对的"锱铢必较"的客观标准，只能是相对的"观其大略"的质性标准。

如何评价一节课，可能仁者见仁，智者见智，但基本的评价标准如下：

（一）教学目标

1. 教学目标全面（包括认知、情感、动作技能学习目标）、具体、明确，符合《幼儿园教育指导纲要（试行）》、教材和幼儿实际。

2. 重点和难点把握准确、处理得当，所教知识准确。

3. 教学目标达成意识强，目标能贯穿在教学各个环节中。

4. 目标要有激励性，能够引发幼儿的主动学习。

（二）教学内容选择

1. 内容要密切联系幼儿生活，易被幼儿接受。

2. 内容要具有科学性、教育性，与实际社会生活相联系。

3. 能激发幼儿的学习兴趣，有利于幼儿情感和能力的培养。

具体可以从以下几点入手：

（1）选材是否符合幼儿生活经验水平、认知规律以及心理特点。

（2）教师对教材的处理是否准确。（处理是指：对教材进行合理的调整充实，重新组织、科学安排教学程序，选择好合理的教学方法）

（三）教学过程

1. 看教学思路、脉络、主线是否清晰。

教学思路就是教师上课的脉络和主线，它是根据教学内容和幼儿水平两个方面的实际情况设计出来的。它反映一系列教学措施怎样编排组合，怎样衔接过渡，怎样安排详略，怎样安排操作练习等。

设计环环相扣：环节的设计、提问的设计、操作过程的设计等要有较好的衔接，教学要有节奏感，松弛有度，师幼配合默契。

教学设计者眼中要有幼儿：内容选择符合幼儿实际需要，激发幼儿的学习兴趣，满足幼儿的发展需要。

思路清晰富有创造性：设计要有独创性，能给幼儿带来新鲜、刺激的感受。同时教学过程要脉络清晰，由易到难，由浅入深，层层递进。

2. 看教学的结构安排是否合理，环节是否流畅紧凑。

教学环节、时间分配和衔接要恰当。幼儿个人活动、小组活动和集体活动时间分配要合理，既要关注集体，又要关注每一个幼儿。

3. 要体现幼儿的主体地位和教师的主导作用。注重为幼儿创造机会，引导幼儿在实践体验、操作练习的过程中发现问题、感悟结论、探索方法、发展能力。

4. 要及时观察到幼儿的需求，体现因材施教。

5. 组织主次分明，重点、难点突出。

6. 要关注活动生成，灵活处置计划。

（四）教学方法

评析教师教学方法、教学手段的选择和运用，是评课的又一重要内容。所谓教学方法，就是指教师在教学过程中，为完成教学目的、任务而采取的活动方式的总称。但它不是教师孤立的单一活动方式，它包括教师"教学活动方式"，还包括幼儿在教师指导下"学"的方式，是"教"的方法与"学"的方法的统一。评析教学方法与手段，包括以下几个主要内容：

1. 看是不是量体裁衣，灵活运用。

我们知道，教学有法，但无定法，贵在得法。一种好的教学方法总是相对而言，它总是因内容、因学生、因教师自身特点而相应变化的。也就是说教学方法的选择要量体裁衣，灵活运用。

2. 看教学方法的多样化。

教学方法最忌单调死板，再好的方法天天照搬，也会令人生厌。教学活动的复杂性决定了教学方法的多样性。所以我们评课，既看老师是否能够面向实际，恰当地选择教学方法，同时还要看教师能否在教学方法多样化上下一番工夫，使课堂教学超凡脱俗，常教常新，富有艺术性。

3. 看教学方法的改革与创新。

评析教师的教学方法既要评常规，还要看改革与创新。要看活动上的思维训练的设计，要看创新能力的培养，要看幼儿主体性的发挥，要看新的教学理念，要看独特的教学风格和教师的人格魅力等。

4. 看现代化教学手段的运用。

要结合教学内容选择适当的现代教育技术手段，提高课堂教学的实效性和新颖性，激发幼儿学习的兴趣。

（五）师幼互动

1. 看能否充分确立幼儿在学习活动中的主体地位。

2. 看能否努力创设宽松、民主的教学氛围，教师要体现出与幼儿融洽的师生关系。

3. 看教师教学基本功。

（1）看教态：据心理学研究表明，人的表达靠 55% 的面部表情＋38% 的声音＋7% 的言辞。教师活动中的教态应该是明朗、快活、富有感染力。仪表端庄，举止从容，态度热情，热爱幼儿，师生情感融洽。

（2）看语言：首先，要准确清楚，说普通话，精确简练，生动形象，提问有启发性。其次，教学语言的语调要高低适宜，快慢适度，抑扬顿挫，富于变化。

（3）看操作：看教师运用教具、多媒体操作熟练程度。

（六）教学基本功

1. 用普通话教学，语言规范简洁、生动形象。

2. 教态亲切、自然、端庄、大方。

3. 具有良好的专业技能，教学示范准确、规范、到位。

4. 能熟练运用现代化教学手段。

5. 课堂调控能力强，教育机智体现充分，能根据教学中出现的问题及时调整教学。

（七）教学效果

1. 教学目标达成度高，幼儿受益面大，不同程度的幼儿在原有基础上都有进步。

2. 幼儿学习兴趣高，会学，学习生动，课堂气氛活跃，教学效果好。

3. 信息量适度，幼儿负担合理，短时高效。

4. 教师将自我能力得到充分展示，教与学有机结合。

（八）教学特色

1. 教学有个性特点：教师要形成自己富有个性的体态、语言、亲和力特色表现，并将这些特点有机地融合在教育过程之中。

2. 教师形成教学风格：教师在组织教学、选择教学方法、设计教学过程时要形成自己的教学风格，并逐渐形成自己的教学特色。

评价课的优劣，不同的时期，标准不尽相同。《幼儿园教育指导纲要（试行）》颁布以后，"教学以幼儿为主体"已成为新课改的核心理念。因此，幼儿学习的情况就应该成为新时期评价课堂教学好与坏、优与劣、成功与否的关键要素。在教育教学活动中，如果幼儿思维活跃，认知过程能力与情感得到充分（或较大程度）的发展与提高，学习兴趣得到充分（或较大程度）的激发并产生持续的学习欲望，则可以认为这就是一堂很好的课。

教育活动中幼儿的学习情况可以从以下六个方面进行分析：

（1）看幼儿是否在教师的引导下积极、主动地参与到学习活动中，学习注意力集中情况如何。

（2）看幼儿在教学活动中的情绪状态，包括在活动中表现出来的学习态度、情感、语言、动作等。

（3）看幼儿是否乐于参与思考、讨论、猜测、验证、争辩、动手操作等。

（4）看幼儿与同伴、与教师合作交流、互动的次数和形式及有效性等。

（5）看幼儿是否经常积极主动地提出问题，在活动中的语言表达能力、分析判断能力、动手操作能力、创造性能力等方面的表现情况。

（6）看幼儿在活动中是否具有良好的学习习惯，例如，学习的坚持性、勇于克服困难、善于接纳他人意见等①。

评课时，应把课堂教学评价体系分为三个部分，其权重可为：幼儿的学习状态评价占 60％，教师的教学行为评价占 25％，教师的基本功评价占 15％。既凸显幼儿的主体地位，也要关注教师的主导作用；既增强评价的可操作性，又要提升评价的正确度和积极影响。

叶澜教授曾对怎样才是一堂好课发表过自己的见解，她的见解对幼儿园评课很有借鉴意义。她认为，一堂好课没有绝对的标准，但有一些基本的要求②：

一是有意义。叶澜说，在一节课中，学生的学习必须是有意义的。初步的意义是他学到了新的知识；进一步是锻炼了他的能力；往前发展是在这个过程中有良好的、积极的情感体验，产生进一步学习的强烈要求；再发展一步，是他越来越主动投入到学习中去。她说，这样学习，学生才会学到新东西。学生上课，"进来时和出去的时候是不是有了变化"，如果没有变化就没有意义。如果课堂一切都很顺利，教师讲的东西学生都知道了，那你何必再上这节课呢？换句话说，有意义的课，它首先应该是一节扎实的课。

二是有效率。她认为有效率表现在两个方面，一是从面上而言，这节课下来，对全班学生中的多少学生是有效的，包括好的、中间的、学习困难的；二是效率的高低。有的高一些，有的低一些，但如果没有效率或者只是对少数学生有效率，那么这节课就不能算是比较好的课。在这个意义上，一节好课应该是充实的课。整个过程中，大家都有事情干，通过教师的教学，学生都发生了一些变化，整个课堂的能量很大。

三是生成性。叶澜介绍，一节课不应该完全是预先设计好的，在课堂中应有教师和学生情感、智慧、思维和精力的投入，有互动的过程，气氛相当活跃。在这个过程中，既有资源的生成，又有过程状态

①　黄瑾. 幼儿园教育活动设计与指导［M］. 上海：华东师范大学出版社，2007：158.

②　余文森. 有效备课·上课·听课·评课［M］. 福州：福建教育出版社，2010：262.

的生成，这样的课可称为丰实的课。

四是常态性。叶澜说，不少教师受公开课、观摩课的影响太深，一旦开课，容易出现的毛病是准备过度。教师课前很辛苦，学生很兴奋，到了课堂上就拿着准备好的东西来表演，再没有新的东西呈现。当然，课前的准备有利于学生的学习，但课堂有它独特的价值，这个价值就在于它是公共的空间，需要有思维的碰撞及相应的讨论，在这个过程中，师生相互生成许多新的知识。她倡导的"新基础教育"反对借班上课，为的就是让教师淡化公开课、观摩课的概念。在她看来，公开课、观摩课更应该是"研讨课"。因此，她告诫教师们："不管是谁坐在你的教室里，哪怕是部长、市长，你都要旁若无人，你是为孩子、为学生上课，不是给听课的人上课的，要'无他人'。"她把这样的课称为平实的课，并强调，这种课是平时都能上的课，而不是由许多人帮着准备才能上的课。

五是有待完善。她认为，课不能十全十美，十全十美的课造假的可能性最大。只要是真实的就会有缺憾。公开课、观摩课要上得没有一点点问题，这个预设的目标本身就是错误的，这样的预设给教师增加很多心理压力，然后做大量的准备，最后的效果往往是出不了"彩"。她告诉记者，生活中的课本来就是有待完善的，这样的课称为真实的课。

扎实、充实、平实、真实，说起来好像很容易，真正做起来却很难，但正是在这样的一个追求过程中，教师的专业水平才能提高，心胸才能开阔起来，同时也才能真正享受到"教学作为一个创造过程的全部快乐和智慧的体验"。

幼儿教育的本质是使幼儿学习知识、提高能力、陶冶情操。当前幼儿教育发展的形势是《幼儿园教育指导纲要（试行）》指导下的课程改革的全面推广，幼儿教育正由传统教育向发展人的素质教育的方向发展。所以，一节好课，就要符合幼儿教育的本质，符合新课改的理念，符合幼儿教育发展的需要。

六、幼儿园评课的形式

评课的形式有很多，我们可根据实际情况确定评课的形式。

（一）个别面谈式

听课者与执教者面对面地单独交流，更容易进行双向沟通。既可以保护执教者的自尊心，探讨问题也更容易深入。当然，这只限于听课人数只有一两个人的情况下采取。如幼儿园领导检查教学，随堂听课后，通常采用个别面谈的形式与执教者进行交流。

（二）小组评议式

人数较多往往采取小组评议的方式进行，特别是幼儿园举行一些展示课、研究课等。程序主要为：一是执教者说课；二是听者评议；三是领导、专家总评。幼儿园教研组开展的观课、评课活动，科研小组开展的课题观摩活动，通常都采取小组评议的方式进行。

（三）书面材料式

评课要受时间、空间、人员、场所等多种因素的影响，有些不便在公共场合交谈的问题可以通过书面传达自己的见解，还可以填写举办者设计的评课表。比如，幼儿园的家长开放日活动，为了了解家长对班级教师教学情况的真实反馈意见，我们可以通过书面材料，以不记名的方式让家长填写教学反馈意见表（参见表4-1）。还有一些观课、评课的比赛活动，为了保证比赛的公平性，使参赛者在同一时间内完成观课、评课，比赛的组织者通常会采用书面材料的形式进行评课（参见表4-2）。

表4-1　幼儿园家长开放日教学观摩活动反馈意见表　　　　（自编）

幼儿所在班级		带班教师		观摩时间	
教学活动名称					
家长评价	优点： 不足： 希望与建议：				
家长意见与建议					

表 4-2　×××大赛评课表　　　　　（自编）

评课教师		所在单位	
活动名称	科学活动：物体的弹性	年龄班	大班
活动目标	1. 运用多种感官感知物体的弹性，了解弹性的特征。 2. 了解弹性在人们生活中的应用，获得有关弹性的科学经验。 3. 能用较完整的语言表述探索中的发现，养成细致观察、积极实践的好习惯。		
评析			

（四）调查问卷式

问卷式评价主要有三种形式，即幼儿学习效果评价、课堂教学情况评价、教师自我评价。要结合教学评价的目的，及评课者或组织者的需要来选择评价的形式。

1. 看课的目的是为了评价、了解幼儿的学习效果，可以考虑使用幼儿学习效果评价的方式，其评价表见表 4-3。

2. 看课的目的是为了对课堂教学情况进行量化考核，可以考虑使用课堂教学情况评价的方式，其评价表见表 4-4。

3. 看课的目的主要是为了促进教师的反思与提高，可以考虑使用教师自我评价的方式，其评价表见表 4-5。

我们也可以根据实际情况，将上述几种形式结合起来使用，如幼儿学习效果评价表与课堂教学情况评价表相结合；幼儿学习效果评价表与教师自评表相结合等。

表 4-3　幼儿学习情况评价表

评价项目		评价指标			
		好	较好	一般	差
参与度	幼儿在活动过程中注意力的集中情况。				
	幼儿在学习、探索以及表达表现活动中的积极性。				

评价项目		评价指标			
		好	较好	一般	差
情感态度	幼儿在活动过程中的情绪状态、情感语言。				
学习方式	幼儿在活动过程中所表现出的学习方式的多样性、个别性、独特性程度。				
互动情况	幼儿在活动过程中与同伴和教师合作交流与互动的次数、形式、有效性。				
能力表现	幼儿的语言表达能力。				
	敢于提问、经验迁移、分析判断等思维发展能力。				
	动手操作能力以及创造性表达能力。				
学习习惯	幼儿对学习、探索活动的坚持性。				
	幼儿克服困难的勇气和毅力。				
	幼儿倾听他人、接纳他人意见以及与他人友好合作、交流协商。				

（注：此表参考黄瑾主编的《幼儿园教育活动设计与指导》第158页，上海：华东师范大学出版社）

表 4-4　幼儿园教学情况评价表　　　　　　（自编）

执教教师			班级			
活动名称			活动领域		听课时间	
项目	评分标准细则				分值	得分
教学目标 10分	1. 目标明确。				4	
	2. 符合课程标准及教材要求，全面落实三维目标。				3	
	3. 符合幼儿发展的实际水平。				3	
教学内容 20分	1. 教学内容准确，教学容量适度。				4	
	2. 层次清楚，安排合理，注意新旧知识联系。				4	
	3. 教材处理得当，做到学与练的统一。				6	
	4. 善于挖掘教材，寓情感、态度和价值观教育于知识教学与能力培养之中。				6	

幼儿园说课、听课与评课

项目	评分标准细则	分值	得分
教学过程 30分	1. 新课导入自然合理，善于激发兴趣，调动幼儿积极性。	4	
	2. 教学过程完整，环节清晰，突出重点，突破难点，讲练恰当。	6	
	3. 教法得当、灵活，注重探究式教学。	4	
	4. 发挥教师的主导作用，面向全体，师幼互动，关注幼儿个体差异。	6	
	5. 坚持启发式教学，注重培养幼儿的学习方法、思维方法，提高幼儿发现问题、分析问题和解决问题的能力。	6	
	6. 教具和电化教学手段使用合理。	4	
学生活动 15分	1. 学习兴趣盎然，思维活跃，积极投入，讨论热烈。	4	
	2. 涉及面广，人人动脑动手，整体参与，自主学习，合作探究，活动秩序良好。	6	
	3. 知识、技能、思想、情感和个性等全面发展。	5	
教学技能 15分	1. 知识面宽，专业技能娴熟，有驾驭课堂的应变调控能力。	6	
	2. 语言准确、简练、生动，逻辑严密且通俗易懂，体现领域特色。	5	
	3. 教态亲切自然，师幼情感交融。	4	
教学效果 10分	1. 教学具有吸引力，能激发幼儿对此活动的兴趣，幼儿注意力集中，思维活跃，学习积极性高。	5	
	2. 幼儿对教师讲授的重点内容印象深刻，能理解或掌握大部分课堂教学内容。	5	
总得分			
综合评价意见	优点：		
	不足：		
	建议：		

表 4-5　×××幼儿园教师教育活动自评表　　　　　　　　（自编）

教师		班级	
活动名称		教学时间	
活动目标			

教师自我评析	达到预期目的，完成效果较好的内容是什么？原因是什么？
	存在的问题和不足有哪些？原因是什么？
	对本次活动进行修改的意见和想法：

（五）陈述答辩式

先由执教者陈述自己的教学设想、教学思路、教学方法、教学理念、教学特色、教学成败等问题，可以根据自己的特色与设计情况有侧重地表述自己的教学过程。接着就像辩论比赛一样，听课者提问，双方再各自阐述自己的观点，然后进行总结。最后，权威专家点评。一般开展专题研讨时可以采用此种方式，组织者可以安排优秀教师针对大家比较困惑的热点、难点问题提供教学观摩，观摩后大家针对观摩内容，通过陈述答辩的方式，不断地提出自己的困惑与问题，在与优秀教师（执教者）的思想交流、碰撞中，不断梳理、明晰自己的认识，最后由权威专家针对大家的辩论、交流情况进行提升与引领，达到释疑解惑的目的。

（六）点名评议式

这种评议方式是指由评课组织者或负责人采取点名的方式请参加评课的人员进行现场点评。通常在评课活动遭遇大家都不主动、不踊跃的情况下，组织者就可以采用此种方式。

（七）专家会诊式

邀请专家对执教者的课进行会诊，更容易帮助青年教师扬长避短，尽快适应幼儿园的教学活动，并快速成长起来。由于专家看问题比较准确、深入，能够有理有据，所以专家会诊更有说服力，更能发挥引领的作用。

评课是教学、教研工作过程中一项经常开展的活动，它能促进同事之间互相学习、共同研讨的良好风气的形成，有助于园领导更好地诊断、检查教学质量，同时专家可以了解动态，发展教学理论。其重点不在于评价教师组织活动的水平，也不在于鉴定某一次教学活动的结果，而是要诊断教师在教学中存在的问题和不足，以此来促进教师的个体发展需求，促进幼儿综合素质的提升。

第二节　幼儿园评课内容

对于教师来说，评课是教师应该具备的一项基本功，也是教师提高自身教学水平的有效途径。那么，评课究竟应该评什么呢？或者说评课包括哪些内容呢？

一、评教学目标

教学目标是教学活动结束后，教学活动的主体——幼儿所要达到的预期效果标准。教学目标是教学的出发点和归宿，它的正确制定和达成，是衡量教学活动好坏的主要尺度。目标引领教学内容、教学方法、教学手段，所以评课首先要评教学目标。

教学目标的设计应该体现《幼儿园教育指导纲要（试行）》目标的要求，《幼儿园教育指导纲要（试行）》的教学目标包含三个纬度的内容："知识经验、能力、情感态度"，体现了"以幼儿发展为本"的价值追求。这就要求教师在设计教学目标时要改变过去只注重知识领域目标的倾向，要考虑到幼儿素质的全面发展，综合考虑三个维度的目标。这三个目标相互依赖，不可分割，缺少了任何一个目标的达成，教学活动都不能称其为完整。

（一）教学目标制定要全面、具体、适宜

全面指能从知识经验、能力、情感态度等几个方面来确定；具体指目标是可测的、可评价的、具体的、明确的；适宜指确定的教学目标，符合幼儿的年龄特点和认知规律，且难易适度，是适宜大部分幼儿"最近发展区"需要的，是可以共同达到的，而不是最高要求。

案例　　　　　　　大班健康活动：长凳游戏

活动目标

1. 探索用长凳进行各种游戏，提高肢体灵活性、协调性。

2. 发展幼儿的平衡、钻爬能力，提高幼儿从高处下跳时自我保护的技能。

3. 培养幼儿勇敢、果断、克服困难的良好品质。

评析

教师在制定活动目标时能考虑到目标的三维性（认知能力的发展、动作技能的掌握、兴趣态度和行为习惯的养成等），但在目标的表述方面存在着目标行为主体不统一的问题。目标1是从幼儿发展的角度提的目标，以幼儿为行为主体；目标2和目标3是从教师教育的角度提的目标，以教师为行为主体。在同一个活动中，目标提出的角度不统一是不恰当的。建议将目标2和目标3调整为从幼儿发展的角度提出目标，目标2可调整为：尝试从高处往下跳，掌握自我保护的技能。目标3可调整为：能勇敢地参加难度较大的游戏，不怕困难，体验游戏的快乐。

（二）教学目标达成情况良好

教学目标能明确地体现在每一个教学环节中，教学手段能紧密地围绕目标，为实现目标服务。教学中重点内容的教学时间比较适度，重点知识和技能能够得到巩固和强化，幼儿完成目标情况良好。

案例　　　　　　　大班语言活动：桃树下的小白兔

活动目标

1. 初步感知、理解故事的主要内容。

2. 体验作品的情感，懂得美好的东西应该和大家一起分享。

3. 能大胆地想象并能较为流畅、完整地表达自己的想法。

活动过程

1. 欣赏春天的图片，让幼儿感受春天以及桃花盛开的美景。

2. 听录音完整地欣赏故事，引导幼儿初步感知故事的主要内容。

3. 结合贴绒教具进行分段讲述，引导幼儿理解故事内容。

4. 迁移作品的经验，引导幼儿讨论并表述"你会把桃花瓣当成什么"，发展幼儿的想象力。

评析

从这个案例的活动流程中可以看出，教学环节、步骤的设计是清晰合理的，且较为有效和明确。教师在流程设计时，体现了较强的目标意识，始终思考"儿童在活动中要获得什么""我应该如何设计来促成幼儿的发展和目标的达成"，并始终以此为线索设计活动流程，明确"让幼儿做什么，怎么做，达到什么目的"或"教师做什么，达到什么目的"。教学目标在教学过程中得到了有效的落实。

二、评教学准备

我每次走上讲台，都俨然进入战争状态。现在想起打过的漂亮仗，都归因为粮草先行。如新课程的教材观，完全可说成是一种优质粮草，教师的大脑里没有装下教材处理的自主权，实践中一定也是难以找到教学的支点，效果不理想是理所当然。

——钟发全

在幼儿园教育活动的组织中，教学准备也是教学过程中的一个重要环节，教师需要将单纯的物质条件通过有效运用变成教育活动的一个有机组成部分，并形成一种有利于幼儿发展的物质和精神氛围，构成我们所追求的教育环境。从这个意义上来说，教学准备不是简单的物质材料投放，而是要将其提高到"环境育人"的高度来认识它的作用，使其实实在在地为教学服务，为幼儿的发展服务。

（一）备教材

对教材的研究与处理是教学准备过程中的一个基础性环节，认真地研究、合理地处理好教材及具体的教学内容是保证教学顺利进行、提高教学效果的必要条件。教育家叶圣陶说，"教材只能作为教课的依据，要教得好，使学生受益，还要靠教师善于运用"。所以，教学中我们既要基于教材，钻研教材，根据教学实际情况，充分挖掘教材所蕴涵的教育因素，有效、合理地使用教材，又不能拘泥于教材，受教材的束缚。要充分发挥教师自身的主导作用，利用广泛的教学资源，灵活、创造性地使用教材，实现教材的再创造与二次开发。

首先要看教师是否认真地研究了教材，对教材内容的理解是否深入透彻，对知识点的把握是否科学准确；其次要看教师是否能对教材进行适宜、有效的处理，是对教材一味地接受、照搬，还是根据幼儿的实际情况创造性地使用教材。

案例　小班科学活动"藏在家里的动物"两次活动记录及对比分析
第一次活动

活动目标

　　1. 知道家中常见动物的生活习性，区分益虫和害虫。

　　2. 了解驱赶害虫的一些简单的方法。

　　3. 养成良好的卫生习惯，保持家中的清洁。

活动过程

　　1. 活动导入。

　　（1）律动《我爱我的小动物》。

　　（2）教师："在我们的家里除了有我们养的宠物之外，还有许多其他小动物跟我们生活在一起，它们通常躲在角落里，让我们很难发现，还有的就在你身边，现在就让我们走进家里去发现，去寻找藏在家里的那些小动物吧！"

　　2. 找一找，说一说。

　　（1）观看课件《藏在家里的动物》。引导幼儿注意观察，寻找并发现那些躲藏在家庭角落里的动物，提问：你有什么发现？说一说它们为什么躲在那里？

　　（2）小结：每一种小动物都有自己的喜好。

　　蚂蚁排成长队移动，这说明附近有甜食；

　　蟑螂喜欢潮湿的环境，所以你总会在水管附近见到它们；

　　蚊子总在寻找光亮。所以，到了晚上，你可以观察到那些被灯光吸引的昆虫（蚊子、苍蝇、天蚕蛾）；

蜘蛛是家里的好帮手，因为它会捕食有害的昆虫；

有些动物会蛀蚀家里的布料、纸张和木头（窃蠹爱啃木头、书虱喜欢吃纸、衣蛾的幼虫会在布料上咬洞等）。

3. 探索讨论。

（1）请幼儿说说哪些是益虫、哪些是害虫，为什么？

共同完成《我们认识的益虫和害虫》统计表。

（2）讨论：怎样驱赶害虫？

小结：蚊子是害虫，因为它吸食人的血液。为了避免被蚊子叮咬，我们可以用蚊帐把蚊子挡在床外面；使用驱蚊器让蚊子不敢靠近你或者种植一些芳香的植物也能驱赶蚊子。

苍蝇也是害虫，我们可以用苍蝇拍拍打或喷洒灭害灵。

蟑螂、老鼠及其他害虫我们可以通过投放药物的方式来消灭它们。

活动评价

此活动是我园"科技启蒙"园本课程"我喜欢的小动物"主题中的一节活动，原想这个活动是孩子们平时喜欢的关于小动物的活动，因为根据前期"幼儿园科技特色教育活动"家长调查问卷中的统计数据显示，小班幼儿对动物的关注度是居所有类型的榜首，但活动的结果却恰恰相反。在整个活动中，孩子们非常被动，他们只是盲目地"跟随"老师的任务，没有半点儿发现的喜悦和习得的成就感，也没有什么语言交流，为什么会这样呢？我们科学教研组利用教研活动时间对其进行了一次集体研讨。反思分析如下：

田老师：教材内容的选择看似贴近孩子们的生活，但他们现阶段的知识经验只停留在对宠物的认识上，对微小的动物的观察对孩子来说比较困难。教师在"备教材"阶段，考虑到了教材内容与原有知识经验差距的问题，所以提供了课件和统计表，应该说是灵活地使用了教材。

王老师：园本课程内容的选择从本质上应该高于基础的五大领域课程，从这一点上来看，这节活动内容的取材应该是有其价值点的，而且幼儿对小动物有着天生的亲近感，孟老师做到了从幼儿的兴趣出发。我们要讨论的应该是教学表现形式和手段的问题。比如：在带领幼儿进行"藏在角落里小动物"观察这一环节的设计上，教师应该将整幅的图片切割成若干部分，引导观察时放慢观察速度，让幼儿在观察的过程中唤起对自己家里场景的回忆，这样与原有知识经验相联系的过程会有助于孟老师下一阶段的教学活动的开展。

孟老师：由于是园本教材，所以只想到了教材内容的创新。在实际备课的过程中，没有考虑到目标设计的适切性。我想通过制作统计表使孩子加深对益虫、害虫两个概念的区分和理解，但感觉孩子们并不理解这两个概念，也就造成了在操作统计表的过程中完全无目的性的状态。其实，完全可以用喜不喜欢，要保持家里的卫生才不会有这些小动物的情感教育代替纯生命科学的概念讲授。而且预设的问题跨越性太大，小班幼儿基本无法连续思考和回答教师提出的连续的三个问题，这也是以后在备课的时候需要注意的地方。

全园长：一直以来，教师都习惯用传统的讲授示范法教学，以为孩子们只要掌握了基本的概念就等于习得了相关的知识经验。事实证明：老师示范性地教，往往会左右孩子们的思维。让他们自觉不自觉地跟随老师而失去了独立思考和自由创造的能力。在备课过程中，选择何种教学策略和方法固然重要，课堂教学的教育机智则显示了教师驾驭教材、灵活使用教材的能力。这是我们科学组，尤其是在园本教材使用过程中值得思考的问题。

第二次活动

活动目标

1. 知道家中常见动物的生活习性，了解一些动物带来的危害。

2. 了解一些简单的驱赶害虫的方法。

3. 养成良好的卫生习惯，有保持环境卫生的意识。

活动重点

了解一些动物给人们身体带来的危害，了解驱赶害虫的简单方法。

活动过程

1. 活动导入。

（1）律动《我爱我的小动物》。

（2）教师："在我们的家里除了有我们养的宠物之外，还有许多其他小动物跟我们生活在一起，它们通常躲在角落里，让我们很难发现，还有的就在你身边。现在就跟我一起走进明明的家，让我们去找一找藏在他家里的那些小动物吧！"

2. 找一找，说一说。

（1）观看课件《藏在家里的动物》。

引导幼儿从整体到局部，有顺序地观察，发现那些躲藏在家庭角落里的动物。

提问：你发现了什么？它们藏在哪个房间的什么地方？

（2）小结：每一种小动物都有自己的喜好。

如果你看到蚂蚁排成长队移动，这说明附近有甜食；

蟑螂喜欢潮湿的环境，所以你总会在水管附近见到它们；

蚊子总在寻找光亮。所以，到了晚上，你可以观察到那些被灯光吸引的昆虫（蚊子、苍蝇、天蚕蛾）；

蜘蛛是家里的好帮手，因为它会捕食有害的昆虫；

有些动物会蛀蚀家里的布料、纸张和木头（窃蠹爱啃木头、书虱喜欢吃纸、衣蛾的幼虫会在布料上咬洞等）。

3. 探索讨论。

（1）请幼儿说说你喜欢/不喜欢哪种动物生活在你的家里？为什么？

（2）交流：这些动物对我们有哪些危害？

（3）讨论：怎样驱赶对人们有害的害虫？

（东北育才幼儿园：孟鑫）

前后两次活动的对比评析：

1. 活动设计思路的微调，形成鲜明的教学效果对比。

两次活动都是了解藏在家里的小动物。第一次活动偏重于知识的讲授，虽然有观察、有讨论，但都是蜻蜓点水，不是很充分。第二次教师忽略了益虫、害虫的讲解，而是利用层层递进的指导语，加深对小班幼儿养成良好卫生习惯的情感教育。

2.教学方法不同，幼儿在活动中所处的地位不一样。

第一次活动中，幼儿是被动的接受者，示范讲解的方法禁锢了孩子的主动性和参与性。第二次活动，教师调整了课件，运用了情境导入、点拨启发的方法给予幼儿自由表现的空间，在宽松的教学氛围中，小班的孩子自由、自主地进行交流，达到了能力目标和情感目标的双赢。

（东北育才幼儿园：全玲）

后一个教学案例是教师在备课过程中，面对原有活动设计，经过学习、理解、思考、质疑，认真理清思路，对教材内容进行了重新的改造与处理，从综合的角度提出了比较适宜的目标，又根据目标和领域特点、儿童的年龄特点，设计了行之有效的教学活动。这个案例再次向我们证明，教师对教学内容的正确理解与处理是保证整个教学过程顺利、有效进行的基本前提。

如果我不得不把全部教育心理学还原为一句原理的话，我将会说，影响学习的最重要因素是了解学生已经知道了什么，根据学生原有的知识状况进行教学。

——奥苏伯尔

（二）备幼儿

备幼儿，一方面要分析、了解幼儿已经掌握的知识内容，预知幼儿的知识水平。教学准备中必须抓住的一点是：认定幼儿教育要顺应幼儿的自然发展，又要将幼儿的发展纳入有目的、有计划的教育轨道。因此，教师要充分预知幼儿已有的知识经验，提出既与幼儿原有经验相适宜又有利于幼儿主动建构的活动内容范围和处在幼儿"最近发展区"的内容难易程度。因此，评课时，要看教师是否真正了解幼儿的实际水平，教学是否能引发幼儿的探究兴趣，符合幼儿的认知水平，唤起幼儿表达和表现的欲望。

另一方面，为了保证教育目标的顺利实现，教师要结合学科特点及目标要求，引导幼儿做好相应的经验准备。特别是一些生活经验、社会体验的准备必须是在居家生活或相应的社会场所中建构的，因此，教师应充分利用幼儿园、家庭、社区等资源，使幼儿在社会生活中，在居家生活中获得更多的学习机会，积累更多的生活经验。因此评课时还要根据具体的教育内容，看教师是否能合理利用家庭、社区等教育资源，有效拓展和延伸教育空间，充分发挥家庭、社区在教育过程中的优势，进行合作共育。

案例　　　　　　　　**中班科学活动：你看到了吗？**

活动目标

1. 感知眼睛需要光线才能看到物体。

2. 探索当周围没有光线，借助可以发出光线的物品制造光源的方法。

3. 知道眼睛是最重要的视觉器官，了解保护眼睛的方法。

活动重点

感知眼睛需要借助光线才能看清周围的事物。

活动过程

1. 活动导入。

（1）请幼儿环看四周，提问：你都看见什么了？为什么能看见？（有眼睛）

（2）讨论：有眼睛就可以看到周围的事物吗？

2. 探索交流。

（1）出示盒子，请幼儿透过盒子的小孔观察。

提问：你能看清盒子里面粘贴的水果图片吗？（不能看清，里面黑漆漆的）

（2）探索、操作。

提问：

怎样才能看到盒子里面的图片呢？（打开盒子）

现在盒子里面还是黑漆漆的吗？（不是，有光线了）

有了光就可以看到盒子里面的图片吗？

是什么使我们的眼睛能够看到周围的事物呢？（光线）

（3）小结：我们的眼睛需要借助光才能看清事物，如果光线很暗，我们的眼睛就会看不清楚或看不见。

3. 体验感受。

（1）教师将幼儿带进比较黑暗的活动室。

提问：这里看起来怎么样？你能看清周围的事物吗？有什么办法能使我们看清周围？（打开灯、手电筒、蜡烛、打火机、手机、荧光棒等）

（2）小结：这些可以发出光线的物体我们叫它光源。当周围没有光线，可以借助一些可以发出光线的物品制造光源。

4. 交流讨论。

（1）我们需要光线和一双健康的眼睛才能看见周围的事物。

我们的眼睛多么重要，如果眼睛受到了伤害，就什么都看不见了，所以要好好地保护它。

讨论：怎样保护我们的眼睛？（幼儿交流）

观看课件《他们做得对吗？》

（2）随音乐一起学做《眼睛休息操》。

（东北育才幼儿园：孟鑫）

个人反思

本节活动在市教材原有的健康活动"假如我看不见"的基础上，调整为"科技启蒙"园本教材"你看到了吗？"活动。我利用幼儿在日常生活中收集的废旧纸盒作为操作材料，为幼儿自主探究提供了帮助。

活动前，我对班级幼儿的现有水平进行了初步的了解，发现孩子们对能否看清物体的认识，只停留在有眼睛就能看清楚，如果眼睛瞎了就看不见了的认知水平，对光线对视物的影响没有概念。根据幼儿的现有认知水平，我在设计活动时，尤其注重幼儿的实践体验和感受，使幼儿在充分参与——体验感受——探索交流——思考讨论的过程中，对原有认知产生质疑，发现并不是有眼睛就能看清物体这一事实。活动中，我充分利用了幼儿身边的盥洗室、光影活动室作为体验场景，让幼儿身临其境体验和感受较为黑暗的环境下，体验没有光线，人的眼睛就看不清或看不见周围的事物，人的眼睛需要借助光线才能看清周围的事物这一科学道理。

在探究和解决如何在黑暗的环境下，使我们的眼睛能看到周围的事物这一问题时，我准备了丰富的、可预知的物质资源，如手电筒、蜡烛、火柴、打火机、手机、灯、荧光棒等。尽可能地满足幼儿在已知的生活经验中提炼解决的方法，并进行验证，从而达到教育教学的有效性。

同伴研讨

梁老师：在看了孟老师的教学活动后，我感觉到整个活动从始至终教师都非常尊重幼儿的兴趣和需求，紧紧围绕幼儿的兴趣来开展一系列活动，在活动的过程中，教师能够关注幼儿提出的各种问题，耐心倾听幼儿的心声。

田老师：今天看了"你看见了吗？"科学活动，看后有几点体会：对幼儿来说，怎么能将复杂的科学道理用浅显的方式表现出来，一直是科学活动比较棘手的问题。而今天，看到孟老师用如此具体、丰富的方法就抓住了孩子们的兴趣点及关注点，尤其是，有眼睛就能看见吗？这个问题的提出，让幼儿对熟悉的问题进行讨论和探索，结果发现了不同的答案，充分调动了孩子们进一步探究的欲望。

王老师：孟老师利用幼儿对身边事物的兴趣，引导幼儿在动手摆弄的过程中提出问题，验证猜想，树立概念，再进行探究，最后形成自己的认知概念。活动中充分发挥幼儿的主动性，学会总结自己观察到的结果。

园长总评：

兴趣是儿童主动学习的根本前提。为了了解幼儿的关注点和兴趣点，教师在准备教学活动的过程中，必须以顺应幼儿发展作为教学活动设计的关键。教师要尊重、鼓励、赞赏幼儿的提问，帮助幼儿理清思路，组织问题，清晰地自我表达。在这种氛围中，幼儿各方面的能力才会有所发展。

实际上，幼儿的兴趣点很多，孟老师在其"个人反思"中提到了"注重活动的自然过渡，由探索交流——思考讨论——体验感受，保证活动环节步步递进，环环相扣"的教学组织策略，反映出孟老师认识到了正确认识幼儿年龄阶段的认知水平和认知方式，也充分说明了一节教育活动的成败，了解并顺应幼儿原有认知水平的重要性。

建议教师还可以提供更多的感知材料，可以是可发光的、也可以是不能发光的，供幼儿操作探究。

（东北育才幼儿园：全玲）

此案例中，无论是教师的自评还是他评，都多次提到了幼儿的认知水平、兴趣、需求。他们的评析使大家深刻地感受到，了解并顺应幼儿的认知水平，激发幼儿探究的兴趣对教学成功的重要意义。要实现这一点，只有弄清楚幼儿的学习起点，才能结合幼儿现有的学习状况，确立恰当的教学目标。只有对幼儿的学习基础有一个清楚的认识，才能有效激发幼儿的学习兴趣，从而使幼儿通过"跳起来"能够"摘到桃子"，达到真正促进幼儿发展的目的。他们的点评务实而有意义，使大家真正意识到"备幼儿"的重要性。

（三）备材料

活动材料是教育意图的物质载体，它本身的特性及由这些特性所规定的活动方式往往决定着幼儿可能获得什么样的学习经验，获得哪些方面的发展。活动材料在幼儿的学习中往往起着桥梁和中介的作用，它使抽象的知识能具体、形象地呈现在幼儿面前，使他们能具体、直观地感知和体验；活动材料还可以让幼儿动手操作，符合幼儿的学习特点，有利于幼儿获得感性经验。因此，教师应结合活动的要求和幼儿的年龄特点，为幼儿选择最佳的活动材料，使活动材料在教学活动中发挥最大效应。评课时，我们可以从以下几方面衡量教师备材料的情况：

1. 看材料的多样性。

心理学家说过"多变的刺激容易引起幼儿的注意"，因此，教学活动中的活动材料应力求多样性，以给幼儿丰富的感官刺激，激发幼儿探索的欲望和兴趣。

2. 看材料的丰富性。

要想充分发挥活动材料的功能，使幼儿真正成为学习的主人，就必须保证有足够的材料供幼儿操作，使幼儿置身于材料中，与材料进行"交流"。如果材料有限，幼儿就不能尽情地与材料互动，材料也就失去了它本身的意义而成为一种摆设。

3. 看材料的层次性。

由于多方面的原因所致，幼儿间存在着个性、智力、能力上的差异。为了真正发挥活动材料的作用，使每个幼儿在原有的基础上得到发展与提高，教师在教学活动中准备的活动材料要做到难易结合、简复结合，使每个幼儿都能轻松自如地驾驭和使用适合自身发展水平的材料，达到真正意义上的自我发现、自由探索、自我发展的目的。

4. 看材料的操作性。

幼儿获得知识的过程，是幼儿与操作材料相互作用的过程，幼儿通过对材料的操作和探索，发现问题，获得知识和能力。因此，教学活动中所提供的材料应尽可能是能引发幼儿动手、动脑的具有可操作性的材料。

5. 看材料的多功能性。

虽然教学活动中所提供的材料要丰富多样，但也不能太泛，要尽可能地一物多用，这样既有利于幼儿容易发现操作目标，又能满足不同层次幼儿的需要。如教师在数学活动"比长短"中为幼儿提供的自制操作材料"纸棒"，五根纸棒的长短都是倍数关系，幼儿在操作比较长短时，既利于幼儿比较出长和短，又利于幼儿理解长短是相对的，同时一部分能力强的幼儿还会发现两根短棒连接起来和另外一根长棒一样长的现象。教师虽然只提供了一种操作材料，但此种操作材料能较好地为不同能力水平的幼儿提供不同层次的发展机会。在其他活动中还可以利用纸棒拼摆图形、做体育游戏等，体现了一物多用的特点。

案例　　　　　　　　　大班数学活动：找规律

案例描述

"找规律"是大班的一节数学活动，主要目的在于通过感知和操作体验，能够发现并找到规律，培养孩子的发散性思维、创造性思维和专注能力。教师通过创设情境、利用课件演示等形式引导幼儿发现规律的方法之后，设计了幼儿自己动手操作、排列组合规律的环节，意在让幼儿通过操作材料来巩固和运用这些规律。教师准备了三个层次的材料：第一层次：实物类——可以根据水果或蔬菜的大小、多少、颜色、形状等进行排列，教师提供了各种水果和蔬菜的模型，如可以排列成一根黄瓜——三根香蕉——两个苹果，单项排列，循环往复；第二层次：符号类——可以根据符号的排列顺序自己创造规律，教师提供了各种符号，包括加号、减号、等于号、乘号、除号、破折号、逗号、句号等，如可以排列成加号——逗号——乘号……循环排列；第三层次：脸谱类——可以根据表情来造型和排列，教师提供了脸型、眉毛、眼睛、鼻子、嘴巴等图片，幼儿自由拼摆组合成各种脸谱，并多项循环排列。这三个层次的材料每套10个，分别摆放在三张桌子上，供幼儿分组操作时自由选择使用。

（东北育才幼儿园：刘红蕾）

活动评析

　　教师在这节活动中为了让幼儿亲自体验和感受各种规律，准备了丰富多元的材料，既包括实物模型类，又包括符号类和脸谱类，颜色鲜艳，形态美观，容易吸引幼儿的兴趣，激发幼儿的操作欲望；每个小组准备了10套材料，充分考虑了材料数量对幼儿体验的影响，很好地保障了每名幼儿手中都有材料可做，无须等待，没有浪费有限的活动时间；每名幼儿手中都有一个操作板供幼儿摆放模型或者图片，非常清晰实用，具有可操作性。值得一提的是，教师准备的材料具有明显的层次性和递进性，考虑了不同幼儿的发展水平，层层递进，从实物模型到符号排列再到循环组合，由具体到抽象，由易到难，梯度适宜，并给予孩子根据自己的发展水平和兴趣自由选择的机会，不断挑战自我，向更高层次发展，让每名幼儿都能在活动中充分与材料互动，体验到成功，享受到成长的快乐。

（东北育才幼儿园：孙英敏）

（四）备环境

　　环境包括物质环境和精神环境两方面。调查和研究表明，物质环境是幼儿园教育活动赖以进行的必要条件和基础，精神环境则是影响、制约教育活动进程及质量的更为重要的因素。因此，偏重于任何一种物质环境或是精神环境的创设都是欠妥的，而必须实现两者的齐头并进。因此，在评价环境准备时，一方面，要看教师是否能在物质环境创设中渗透教育意图，根据不同年龄班幼儿的特点以及教学活动的内容来创设相关的环境，并使环境能够尽量为幼儿服务，以最大限度地发挥其对幼儿身心各方面发展的作用，促进教育活动目标的实现。另一方面，要看教师是否能充分、深入地认识精神环境对幼儿各方面发展的重要意义，并进一步关注与重视为幼儿营造和谐融洽、积极健康的人际关系和心理氛围。

案例　　　　　大班艺术活动：我喜欢的昆虫

案例描述

　　"我喜欢的昆虫"是大班主题活动"虫虫世界"中的一个美术活动，是科学活动"我喜欢的昆虫"的延伸。在这节活动之前，伴随着主题活动的进行，教师已经在活动室的主题墙上布置了由幼儿收集而成的昆虫图片展，在科学区内投放了关于昆虫形态特征（包括头、胸、腹、一对触角和翅膀、三对足等）的图片和操作材料。正式组织这节活动的时候，教师为了更好地导入活动，在活动室内设置了一个"昆虫王国"的情境，"昆虫王国"的墙面是活动的屏风，屏风上挂满了各种各样由纸筒、空药瓶、酸奶瓶、玉米棒、乒乓球、弹力球、吸管、光盘、牙刷、匙、玻璃纸、包装纸等制作成的蜻蜓、瓢虫、蝴蝶等昆虫。幼儿被教师制作的昆虫所吸引，纷纷在教师的引导下伴随着音乐自己动手去尝试制作或者小组合作制作昆虫，并能相互欣赏和讲述。

（东北育才幼儿园：王蕊）

活动评析

　　教师的主题墙和活动区的环境创设已经为这节美术活动奠定了前期的物质环境基础，幼儿对昆虫的种类和特征有了一定程度的了解，再进行昆虫的手工制作可谓水到渠成。为了更好地激疑引趣，教师又创设了"昆虫王国"这一深受幼儿喜爱的环境形式，用各种废旧环保材料制作的"昆虫"引起了幼儿的兴趣，使他们跃跃欲试，有了自主创造和制作的愿望。正是基于"昆虫王国"的各种模板，幼儿便可在此基础上大胆创作，无须更多的语言说教，教师只是稍加引导，便完成了这次美术活动的目标，使幼儿在动手动脑的过程中体会到了变废为宝的乐趣，感受到创作的喜悦和成就感。此外，教师还创设了一种自由、轻松的创作氛围，始终让幼儿伴随着舒缓的音乐沉浸在制作的快乐当中，期间，教师始终尊重幼儿的感受和体验，给予幼儿自主操作、探究、创作的机会。教师的轻声个别指导、幼儿间的相互帮助、欣赏和交流形成了良好的师幼、幼幼互动的心理氛围，让孩子们在做中学的过程中心情愉快、积极探索。

（东北育才幼儿园：孙英敏）

三、评教学过程

充满民主精神的课堂教学，应该把教师"教"的过程变成学生"学"的过程。

——朱永新

教学目标能不能实现要看教师教学过程的设计和运作。因此，评课还必须对教学过程作出评析。

教学流程是教师在一定的教育思想指导下，为完成既定的教学目标，对构成教学的诸要素（教学内容、幼儿、教师、教学环境）所设计的比较固定的、简约化的组合方式及运作流程。教学流程在教材和幼儿之间发挥了桥梁和纽带的作用，不同的教学流程会产生不同的教学效果。因此，评课要关注教师的教学流程设计。

1. 看教学环节、步骤是否清晰合理。

在教学开始阶段，要看教师能否设计引人入胜的导入环节，以激发幼儿对教学活动的兴趣，这是幼儿能否主动参与探究新知识的关键。好的导入设计能激起幼儿对新知识的兴趣及主动探究的欲望，充分调动幼儿各方面的学习兴趣，使幼儿提前进入学习状态。

导入环节之后，应是教学的重点环节：学习新知。此时需要关注的是教师如何引导幼儿探究新知；如何处理教学重点、难点部分；要看教师能否遵循注意、兴奋的延展规律，趁着幼儿兴致正浓，进一步调动幼儿动脑、动手、动口的积极性，突出教学重点，化解教学难点，实现幼儿认知结构的同化和顺应，构建新的认知结构。

当幼儿对新知识基本掌握后，就会进入"运用、巩固、评价"阶段，要看教师能否运用新的认知结构解决问题，促进知识的巩固和迁移；要看教师能否创设巩固应用的情境，利用操作练习、小组比赛等，让幼儿将所学的知识灵活运用到解决具体实际问题中去，达到巩固、应用和迁移的目的。

案例　　　　　　　　**中班健康活动：钻洞洞**

活动目标

1. 喜欢并愿意参加游戏、体验游戏带来的快乐。

2. 鼓励孩子产生动作创意，用身体摆出各种洞，发展空间知觉。

3. 建立合作意识，尝试与同伴共同用身体搭出各种洞，在游戏中有初步解决问题的能力。

活动过程

1. 设计报纸可以钻过的洞。

教师设计大、小洞，幼儿想办法将一张报纸投入洞中。

幼儿分成两组，一组设计不同的洞，一组幼儿将报纸投入洞中。

2. 设计小朋友可以钻过的洞。

请小朋友设计伙伴可以钻过的洞，并分别请幼儿钻洞。

3. 设计老师可以钻过的洞。

请小朋友设计老师可以钻过的洞，引发幼儿共同合作。

4. 大家一起来钻精彩的洞。

（沈阳市皇姑区实验幼儿园：李蕊）

活动点评

　　此活动分为四个环节：设计报纸能钻过的洞——设计小朋友能钻过的洞——设计教师能钻过的洞——大家一起钻精彩的洞。活动设计层次清晰，环节安排合理，各个环节的衔接、过渡非常自然，由浅入深、由易到难，层层递进，一步一步增加难度，挑战幼儿的经验和创造性思维。在活动开始环节，教师通过设置疑问和障碍，以"谁能设计一个让报纸钻过的洞？"既有一定的难度又符合幼儿喜欢尝试、挑战的心理，瞬间激发起幼儿极大的参与兴趣。然后，在解决重点、难点环节，教师把活动的主体地位留给幼儿，自己则以一个支持者、合作者、引导者的身份参与活动，通过简洁、有效的提问引导着幼儿积极造洞，例如："能造一个小朋友钻过的洞吗？""谁能造一个老师钻过的洞呢？"幼儿造好洞后，教师又能积极支持、回应幼儿，例如："我喜欢这个连环洞""我要挑战你的洞"，不断激发幼儿去想象、去创造，在教师的引导和鼓励下，幼儿不断解决问题，合作搭出各种教师能钻过的洞，顺利地解决了教学难点。最后，通过"大家一起钻精彩的洞"，为幼儿提供了一个相互展示、学习的机会，达到巩固、应用的目的。整个活动展现了一个教师支持、引导下的幼儿自主学习的全过程。幼儿在轻松愉快的氛围中始终保持着高涨的学习兴趣，顺利完成了教学目标。

（沈阳市沈河区教师进修学校：贾丽杰）

　　2. 看教学环节时间分配和衔接是否恰当。

　　关注有没有"前松后紧"或"前紧后松"的现象。要看指导与操作练习时间搭配是否合理，看幼儿个人活动、小组活动和集体活动时间分配是否合理，有没有集体活动过多、关注个体的时间过少的现象。通常一个好的教育活动应该是结构严谨、环环相扣、过渡自然、时间分配合理，密度适中，效率高。

案例 　　　　　　　　　　小班美术活动：灯笼

案例描述

　　"灯笼"是小班的一节美术活动，主要训练幼儿的小肌肉，帮助幼儿学会涂色的方法，并喜欢涂色。教师在导入环节利用"神秘袋"装了各种各样的灯笼，通过让幼儿观察、触摸、描述，了解灯笼的颜色、形状，又通过多媒体课件的播放让幼儿了解灯笼的用途和意义，之后进入讲解示范的环节，通过多媒体课件的方式演示涂色的方法，演示结束后让幼儿在教师提供的各种灯笼图样上动手涂色，进行巩固练习，教师伴随个别指导，最后教师讲评幼儿的作品，总结本节活动。

（东北育才幼儿园：于霜萌）

活动评析

　　教师在这节活动当中的思路是清晰的，包括导入观察——讲解示范——动手操作——交流总结，但是导入的时间过长，讲解关于灯笼的内容庞杂，无形中占用了活动的有效时间，冲淡了活动的主题重点。另外，美术活动的示范应该由教师在黑板上用正确的方法一笔一笔画出来，而不应该用多媒体课件播放，幼儿观看多媒体是单向输入过程，不能与老师形成良好的互动。后半段巩固练习涂色的时间太短，有的幼儿不能完成本次活动的目标，体会不到自己完成作品的价值感，应该避免"头重脚轻"的现象，导入时开宗明义，才能为幼儿自由涂色争取时间，突出重点。

（东北育才幼儿园：孙英敏）

案例 　　　　　　　　　　小班美术活动：网鱼喽

活动目标

　　1. 在游戏中练习大臂作画，学习横线和竖线。

　　2. 喜欢参加美术活动，体验合作的乐趣。

活动过程

　　1. 游戏"送小鱼回家"，通过游戏，体验网鱼的乐趣。

　　2. 观察渔网，引导幼儿感知渔网有横线和竖线。

3. 合作画渔网。

（1）空手画渔网。

引导幼儿边念儿歌边练习画横线和竖线，初步感知大臂作画的绘画方式。

（2）合作画渔网。

讨论：小朋友怎样在一张纸上画渔网？

根据幼儿的讨论结果，教师提出作画要求，幼儿合作作画。

4. 音乐游戏：网鱼。

（沈阳市沈河区教育局第二幼儿园：郑颖）

活动评析

本次活动注重激发幼儿的兴趣，以游戏贯穿始终，整个活动以一个完整的网鱼的情节，步步深入，使线条练习被孩子自然接受，使本来枯燥的活动变得生动，富有感染力，体现了在玩中学、学中玩的教育理念。

教师改变了以往幼儿熟悉的每人一张纸的独立练习方式，而是为幼儿创设了一种新奇的、独特的作画方式，在教室的墙面上布置了鱼塘，使幼儿在游戏的情境中，兴趣盎然地完成了活动目标。活动中教师给幼儿提供了亲身体验、感受的机会。在幼儿画渔网之前，先让幼儿感受捞鱼、网鱼的过程，丰富幼儿的情感体验。另外，大臂作画对小班幼儿来说也有一定的难度，所以在动笔作画之前，教师和幼儿一起徒手练习画横线、竖线，为后来的作画作了很好的铺垫。

此活动教学思路清晰、层次清楚、由浅到深、环环相扣，在一个网鱼的情境中自然地完成了教学目标，做到教学无痕迹。各环节活动时间分配合理，幼儿操作练习较为充分，教学动静相宜，密度适中，是一节教学效率较高的教育活动。

建议：教师在活动中应充分相信幼儿的能力，不包办代替。例如，在网鱼游戏中，教师交代在歌曲结尾处，网鱼人要网住小鱼。在游戏中教师可能担心幼儿不知道在什么时候网鱼，所以每次都由教师来帮助幼儿网鱼。另外，在幼儿画渔网时，教师手把手地指导一名幼儿练习。我认为，教师应尊重幼儿在发展水平、能力、经验以及学习

第四章　幼儿园评课

方式等方面的个体差异，不能用统一的标准要求幼儿，不用横向的方法比较幼儿，而要促进幼儿在自己原有水平上的提高。

（沈阳市沈河区教师进修学校：贾丽杰）

上述两个小班美术活动案例，分别从不同角度为大家提供了"教学环节时间分配和衔接是否恰当"对教学效果带来不同影响的教学案例。从两个案例中，我们不难看出：教学环节安排是否合理、时间分配是否恰当也会直接影响教学目标的完成情况。案例中的点评者，及时发现了教师存在的时间分配问题，并据此提出中肯的想法和意见，对教师改进教学会有很大的帮助。所以，在听课时，听者要注意记录教师各教学环节所用时间，教学中集体、小组、个人活动所用时间，然后结合教学效果和目标完成情况、教学环节安排是否合理等作出正确的分析和判断。

3. 看教师能否根据教学情况及时调整教学结构。

教学过程中，教师的教和幼儿的学随时都处于发展变化中，评课时应考察教师能否密切注意各种反馈信息，一旦发现幼儿的认知结构与教学预设的流程不协调，应及时调整自己设计的教学流程，以符合幼儿的实际认知情况。

案例　　　　　　　中班语言活动：闻来闻去

案例描述

"闻来闻去"是中班的一节语言活动，主要目的在于帮助幼儿学习合理、正确地使用方位词。教师通过小狗手偶和"方位盒子"帮助幼儿理解了简单的空间方位关系后，创设了一个"整理房间"的情境游戏，让幼儿分组操作，通过教师准备的各种操作卡片来整理房间，将房间里的物品摆放在合适的位置上，并运用合适的方位词（如上、下、左、右、里、外、前、后等）与同伴交流摆放的结果。比如，有的幼儿说"小狗在床上闻来闻去"，有的幼儿说"小鱼在鱼缸里游泳"，有的幼儿说"铅笔放在铅笔盒里"，有的幼儿说"铅笔放在抽屉里"，教师马上纠正说"铅笔应该放在铅笔盒里"，幼儿马上改了过来。有的幼儿说"书放在枕头下面",教师进行纠正"书应该放在书架上",幼儿却说"我妈妈的书就是放在枕头下面的",老师说"回家后告诉妈妈把书放在书架上"……

（东北育才幼儿园：孙厦）

活动点评

教师这节语言活动的目标之一在于合理、正确地使用方位词，通过本节活动，主要的目标基本达成。但是幼儿在学习的过程中出现了与老师预设的情况不一样的问题，如"铅笔放在抽屉里""书放在枕头下"等，老师没有及时追随孩子的发散思维，而是硬生生地把孩子拉回到她预设的"完美的跑道"上，孩子很无奈地接受了老师的说法，发散思维的萌芽被抑制了。有效处理教学过程中预设和生成的关系，体现出的是教师的经验和智慧，有时候要善于"灵光一现"，不妨积极回馈幼儿，适当改变预设的流程，因为流程是死的，幼儿是活的，只有活水不断滋养，才能教学相长，不断进步。

（东北育才幼儿园：孙英敏）

四、评教学方法

学然后知不足，教然后知困，知不足，然后能自反也，知困，然后能自强也，故曰：教学相长也。

——《礼记·学记》

教而不研则浅，研而不教则空，只有边教边研、边研边教，不断调整、不断改进、不断完善，教学才能优质高效，教师才能成为研究者、成为名师、成为教育家。

——摘自余文森等编著《有效备课·上课·听课·评课》

评析教师教学方法的选择和运用是评课的又一重要内容。什么是教学方法？它是指教师在教学过程中为完成教学目的、任务而采取的活动方式的总称。但它不是教师孤立的单一活动方式，它包括教师教学活动方式，还包括幼儿在教师指导下"学"的方式，是"教"的方法与"学"的方法的统一。评析教学方法包括以下几个主要内容：

（一）看是不是量体裁衣，优选活用

教学有法，但无定法，贵在得法。教学是一种复杂多变的系统工程，不可能有一种固定不变的万能方法。一种好的教学方法总是相对而言的，它总是因课程、因幼儿、因教师自身特点而相应变化的。也就是说教学方法的选择要量体裁衣，灵活运用。下面我们来看两个同样是运用情境教学法，但教学效果却截然不同的教学案例。

案例　　　　　　　**小班数学活动：帮助小熊修路**

活动目标

1. 复习巩固对长方形、正方形、三角形、圆形、半圆形的认识。

2. 感知并初步了解图形间的变化。

3. 培养幼儿参与活动的积极性与思维的灵活性。

活动过程

1. 观看情境表演。

（1）由漂亮的房子引出小熊。

教师："这座漂亮的房子是小熊的家，看小熊出来了。"

（2）小熊表演。

"今天天气真好，我要到外面去玩一会儿……"（刚一出门就摔倒了）

2. 幼儿通过探究进行铺路。

（1）教师提问：

① 刚才发生了什么？小熊为什么摔倒了？

② 用什么办法把小路修好？

③ 我们看看小路都有什么形状？（这里有许多图形材料）让我们一起帮小熊把路修好吧！

（2）提出操作要求：根据小路上形状的大小找相对的图形，引导幼儿思考如果没有相应的图形怎样才能把路修平？

引导幼儿在操作中发现：圆形可以由两个相同的半圆形组成，长方形可以由两个相同的正方形组成，也可以由两个长方形组成……

3. 活动延伸。

帮助小熊装饰房间。

教师:"小朋友真能干,把小路修得这么好,快请小熊出来吧!"("小熊"和孩子们共同游戏)

(沈阳军区联勤部第一幼儿园:李俏)

活动点评

本次教学活动有效运用了情境教学法,并将这种情境设计运用始终,让幼儿带着任务进行操作练习,调动了孩子们的已知经验,在孩子们的争议中出现了教师的预设内容。所有环节都为目标服务,为完成目标而设计,整节活动孩子们的兴致高涨,教师的表演更是真实可信,达到了教育目标,同时看到了孩子们"爱心"的真实表达。

"教育有法,而无定法",这是教育方法的一个重要特点。教育方法的确定和选择,是依据教育过程本身所具有的规律性,不是任意的,需要老师发挥教育机智,根据条件和需要,对教育方法进行艺术性的再创造、再加工,灵活地、艺术性地运用于教育实践。在这节活动中,我们所选择的情境教学法打破了以往该活动仅仅运用桌面操作材料完成目标的方法,改用了一种更真实而有效的实物操作,让幼儿带着一颗爱心来完成任务,孩子们很投入、很专注,真正让目标得以落实,帮助小熊解决了生活中的实际问题,活动结束后孩子们意犹未尽。同时,我们的活动是一课三研的活动,扮演小熊的教师在活动中是不断变化的,在情境教学法的运用中,要充分考虑到这种角色扮演的人员选择,不同人的表演达到的教育效果是不同的。

(沈阳军区联勤部第一幼儿园:朱连素)

案例　　　　　　**小班体能活动:小青蛙跳跳跳**

活动目标

1. 学习双脚跳,发展跳跃能力。

2. 能够轻松自然地双脚同时向上跳、向前跳。

3. 感受游戏的快乐,愿意参与游戏。

活动流程

1. 教师引导进入角色,热身运动。

教师扮演青蛙妈妈角色,带领青蛙宝宝们做热身运动。

2. 教师带领幼儿学习跳跃动作。

（1）教师示范动作（场地一）。

（2）教师进行两次不同形式的游戏（场地二、场地三）。

场地布置

（一）　　（二）　　（三）

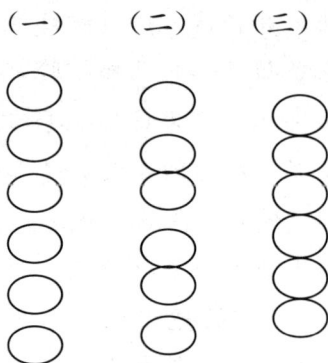

（沈阳军区后勤部第一幼儿园：马鸿飞）

活动点评

教师自评：上完"小青蛙跳跳跳"后，我有很多感触，同时也看到了自己很多的不足，尤其是在整节课的设计流程上，应该更情境化些，让幼儿浸入到情境中去，在设计情境时应该考虑到它的真实性、安全性，同时也能符合幼儿的实际生活。整个情境要贯穿始终，让幼儿喜欢在角色中游戏。在本节活动中，幼儿能够完成基本目标，可以同时双脚向上跳、向前跳，可是在幼儿玩得高兴的时候，我就直接结束了。经过我的反思，我觉得应该让幼儿，自由分散地去每一个池塘再玩几遍，这样幼儿可以玩得很开心，并起到了巩固的作用。同时，在确定目标的时候也更应该把目标细致化，细小到每一个小点上，在其中也要考虑是否与幼儿年龄相符合。

在本节活动中，我的角色定位很准确，但不足的是有许多语言都很成人化，虽然觉得扮演得很好，但是更应该说一些幼儿能听得懂的话，多说一些幼儿语言。我觉得在这次活动中，我也应该给幼儿更多的自主探究的时间，让幼儿自己去探索每一片池塘怎么跳过去，同时利用情境来引导幼儿探究的过程，这样可以给幼儿更多的空间，而不是教师一再地去讲解。

园长点评：情境教学法的运用应该是越小年龄班越适用，越小的年龄班越能达到我们所预设的教学效果，那么当孩子的反应并不投入时，我们就要考虑是不是目标制定的问题，目标是否过高或过低，如果觉得目标没有问题，我们就要考虑是不是我们的教学方法运用得不得当。情境教学法运用不得当的情况通常有两种：一、它的真实性体现；二、情境运用与环节脱轨。结合这节活动来看，情境教学法运用不得当的原因主要是教师所实施的教育现场不够真实，不能引起孩子们全身心地投入，所以没有达到教学效果，同时，情境设计的安全性也是我们教师必须考虑的，只有周全地考虑到所有这些，才能将情境教学法运用得当、运用得体。

（沈阳军区联勤部第一幼儿园：朱连素）

案例　　　　　小班健康活动：小鼻子出血了

活动目标

　　1. 知道鼻子出血的常见原因。

　　2. 初步了解预防鼻子出血的简单方法，有保护鼻子的意识。

活动过程

　　1. 观察。

　　请幼儿观看多媒体课件，提问：图中的小朋友怎么了？他的鼻子为什么会出血？

　　2. 讨论。

　　教师组织幼儿讨论：怎么做才能让鼻子不出血？鼻子出血了我们该怎么办？看到小朋友的鼻子出血了怎么办？

　　3. 观看多媒体课件。

　　4. 配对游戏。

　　教师出示图片，讲解游戏的玩法。

　　幼儿玩游戏，教师指导。

活动点评

　　本次活动教师综合运用了多媒体演示法、观察法、讨论法、游戏法、讲解演示法。但教师没有很好地把握每一种教学方法的价值所在，致使活动流于形式。

第一个环节教师请幼儿观看多媒体课件的定格画面然后提问，虽为观察，教师却只给幼儿看了一个男孩因为流鼻血而哭的画面，在没有知识准备和相关经验的前提下，孩子们很难回答教师的提问。教师在没有任何教具的情况下告诉孩子：摔跤了碰到鼻子会出血，挖鼻孔和多吃辣的东西鼻子也会出血。教师纯粹的口头小结显然对提高小班幼儿的认识作用甚微。

第二个环节，教师组织幼儿讨论，由于幼儿缺乏相关经验，所以仅用"不要跑""不要挖鼻子"回答了第一个问题，后两个问题无人能答。教师没有从第一个环节中吸取教训，依然把课件放在讨论后出示，使幼儿的讨论成了无源之水，同时组织的讨论也太过简单。显然，教师忽视了过程情境的创设和过程组织的优化。

在第二个环节没有完成目标的前提下，教师在第三个环节仍没采取补救措施，而是按计划进行配对游戏。教师先简单介绍了一些预防或造成鼻子出血的图片内容，并在黑板上出示了哭脸、笑脸卡片。然后要求幼儿将表现正确处理和预防鼻子出血的卡片放在笑脸旁，反之则放在哭脸旁。由于教师配对前的讲解演示过于简单，虽然孩子们很高兴也很积极参与游戏，但幼儿并没有理解、掌握教师讲解的知识。因此幼儿完不成任务就不足为奇了。

此活动教师虽然运用了多媒体演示、观察、讨论和游戏等方法，但没有做到优选活用。教师对幼儿的已有经验了解不够，课件的内容又不够充实，在幼儿的回答出现困难时，教师没有及时地调整计划，致使活动目标的达成度不理想。

建议：

1. 掌握本班幼儿对该知识的了解程度，并给予一定的知识准备。

2. 充实课件的内容，调整播放时机，给幼儿足够的观察与讨论的时间。

3. 明确活动的主线和重点，通过创设情境让幼儿围绕"怎样才能让鼻子不出血"和"鼻子出血了怎么办"这两个问题展开讨论，使活动的过程能围绕主线环环相扣，层层递进。

（沈阳市沈河区教师进修学校：贾丽杰）

两个案例的点评，向大家说明的是，即使是大家普遍认同的小班幼儿喜爱的情境教学法，运用到不同的教学内容中，教学效果也是截然不同的。所以，教学方法本身无所谓好坏，关键看教师如何运用，只要能发挥教学方法对促进幼儿学习的价值和作用，再简单的方法也是有意义的。相反，教学方法再多、再新颖，但教学效果不好也是没有价值的，就像案例中的教师，运用了很多方法，却因对方法的运用不得要领，反倒影响了教学效果。所以，评价教师教学方法时，一定要把握量体裁衣、优选活用的原则。

（二）看教学方法的多样化

教学方法最忌单调死板。教学活动的复杂性决定了教学方法的多样性。所以评课既要看教师是否能够面向实际恰当地选择教学方法，同时还要看教师能否在教学方法多样性上下一番工夫，通过不断变换、调整教学方法和手段，激发幼儿的学习兴趣，使幼儿的思维始终处于兴奋活跃状态，使课堂教学常教常新，富有艺术性。

案例　　　　　　　　**大班音乐活动：《捏面人》**

活动目标

1. 学唱歌曲《捏面人》，感受歌曲稚趣、生动的风格。

2. 在原有歌曲的基础上，借助多媒体、图片、同伴间的讨论，即兴创编与演唱歌曲。

3. 在创编歌词和由慢到快的演唱中接受挑战，体验乐趣。

活动过程

1. 进场：律动《泥娃娃》。

2. 教师借助多媒体生动地讲述，引出歌曲内容。

3. 教师唱歌曲，用身体动作表现歌词。

4. 幼儿运用已有经验，根据教师的身体动作演唱部分歌词，教师逐一出示图片，帮助幼儿了解歌曲的部分结构。

5. 教师做动作，幼儿随音乐按节奏念部分歌词。

6. 幼儿学唱歌曲。

7. 启发幼儿创编一个故事主题。

8. 教师选取幼儿讨论的某一主题，对部分歌词进行替换创编，用图片提示幼儿创编的内容。

9. 在图片的提示下，幼儿演唱由自己创编的歌曲。

10. 教师一步步提高演唱难度，激发幼儿不断挑战，精神饱满地演唱。

11. 教师："小朋友们，还有好多好多故事等着我们编呢！"

（沈阳军区联勤部第一幼儿园：由佳）

活动评析

在本次教学活动中，教师改变了传统的教师教、幼儿学的教学方法，一点没有"我教你学"的痕迹，教学过程是那么自然、流畅，就像朋友间的对话、互动。首先，通过多媒体播放和之后的讨论，给幼儿一个直观的视觉感知和运用语言大胆和同伴进行交流分享的机会。自然帮助幼儿提取出了关于泥娃娃（泥人）的相关经验，其中运用了观察与发现，感受和体验的方法。紧接着又将泥人和面人的经验联系到一起，再接着就提出了第一个与新歌曲学习有关的"桥梁性"问题："我们来看看老爷爷又捏了啥？"教师开始第一次范唱，当唱完第一个"捏一个"的时候，老师突然将后面所有关于师徒四人的念词全部省略——即"后退"，而改成仅仅在钢琴的伴奏之下做相关的表演动作。刚一结束范唱，教师立刻提问："老爷爷到底捏了啥呢？你看出来了吗？"（幼儿：孙悟空）教师又提问："你从哪个动作看出来的呢？"（幼儿做举金箍棒打击的动作）教师念："捏一个……谁？（幼儿填充：孙悟空）他在干吗？"教师做举金箍棒打击的动作。（幼儿填充：打妖怪）教师提问："还捏了谁？"（幼儿：唐僧）教师自己做骑马动作："他在干吗？"（幼儿：骑马）教师："骑什么马？"（幼儿：白龙马）教师提问："还捏了谁？"（幼儿：沙和尚）教师："哪个动作是沙和尚？"（幼儿：模仿沙和尚挑担动作）教师："这是在干啥？"（幼儿：挑着箩）教师做模仿猪八戒的动作并提问："小朋友，你们忘了我了，我是谁？"（幼儿：猪八戒）猪八戒在干吗呢？（幼儿：在睡觉）教师模仿吃西瓜的动作（幼儿：吃西瓜）教师指着已经逐一贴出的师徒四人的图片提问："老爷爷捏的这些是哪个故事里的人物呀？"（幼

264

儿：西游记）。

在引导幼儿创编新歌词的时候，从五位福娃的名字到每位福娃所做的运动项目，教师也都无一例外地使用了提问引导的方式。实际上，教师将自己的行为从告知转变成提问，本身也就是一种"后退"，正因为有了教师的退，才给幼儿腾让出了挑战自我的空间，他们才可能有机会主动地回忆其原有经验，并将原有的相关经验创造性地迁移、转化为新的特定念唱经验。也正是由于幼儿在这种提取、发现，创造性地迁移、转化的过程中能够体会到自我发现、自我完善的快乐，所以我们也才能够看到幼儿在这一过程中积极主动的状态。

在这次活动中，教师的另外一种"后退"主要体现在"代唱"的过程中，教师从第一次范唱开始就不断地使用了"动作代替歌词"的策略。最初，教师使用动作替代主要是为了吸引幼儿注意、提取原有相关经验，并将动作转化为歌词。而随后，教师越来越多地使用动作替代，更是为了既保持对幼儿情感、想象方面的激励性，又保持对幼儿记忆、再现歌词动机方面的激励性。我们可以很容易地发现：只要是估计幼儿可以根据动作提示和图片提示回忆出来的歌词，教师便主动地转变成只有动作、表情和口型的参与，甚至只有动作和表情的参与。随着幼儿对歌词熟悉程度的不断递增，教师自己唱出的歌词也不断地递减。最后甚至减到仅仅在幼儿最容易唱错的地方教师才开口唱出声音来。请不要小看教师这样的行为，它对幼儿发出的"潜台词"是：我相信，你们自己能行！让你们自己努力来验证一下，你们自己究竟有多么行吧！

在活动接近尾声的那一段时间里，教师的提问逐渐变得越来越具有挑战性。这种问题一般也应该出现在活动接近尾声的部分，如"福娃的故事是我们大家一起编的……咱们把它们唱到老爷爷捏面人的歌里，好不好？""我就不信难不倒大五班的小朋友！这样，请伴奏的老师弹快点，看看小朋友们能不能跟上。""现在我拿掉一张图片，怎么样？""真的难不倒？我不信！现在我请大家起立，向后转，什么都看不到了，我们看到的是谁呀？"（只能看到客人老师）

活动中，教师的语言非常"吝啬"，甚至吝啬到几乎没有教学组织性的语言。但为什么教师又能够一直紧紧抓住幼儿的注意力，随时激发出幼儿的投入热情呢？其中的窍门就在于教师在选择教学方法上下了一番工夫，教师有效地使用提问作为桥梁，让幼儿不断发现自己可以通过迁移原有经验进行新的学习。在幼儿需要通过努力练习逐步达到技能熟练的时候，教师通过逐步的"后退"，通过不断变换、调整教学方法和手段，激发幼儿的学习兴趣，使幼儿的思维始终处于兴奋活跃状态，使教学活动如行云流水般让人赏心悦目。

（沈阳军区联勤部第一幼儿园：陈淑媛）

案例　　　　　　　中班科学活动：有趣的齿孔

活动目标

1. 知道齿孔的作用和发明过程。

2. 感知齿孔给生活带来的方便。

3. 能耐心、有序地操作各种材料。

活动过程

1. 齿孔的作用。

（1）幼儿探索打开包装盒子的最方便的方法。

（2）介绍"齿孔"的名称。

（3）比较没有齿孔的小图片和有齿孔的优惠券，哪一个撕着更方便。

2. 齿孔的发明（看课件）。

3. 生活中的齿孔。

说说生活中除了各种包装、优惠券上有齿孔以外，还有哪些地方有齿孔呢？

4. 各种各样的打孔机。

（1）（看幻灯片）了解生活中有很多东西是需要打孔的。

（2）自由操作各种各样的打孔机，鼓励小朋友找出各种打孔机的用法，猜猜它们都是用在什么地方的。

（沈阳市沈河区育鹏小学幼儿园：霍薇娜）

活动点评

在以往的科学活动中，还没有把幼儿当做一个真正的探索者来对待，科学活动不重视培养幼儿的探索技能与理解能力，没有鼓励幼儿进行直接的科学活动，因此幼儿难以获得独特的、富有挑战性的直接经验，孩子的操作活动只停留在表面。

本次活动重视了幼儿科学方法与技能的培养。教师为孩子们提供了大量生活化、又新鲜有趣的操作材料，尽量让幼儿在真实的环境中观察、自主探索。教师依据幼儿的生活经验设计教学活动，通过为幼儿创造宽松的探究环境，并综合运用多种教学方法，如观察、讨论、交流、比较、预测、实验、操作以及多媒体演示等，使幼儿感受科学探究的过程和方法，体验发现的乐趣。

在活动中教师鼓励了幼儿探索的主动性、积极性，教师通过包装盒上的齿孔给幼儿搭建起感悟或认知的支点。操作中，教师不是热衷于在丰富多彩的形式上下工夫以吸引幼儿，而是通过幼儿已有的对包装上齿孔的经验，利用课件及各种打孔机为孩子提供感悟与思考的情境，使幼儿原有的认知经验过渡到理解"齿孔"的问题上，并有效地帮助幼儿把经验转化为生活技能。

此次活动由于教师在教学方法的多样化上下了很大工夫，不仅使用了科学探究活动中常使用的观察法、讨论法、交流法、操作法、实验法等，还运用了比较法和预测法，不断地激发幼儿的兴趣和探索欲望，使幼儿的已有经验得到了提升，使课堂真正成为幼儿学习的乐园。

建议：

1. 此次活动的材料收集，可以采用家园合作的形式，让幼儿和家长共同收集带有齿孔的物品和打孔机，使操作材料更加丰富，也更能调动幼儿参与活动的积极性、主动性。

2. 多媒体课件的内容有些成人化，建议调整为幼儿容易理解的语言以及生动有趣的画面来呈现。

（沈阳市沈河区教师进修学校：贾丽杰）

两个案例虽是两个不同园所、不同领域的教学内容，但点评者对执教者在方法的多样性上所下的工夫，以及教学方法对其教学效果所产生的深远影响都给予了充分的肯定。点评者对教师恰当地选择，不断地变换教学方法，有效地激发幼儿在各个环节中的学习兴趣，使幼儿的思维始终围绕着教学进程，处于积极活跃的状态，做到了及时发现，用心挖掘，细致点评，必将对执教者形成自身教学特色和风格、进一步开展教学方法研究起到积极的促进作用。

（三）看教学方法的改革与创新

评析教师的教学方法既要评常规，还要看改革与创新，尤其是评析一些素质好的骨干教师的课，更要看其对教学方法的改革与创新。另外，课堂上的思维训练的设计、创新能力的培养、主题活动的延展、课堂教学模式的构建及教学艺术风格的形成等都应该与方法的运用融为一体，使教学过程中处处有方法的渗透，并通过评析为大家提供示范。

案例　　　　　　　大班音乐活动：钟表店

活动目标

1. 感受、表现 ABACA 回旋结构的乐曲。

2. 能大胆表现，体验快乐的情绪。

活动过程

1. 欣赏音乐故事。

（1）教师表演音乐故事，引导幼儿仔细观察故事中表现了哪些情节。

（2）介绍音乐作者及名称。

2. 故事图片排序。

引导幼儿根据教师表演的音乐故事排出图片的顺序，并初步理解音乐所表现的情境。

3. 欣赏音乐。

（1）完整欣赏音乐。引导幼儿发现音乐中有不同的乐段，整体感受音乐的情绪。

（2）分段欣赏音乐。引导幼儿理解 A 段音乐的活泼、跳跃；B 段音乐的优美、柔和；C 段音乐的急促，并探索能表现每段音乐的线条或符号。

4. 记录音乐。

（1）引导幼儿听音乐用纸笔记录，发现音乐的结构。

（2）了解 ABACA 回旋结构的乐曲。

5. 创编与表现。

（1）启发幼儿模仿小钟表，用身体的部分表现时针与分针，大胆创编闹铃响起的动作和钟表的造型。

（2）选择自己喜欢的造型，穿上装饰服装，随意在身体的各部位戴上腕铃或腰铃，和幼儿一起随音乐完整地表演。表演时，引导幼儿大胆地造型及表现闹铃响起的动作。

（沈阳军区政治部幼儿园：王珏）

活动点评

音乐欣赏活动，是幼儿园音乐教学中的难点，如何让幼儿来理解优秀的、但却抽象的音乐作品，一直是我们探究的课题。本次活动是在幼儿对钟表有了一定了解的基础上，大胆地将音乐故事化、拟人化，使孩子们轻松地理解了音乐作品所表达的情感内容及回旋曲的音乐结构，让我们的音乐欣赏活动，看得见、摸得着、体验得到，完全打破了以往教师说教式的音乐欣赏活动形式，真正地提高了幼儿的艺术鉴赏能力。

本次活动教师能够挑战以往音乐欣赏的传统教学方法，尝试改革和创新，用动作表现、故事图片排序、幼儿记录音乐等方法，帮助幼儿理解回旋曲的音乐结构。活动一开始教师就用动作来表现音乐，帮助幼儿理解音乐每一段的内容，随后教师引导幼儿根据表演的音乐故事排出图片的顺序，帮助幼儿加深对音乐所表现的情境的理解，然后教师又引导幼儿学习用记录的方式进一步感知回旋曲 ABACA 的音乐结构。这三个环节的设计由浅入深，层层递进，幼儿可以深刻地感受到回旋曲段落中的重复（A 段）与新乐段（B、C 段）的出现，使幼儿理解音乐的结构，这也是这节活动最大的亮点。

此次活动由于教师教学方法的创新极大地调动了幼儿学习的积极性、主动性，使原本枯燥的音乐欣赏活动变得鲜活、有趣，使幼儿感受到用绘画记录音乐的学习方式，进一步加深对回旋曲结构的理解，顺利地完成教学重点、难点。

建议：

1. 在幼儿用绘画的方式记录音乐时，可以隐去教师示范的环节，可以让幼儿用自己喜欢的方式去记录，发展幼儿的想象力、创造力。

2. 幼儿表演时穿的装饰服装，可以让幼儿在区域活动时自己进行装饰完成。

（沈阳市沈河区教师进修学校：贾丽杰）

对教学方法进行改革与创新的目的是为了优化教学，使教学活动更科学化，所以对教学方法创新的评价，关注的重点应放在其是否对幼儿的学形成有效的促进和提高，不能只关注方法的新颖，而不关注教学效果，否则就算方法再新也没有意义。此案例中的点评者，较好地把握了这一点，对教师运用的动作表现、故事图片排序、幼儿记录音乐等方法的有效性进行了认真的思考和分析，并将评课的重点放在教学方法的创新及对教学效果产生的影响，使大家对方法创新的真正内涵有了进一步的理解，应该说是对教学方法创新性的一次成功的点评。

（四）看教师是否能采用合适的方法指导学法

教无定法，贵在得法，得不得法，就看幼儿能不能学到法。所以，评课时还要注意考察在幼儿探究学习的过程中，教师是否注意适时引导，引导幼儿选择适宜于学习内容的学法，使幼儿的学习由表及里、由浅入深、由易到难。幼儿在学习中遇到疑难和障碍时，教师能否以幼儿学过的知识、运用学过的学法对幼儿加以提示，来启发幼儿产生联想，对疑难和障碍产生新的认识。幼儿在学习过程中对某些问题把握不准或理解上遇到困难时，教师能否适时予以指点，提示思考分析的途径，打通知识或理解上的关卡，使幼儿的学习过程得以继续。在一个内容学习结束后，教师能否指导幼儿归纳和概括所学知识和学习方法，使幼儿理解和掌握自己的学习过程并对学到的知识、方法进行系统归纳，从而巩固学法，形成能力。

案例　　　　　　　中班语言活动：《大鱼和小鱼》

活动目标

　　1. 运用图谱的形式学习儿歌，感受韵律，体验乐趣。

　　2. 初步了解水里动物的食物链关系。

　　3. 有初步的环保意识。

活动过程

　　1. 情境表演：去郊游（播放音乐）。

　　2. 思考讨论。

　　河里的垃圾从哪儿来的？小朋友应该怎样做？

　　3. 学习儿歌：《大鱼和小鱼》。

　　（1）利用多媒体课件出示儿歌中的大鱼、小鱼、小虾、哭脸、笑脸的图谱，介绍食物链的关系。

　　（2）幼儿尝试根据多媒体课件出示的图谱将儿歌内容逐句表述出来，鼓励幼儿大胆朗诵。

　　（3）观看课件，幼儿将儿歌完整地朗诵出来，帮助幼儿记忆儿歌。

　　（4）幼儿分组，运用快慢不同的节奏、男孩和女孩分组等形式交替朗诵儿歌。

　　（5）提问：是什么帮助你记住儿歌的？

　　4. 音乐游戏：小鱼游游。

　　幼儿随音乐模仿小鱼、小虾、小螃蟹的动作游来游去，慢慢游出活动室。

附儿歌及图谱：

《大鱼和小鱼》

大鱼不来小鱼来，

小鱼不来小虾来，

小虾来了小鱼来，

小鱼来了大鱼来。

儿歌对应图谱

大鱼　　　　小鱼　　　　小虾

哭脸（代表不来）　　　　笑脸（代表来）

（沈阳军区政治部幼儿园：管晓旭）

活动点评

　　本次活动的设计符合幼儿的学习特点和认知规律，由浅入深，循序渐进，用搭台阶的方式，从感受、理解到大胆表现，使幼儿已有经验与新经验之间建立有机联系，让幼儿在互动式、开放式、直观式的教育活动中，自主地、能动地、创造性地学习。本次活动的重点就是启发孩子们能根据动物食物链的关系，按照图谱尝试将儿歌内容表述出来；而难点则是让幼儿通过节奏的变化朗诵儿歌。

　　活动中教师能够挑战以往儿歌教学的传统方法，尝试改革和创新，根据幼儿思维的具体形象性特点，运用多媒体课件形式以刺激幼儿的视听器官，将儿歌制作成形象直观的动画图谱，幼儿可以尝试看着图谱朗诵儿歌，通过观赏课件引导幼儿理解和记忆儿歌内容，体验自主学习的快乐。

　　教学中还有一个教学行为和隐藏其后的理念值得我们关注，那就是在幼儿基本学会儿歌后，教师不是就此结束活动或转而进入下一环节，而是追问幼儿："刚才我们学儿歌的时候，是什么帮助我们记住儿歌的？"可见，让幼儿学会儿歌并不是教师追求的唯一目标。教师的这一追问，给幼儿提供了一个反思自己学习活动的机会。

　　此次活动教师不仅关注教学方法的创新，更关注幼儿的学习方法的指导，也是教师将"教"的策略转化为幼儿"学"的策略的充分体现。可以推测，在幼儿明晰了策略的有效性并有意识地积累了这些记忆策略后，他们日后迁移这些策略并丰富策略的可能性将大大增加。这是教师培养幼儿学会学习，为幼儿一生的发展打好基础这一教育理念在活动中的具体体现。

建议：

活动中第一、二环节用的时间有点长，使得活动的主要环节显得匆忙，建议教学环节详略得当，合理分配时间，把重点、难点的解决放在重要的位置。

（沈阳市沈河区教师进修学校：贾丽杰）

其实，评课活动中，最难做到的就是透过现象看本质，真正挖掘出教学中值得关注的、有价值的东西，引领教师向《幼儿园教育指导纲要（试行)》所倡导的理念前行。此案例的精彩之处就在于评课者能通过教师的教学行为，解读出隐藏其后的关注学法的教育理念，帮助执教老师及所有听课老师找到教学中真正应该关注的点在哪里，明确学习方法对幼儿终身发展的重要意义，对教师完善教学思想、形成教学特色、提高教学业务水平，起到了引领作用。

一个教师，要紧的不是忙着用这种教法否定那种教法，不是证明多种教法的没道理，更不是糊里糊涂地照搬某种教法到自己的课堂上，不加任何改变就用。他应当像蜜蜂，在教法的百花园中，到处采集有用的花粉，回来以后，酿造自己课堂教学的"蜜"。

——魏书生

五、评教学基本功

教学基本功是教师上好课的一个重要条件，所以评课必须对教师的教学基本功进行评价。如果一个教师的教学基本功过硬，那课堂教学质量也就有了一个基本的保证。在实施素质教育的今天，幼儿教师的教学基本功通常包括以下几个方面的内容：教态、语言、组织、调控、应变、指导等方面，除此之外，幼儿教师教学基本功还包括各学科的专业技能——运动、演唱、弹琴、舞蹈、绘画、手工制作、实验操作等基本技能。在评价教师的教学基本功时，应该主要抓住以下方面：

（一）看教态

教态包括教师的行为举止、眼神表情、服饰衣着等几个方面。教态作为教学的一种辅助手段，如果运用得当，可以产生"此时无声胜有声"的效果。据心理学研究表明：人的表达靠 55％的面部表情＋38％的声音＋7％的言辞，由此可见教师面部表情的重要性。教学时教师面带微笑，亲切自然，能使幼儿产生轻松愉快的学习心境。教师在教学中的教态应该是明朗、快活、庄重，富有感染力。教师应仪表端庄、举止从容、态度热情、热爱幼儿，做到师生情感互动交融。

（二）看语言

教学也是一种语言的艺术。教师的语言有时关系到教学活动的成败。评教师的教学语言，首先，要准确清楚，说普通话，精确简练，生动形象，有启发性；其次，教学语言的语调要高低适宜，快慢适度，抑扬顿挫，富于变化。

（三）看专业技能

专业技能对于幼儿教师来讲同样很重要，因为教师专业素质的高低不仅直接影响着教学的质量，更影响幼儿的素质发展。所以，评价幼儿教师的专业技能也是很有必要的。比如，音乐活动中教师边弹边唱的能力；美术、舞蹈教学示范的优美性、规范性；科学活动中教师的实验操作能力等都是评课时需要考虑的因素。

案例　　　　　　　大班体能活动：长凳游戏

活动目标

1. 探索用长凳进行各种游戏，提高肢体的灵活性、协调性。

2. 发展幼儿的平衡、钻爬能力，提高幼儿从高处往下跳的自我保护技能。

3. 培养幼儿勇敢、果断、克服困难的良好品质。

活动过程

1. 幼儿随老师进场，在音乐伴奏下做热身运动。

2. 教师介绍活动器材，提出问题。

3. 鼓励幼儿探索长凳的各种玩法，并及时请幼儿示范自己的玩法。

4. 带领幼儿进行钻爬的游戏。

（1）钻爬单排长凳。

（2）钻爬双排长凳。

（3）钻爬多排长凳组成的暗道。

5. 过桥游戏。

（1）让幼儿自由选择单排或双排桥走。

（2）让幼儿走过两层长凳叠高的桥。

（3）鼓励幼儿走过三层长凳叠高的桥，视幼儿情况增加桥的高度。

6. 教师集中讲解跳跃落地的正确姿势及动作要领。

跳跃落地动作要领：先摆臂，后蹬地，双脚用力蹬地迅速向前上方跳出，双脚落地，落地时脚尖先落地，同时两腿自然屈膝，保持平衡，完成动作。

讲解示范后，让幼儿从两层高的桥上跳下来。

7. 将三层长凳叠高，鼓励幼儿从上面跳到瑜伽垫上。

8. 综合游戏：分成蓝、黄两队，爬过两个长凳组成的暗道，跑过独木桥，从两层高的长凳上跳下。

9. 对幼儿的表现做积极的评价，表扬幼儿勇敢果断的良好品质。

10. 放松活动，幼儿退场。

（沈阳军区联勤部第一幼儿园：洪淼）

活动点评

本次活动教师巧妙地利用长凳可钻爬、可走平衡、可垒高的特点，将其与幼儿体能锻炼有机地结合起来。授课教师考虑到是体能活动，自己在着装上、色彩上考虑得非常细致周到，红色服装又大大地激发了幼儿的运动热情，教师的教态自然、明朗、快乐、富有亲和力和感染力，较高的专业素养更加提升了活动的质量。无论是准确的语言表达，还是标准的形体示范都证明了老师的专业水准。从活动开始到活动结束，教师的运动量控制得较严密，既注意了活动的密度安排，又做到动静交替，整个活动气氛调节得很好，幼儿活而不乱，秩序井然，动作反应灵活协调。整个活动提供了大量的机会让幼儿探索长凳的不同玩法，层层递进，由易到难。同时也照顾到幼儿的个体差异，在进行走三层长凳，然后从长凳跳下时，出现个别幼儿胆怯不敢跳下的状况，教师及时发现，鼓励幼儿大胆战胜困难、挑战自我，最终勇敢地独立完成了这个动作。对教学过程中出现的突发事件，教师能及时而机智地进行处理，体现出教师较强的课堂应变能力。

（沈阳军区联勤部第一幼儿园：柴军）

案例中的执教者是一位体院毕业的男教师，因此具有良好的体育专业素养，能较好地把握幼儿体能活动的特点、进程及活动密度。男教师特有的豪放、激情和热情，也深深影响着幼儿的情绪，使教学活动充满了阳光和活力，为我们演绎了一个因专业而精彩的教学活动。而案例中针对教师专业素养所进行的点评，既可以使教师意识到专业素养对教学质量、对幼儿发展的影响，又可以强化教师自我提升的意识。因此，评价教师的专业素养是非常必要的。

（四）看应变能力

教师要具有一定的应变能力，课堂上各种教学因素是多变的，特别是作为学习的主体——幼儿，他们具有多变性、随意性、好奇好问和理解能力不足等特点，幼儿的年龄特点使得他们在教育过程中会有很多问题产生，会出现很多小意外，使得教师的预设与幼儿探究新知产生矛盾。教师要很好地驾驭课堂教学，就必须具备一定的应变能力，针对教学中的突发事件能恰当、智慧而又果断地进行处理，或及时矫正幼儿的错误，或灵活顺应幼儿的发展需求，从而有效地提高教学实际效率，使教学变得优质、高效。

教育的技巧不在于能预见到课的所有细节，而在于根据当时的具体情况，巧妙地在学生不知不觉中作出相应的变动。

——苏霍姆林斯基

课堂调控的技能，就像放风筝，风筝该飞的时候，线就顺着松一松；风筝该收的时候，线就顺着紧一紧，收放有凭、收放自如，风筝才能飞得稳、飞得高、飞得远、飞得精彩。

——摘自余文森等编著《有效备课·上课·听课·评课》

案例　　　　　　音乐活动：荷包蛋

活动目标

1. 尝试用各种身体动作表现歌曲。

2. 体验与同伴合作表演的快乐。

活动过程

1. 交流谈话：好吃的鸡蛋。

2. 创编身体动作表现煎蛋的过程。

3. 幼儿运用道具合作表现音乐。

（沈阳市沈河区朝阳一校幼儿园：答隽）

活动点评

在本次教学活动中，非常值得一提的"亮点"是，教师能用心关注幼儿在学习过程中的学习状况，且教师及时地处理，有效扩展了师生创编的思路，成为教学目标顺利完成的"助推器"。

创编是本次活动的核心部分，活动重点的掌握、难点的突破以及目标的完成都在这部分层层练习中逐步完成。教师在引导幼儿创编煎蛋动作时，一开始教师和幼儿都习惯性地以创编手部动作为主，后来有一名幼儿除了用手的动作还加上了以往学过的踏点步，教师及时关注到了这名幼儿的表现，并抓住这一教育契机，让大家欣赏、感受该名幼儿创编的动作，从而有效拓宽了幼儿创编的思路，并激发出幼儿进一步创编的愿望，此时教师通过"除了这样表现，还能怎么表现？宝宝，你这个动作做得太棒了"这类语言，不断激发幼儿创编出与别人不同的动作，并提供展示的机会供大家互相学习，在这一过程中，幼儿始终保持着高涨的学习热情，出色地完成了创编的目标要求。教师对这一小"意外"的及时、机智地处理，不仅催生了幼儿的活动兴趣，使之体会到成功的喜悦，也带动和感染了其他幼儿的探究兴趣，形成合作探究式的师生互动。

幼儿是教育活动的主体，教师的作用在于创造条件，引发与支持幼儿的自主性学习和探索。此活动，教师正是在观察分析幼儿的基础上与之展开有效的互动，进而促进幼儿的自主发展、主动学习。一节课的好坏不在于幼儿是否出错，而是因为教师不怕幼儿出错，运用灵活机智的应变能力反能"将错就错"，这样的课才更真实、更精彩、更有意义。

（沈阳市沈河区教师进修学校：张颖）

幼儿在学习过程中，经常会遇到许多意想不到的问题发生，教师能否灵活应变，机智处理，是对教师教学基本功的一个考验。案例中的执教者，能及时根据幼儿在活动中的表现和出现的问题，变换原先的应对策略，把关注点放在根据幼儿的学习状况去追随幼儿而不是把幼儿拉到自己预设的轨道中，因而更好地满足了幼儿活动与发展的需要。这正是《幼儿园教育指导纲要（试行）》所倡导的理念。案例中的点评者，可贵之处就在于，准确地抓住了教学中的"亮点"，及时关注到教师的应变能力对幼儿学习产生的影响，并将其作为重点在点评中进行了详尽的评述，不仅对执教者的先进理念给予了正强化，同时对其他观课者起到了点拨、引领的作用。

（五）看教学媒体运用

由于时代的不断进步，教学手段的革新也应与时俱进。对于教学手段运用的基本要求是恰当、规范、高效。由于多媒体的普及，我们在使用现代教学媒体辅助教学时，必须能够根据教学需要合理使用，尽可能发挥它的作用。在操作的时候要力求规范，讲究高效。在评价的时候最主要看它的实效性到底怎样，是否在教学过程中发挥了它应有的功效。

案例　　　　　　**小班语言活动：小猪的故事**

活动目标

1. 能够准确地说出图中的主要人物和事件。

2. 敢于大胆想象图片外能够发生的事件，并能够表达出来。

3. 明白因果关系，并会表达因果关系。

活动过程

1. 观看课件第一场景。

教师提问："这是什么地方？听！随着一阵脚步声是谁走过来了，请小朋友猜一猜？"

揭晓答案，是小猪走了过来。

2. 观看课件第二场景。

教师提问："小猪怎么了？小猪为什么哭了？请小朋友猜一猜。"

小朋友自由想象讨论，说出小猪哭的原因。

3. 观看课件第三场景。

教师："让我们一起来看一看小猪到底为什么哭？"请小朋友说出所看到的小猪哭的原因。

（沈阳军区联勤部第一幼儿园：李琳）

活动点评

在本次活动中，教师主要运用了多媒体教学法、谈话法、观察法等能够促进幼儿有效学习的教学方法。

由于孩子年龄小，为了很好地完成本次活动，激发孩子更大的学习兴趣，教师制作了 FLASH 动画课件。整个活动充分利用现代化教育手段，让孩子一直处于兴奋的状态之中，改变以往语言教学中利用静态图片的单一教学模式，将静态变为动态，加上老师设计的由易到难的提问，为孩子提供了很大的想象空间，充分调动了孩子的积极性、主动性，有效地促进了幼儿的想象力和创造力的发展。

1. 观看课件第一场景，提出疑问，激发兴趣。

老师开门见山，直接导入活动，请小朋友观看课件的第一场景，打开课件出现美丽的画面，幼儿仔细观察后，教师提出问题："这是什么地方？"小朋友回答后，老师接着播放课件，这时课件里传来一阵阵的脚步声，老师及时提出第二个问题："听！随着一阵脚步声是谁走了过来，请小朋友猜一猜？"孩子们马上带着好奇心猜想，激发了幼儿的想象力。最后带着无限的好奇，老师揭晓答案，孩子们会看到一只小猪从远处走了过来。本环节的设计，始终激发孩子的好奇心，激发孩子继续学习的兴趣和愿望。

2. 观看课件第二场景，展开讨论。

请幼儿继续观看课件，突然走来的小猪对着小朋友开始大哭起来。这时，老师马上问道："快看，小猪怎么了？"孩子会很快地回答出问题，接着马上提出第二个问题："小猪为什么哭呢？"看着小猪哭的样子，听着小猪哭的声音，小朋友展开自由的想象，并讨论说出小猪哭的原因。通过这样一个简单的提问，给幼儿一个大胆想象画面外事件的空间，并把自己的想象完整地表达出来，这一个环节的设计突出了本次活动的重点，同时也帮助解决了本次活动的难点。

3. 观看课件的第三场景，表达因果。

通过幼儿积极大胆地想象之后，老师再一次揭晓答案，请幼儿观看第三个场景，画面中出现了一只大狮子对着小猪张着大嘴，小猪被吓得哇哇大哭的场景。这时，请幼儿表达出这样一幅具有因果关系的画面，实际上进一步解决了本次活动的难点，从而很好地完成本次活动的教育目标。

有效地利用 FLASH 动画课件，始终从孩子的兴趣出发，用孩子最喜欢的动画形式吸引孩子的注意力，使课件更好地为孩子的学习服务，更好地为完成教育目标服务，从而发挥出课件教育作用的最大化。

（沈阳军区联勤部第一幼儿园：于洋）

小班语言活动"小猪的故事"，以 FLASH 动画贯穿教学始终，课件在教学中发挥了不可或缺的作用。点评者以此为切入点，对课件在各个教学环节所发挥的作用一一进行了评述，让大家进一步明晰了使用课件辅助教学的基本要求和前提条件是：合理高效。

总之，对教师教学基本功的评价不能以偏概全，要有侧重，要有个性评价。评价的目的是要帮助一些教师尤其是青年教师更好地找到自己发展的最佳途径，帮助其尽快成长为教学骨干。

六、评教学效果

看教学效果是评价教学活动的重要依据。从教师的角度来看教学效果的评价，主要看是否按时完成教学任务，教学目标的实现情况，教学设计和内容分量是否恰当等。从幼儿的角度来说，主要看幼儿通过努力是否达到了发展目标，各方面的能力是否得到了发展，活动的主动性是否增强。要注意到幼儿动脑、动口、动手的情况，幼儿的学习兴趣和思维活跃状态，幼儿在掌握知识和方法、养成行为习惯等方面所取得的进步，要分析教学效率的高低，了解教学对全班多少幼儿是有效的，好、中、差幼儿的学习分别占多大比例。

教学效果评析包括以下几个方面：一是教学效率高，幼儿思维活跃，气氛热烈。主要是关注多少幼儿参与了，投入了；是不是兴奋、喜欢；还要观察幼儿在教学中的思考过程，这是非常重要的一个方面。按照《幼儿园教育指导纲要（试行）》的要求，不仅包括知识与技能，还包括解决问题的能力、思考能力和情感、态度、价值观的发展，思考是非常重要的。有的教学活动幼儿很忙，但思考度很差。二是幼儿受益面大，教师能面向全体幼儿，因材施教，使所有幼儿都有不同程度、不同方面的收获，使不同程度的幼儿在原有基础上都有所进步。三是有效利用教学时间，幼儿学得轻松愉快，积极性高。

案例　　　　　　　　**大班科学活动：有趣的转动**

活动目标

1. 在试试、玩玩、做做中积累有关转动的经验，体验操作探索带来的乐趣和成功感。

2. 了解日常生活中转动的运用，感受现代科技带给人们的方便。

活动过程

1. 探索身体部位的转动。

（1）游戏：迷迷转。

（2）试一试、找一找，发现身体不同部位的转动。

2. 第一次探索、操作，鼓励幼儿想办法转动物体。

（1）用"转转转"展览会吸引幼儿注意，引导幼儿操作、探索：你用什么方法使物体转动起来？除了这种方法，还有别的方法吗？

（2）幼儿分组探索、操作，教师适时介入，观察引导。

（3）交流操作探索的结果。

3. 第二次操作、探索，引导幼儿发现转动时的有趣现象。

（1）在玩的过程中，共同探讨和发现转动时的有趣现象。

（2）互相交流：你发现了什么有趣的现象？（了解转动与力是有关的）

4. 了解日常生活中转动的运用：这种转动你在哪里也见过？它们的转动能带给我们什么好处？

5. 小制作：陀螺。

（沈阳军区司令部幼儿园：张颖）

活动点评

教师在活动中把握了幼儿科学探究活动的特质，重在激发幼儿的认识兴趣、探索欲望和解决问题的方法，从而有效地促进了幼儿的学习能力、思维水平以及动手能力的发展。

活动过程中教师利用生活中常见的物品，为幼儿创设了一个可以实际参加探究活动的情景，让幼儿亲历和感受科学探究的过程和方法，体验发现的乐趣。从"你用什么办法使物体转动起来？"这一问题切入，引发幼儿操作探究的兴趣。通过引导幼儿"用不同的方法让不同的物体转动起来""用不同的方法让同一种物体转动起来"等，让幼儿自己发现、主动建构有关"转动"的经验。教师选择了"风车"这个孩子们最喜欢的玩具，与幼儿共同探讨"风车与力的关系"，使幼儿初步感知转动与力的联系，发展幼儿思维的变通性。接着进一步捕捉生活中常见的科学现象，"这种转动你在哪里也见过？"引导幼儿关注周围生活中的"转动"现象，发现生活中转动现象的有趣和奇妙，联系幼儿的生活，回归幼儿的生活，使幼儿的学习变得更有兴趣，更有意义了。

活动中教师通过提问，引导幼儿关注学习的方法。比如，"说说你用的是什么方法使物体转动起来？""除了这种方法，还有别的方法吗？""数数，我们一共想出几种方法？"等，教师用简练的语言和文字帮助幼儿梳理、归纳转动的方法，使幼儿的科学教育更有价值。

此次活动，幼儿始终保持着高涨的学习热情，所有幼儿都能积极投入到操作、探究、思考的活动中。更为难得的是，幼儿在层层深入的探究活动中，在教师的有效引导下，每个人都有所发现、有所收获。因此，幼儿的思考、探究是有意义、有价值的真参与，而不是为了追求气氛和效果搭一些中看不中用的花架子。整个教学活动较好地完成了目标要求，取得了良好的教学效果。

建议：

1. 在活动之前教师应和家长配合，丰富幼儿有关转动的知识储备。

2. 教师在活动前应仔细研究关于本活动中涉及的科学问题的解释，怎样既符合科学的原理，又适合幼儿的学习和理解。

（沈阳市沈河区教师进修学校：贾丽杰）

对教学效果的评价，关注的重点是幼儿学的效果。本案例的点评，对执教者各教学环节中教师的教和幼儿的学都分别进行了评析，并重点肯定了幼儿参与活动的积极性和参与的有效性。可以说抓住了评价教学效果的主要问题，但并不全面，没有对幼儿的受益面进行点评，教师是否做到面向全体、因材施教，使所有幼儿都有不同程度、不同方面的收获，这其实不只是评价教学效果的指标，更是目前教学中的难点。所以，不管教师是否做到这一点，评课者都应该通过点评引领教师去关注并为之努力。

教学评价的具体操作，不一定一开始就从五个方面逐一分析评价，而要对所听的教学活动先理出个头绪来。第一步，从整体入手，粗略地看一看，整个教学过程是怎么安排的，有几个大的教学步骤。第二步，由整体到部分，逐步分析各个教学步骤，要分别理出上面的五个内容。第三步，从部分到整体，将各个教学步骤理出的内容汇总起来。然后再按照一定的顺序，从整体的角度逐个分析评价。

总之，教学评价直接影响幼儿教育质量的提升和教学改革的进程，只有全面、客观、公正的评价，才能保护教师研究教学的积极性，正确引导幼儿园的教育教学改革走向深入。

第三节　幼儿园评课的方法

组织得好的石头能成为建筑，组织得好的社会规则成为宪法，组织得好的事实能成为科学。

——布莱基

我们需要一种新的评课文化来哺育、滋养我们的教师，使得我们的每一个教师在教学中成长起来。这里就有一个评课者与被评者之间怎么建立起一种民主的、建设性的、对话的伙伴关系。把评课、观课当做一种教研活动，在这个过程中，彼此交流，发表观点，大家都受到启发。这样的评课文化才具有可持续发展的态势。只有当一个活动的每一个参与者都有收获和启发，这个活动才更有意义，才能延续下去，才能推动我们的研究更深入、更好地促进教师的专业成长。

——刘坚

一、幼儿园评课的方法

评课，除需要掌握一定的教育教学理论知识、具有较强的课堂教学功底和课堂评价能力外，还需要掌握一些评课的规范与方法。

（一）评课规范

1. 要有目的、有计划、有组织地开展评课活动，把被评的课作为新的教育理念与新的教育行为相联系的例证。通过评课活动，使教师获得真实体验，从而提高反思自己教学行为的要求和能力。

2. 评课一般先由执教者自评，再由听课者评议，最后由富有经验的教师、教研组（备课组）长、教研员或专家总评。

3. 要以求真务实的科学态度进行评课活动，要有理有据、观点鲜明、实事求是，极力避免"走过场""墙头草"等不良现象。

4. 各级各类的评课都要有记录，幼儿园教研组必须详细填写评课讨论记录表，评课档案应作为教研组考核和先进教研组评比的依据。

（二）评课的准备

1. 评课者本身要具备一定的理论素养。

评课者的理论水平直接影响评课的质量与效果，评课者对教学过程的分析，对教师教学能力的评价，对幼儿学习特点与规律的掌握，对教学特色的提炼等都需要评课者本身具有扎实的理论功底，不同的评课者要做好不同的理论准备，同行要清楚本次所听课程涉及的教育理论基础知识，要对幼儿的学和教师的教有充分的了解。专家听课就要做好理论的功课，领导听课要站在本园教学改革、课程建设、教师专业发展等角度对教师的教学进行有针对性的评价。

2. 做好评课前的具体准备工作。

（1）熟悉《幼儿园教育指导纲要（试行)》，掌握教材。

评课的关键在于精通业务，掌握《幼儿园教育指导纲要（试行)》精神，熟悉教材。因此，我们平时要善于学习，使自己具有较厚实的教学理论基础，了解教学改革的最新形势，吃透《幼儿园教育指导纲要（试行)》精神。评课者还应在听课前认真阅读教材，了解这一活动的教学目的，教学重点和难点、教学内容等。只有做到评课前有准备，才能在听课中看到教师的经验和找出闪光点，才能在评课中提出准确且具有指导意义的意见。

（2）认真听课，边听边思，记好笔记。

要评好课，就必须认真听好课，就必须在听的过程中积极思考课。没有有效的思考，就没有听的质量，评的质量也就无从谈起。听课时我们可以从以下几方面去思考：

第一，思考教师的教。主要包括：教学态度方面，教师是否认真负责，是否尊重信任幼儿，是否对教学工作准备充分，是否有敬业精神，教学是否投入等。在教学能力方面，对教材的组织是否条理清楚，教学语言是否具有逻辑性和吸引力，教学活动是否组织得有序活泼等。在教学智能方面，是否能灵敏地捕捉教学过程中的各种信息，是否有效地采取一些教学策略，是否对课堂教学的突发事件有着灵活而艺术性的处理，是否在教学中表现出一定的科学性与艺术性的统一等。在教学效果方面，是否注重课堂上幼儿的反应，是否注重有效的教学，是否把知识传授、能力培养、情感态度的三维目标统一到课堂教学活动之中。

第二，思考幼儿的学。主要包括：参与状态方面，幼儿是否全员参与了教学活动，参与的积极主动性如何，幼儿参与教学的效果等。在交往方面，看幼儿在课堂教学上是否具备多向的交往，幼儿之间的合作学习与交往的效果，师幼交往的频率与效果等。在情绪状态方面，幼儿是否愿意提出问题，是否发表自己的观点和意见等。

第三，思考课堂教学的过程。主要包括：教学方法上是否有创新，教学组织形式上是否合理有效，教学过程中教师与幼儿主体性各自发挥的情况，教学手段是否现代化、科学化等。当然听一节课不可能面面俱到，评价也不可能面面俱到。评课时，应该把自己感受最深的地方表达出来。

要评好课，还必须记好课。听课过程中要随时记好听课笔记，不但要尽可能如实地记录课堂教学的过程，而且要及时把自己对教者某一教学环节的感受写在听课笔记相对应的地方，为评课准备好第一手材料。通常我们听课做记录有两种形式：一种是实录型，这种形式如同录音机一样，如实地记录课堂教学的全过程，仿效的用意居多，这种记录方式一般不可取，因为听者记得多，想得就少；另一种是选择型，选择某一侧面或某些问题，而选择记录内容的依据是根据听课者的需要，如主讲人的优势所在，课堂的特色，存在的问题等。

（3）了解执教者的基本情况，倾听授课教师的自评，做出对点评内容的取舍。

上好一节课的决定因素在教师，教师的教学水平取决于教师的素养、能力。我们应对执教者的基本情况有所了解。只有这样才能根据教师的具体情况进行具体分析，对不同层次的教师的课作出有针对性的评价。例如，对业务能力差的教师，用骨干教师评课标准去评议他，那他的课会毛病很多，这会挫伤了他的积极性和自尊心；对业务能力较强的教师，你用低水平的标准评议，对他的再提高就没有帮助。另外，为了达到评课的目的，评课者一定要学会倾听执教者的自评，听听执教者的设计思路、课堂观感、目标达成、问题困惑等，即教学心路历程。你再把执教者的心路历程与你所观察和记录的课堂历程以及听课思考进行比照，可能会产生新的认识——或修正、或补充、或完善、或提升原来的认识，从而作出判断，作出点评内容的取舍，使自己的思考更客观、全面、深刻。

奥苏泊尔提出有效的教学必须建立在充分了解学生的基础上，其实有效评课也应该建立在充分了解执教者的基础上，仅仅靠课堂观察是不够的。

（4）拟好提纲。

写提纲之前，应先对所听的课进行较全面的回顾，再看看教材，翻翻听课笔记，在认真分析的基础上，拟出评课的提纲，如本节课的主要优点、经验、特色是什么？本节课的主要特点、不足和需要探讨的问题是什么？你的建议是什么（如改进教学的建议，推广经验的建议等）？前两点是基本点，但要透过现象评出本质的内容来。第三点是重中之重，体现评课的指导意义。

评课者还可以从总体对课的质量进行评价，对课的具体环节、内容、方法进行评析，对执教者个人素质、基本功进行评析。做到优点说足，不足说准，建议到位。

任何一种课，评者都应从教的角度去看待教者的优势、特色、风格、需改进的地方，需商讨的问题；更应从学的角度去看待主体性发挥程度、学的效果和幼儿的可持续学习情况、幼儿思维的活跃性、幼儿活动的创造性等，做到评教与评学相结合。

（三）评课的方法

评课效果如何，方法很重要。方法得当，效果就好，否则就会失去评课的意义。评课方法的选择与个人的教学经验、上课的课型和评价对象等有关。下面，介绍几种常见的评课方法。

1. 依序逐环式点评。

按照课堂教学顺序一个环节一个环节地评。可先概述一下在该环节中主讲教师是怎样教的，再陈述自己的看法和意见。适合经验少、希望得到详细指导的青年教师的课（帮导课）。

287

幼儿园说课、听课与评课

活动方案	评析
活动目标： 1. 能大胆想象，并完整讲述自己的猜想。 2. 进一步了解动物的外形特征，理解它们对动物生存的意义。 3. 愿意与同伴合作，共同制作小书。	目标的整合是教育整合的基础。本次活动目标涵盖语言、科学、社会、艺术表现方法、技能等要求，多领域整合，内容较为全面，体现了先进的教育理念。纵观活动效果，幼儿目标的达成度较高，这说明了教师能依据幼儿的年龄特点和能力、发展水平制定目标，使每一个幼儿都能获得发展，既符合幼儿当前发展水平又有一定挑战性，目标定位科学合理，并站在幼儿行为的角度上阐述目标语言，突出情感、兴趣、态度等方面的价值取向，体现了以幼儿为主体的原则，这也是《幼儿园教育指导纲要（试行）》中的表述方式。
活动内容： 能根据故事绘本的内容，选取幼儿以往对一些动物外形特征的知识经验，大胆想象并完整讲述猜想，从而进一步理解它们对动物生存的意义，再以合作制作小书的方式将故事内容加以创作并大胆表现出来。	《为什么》是一本单页多幅故事书，它以幼儿常见的、简单生动的动物形象，紧紧抓住幼儿的兴趣点，并以问题的形式，一步一步引领幼儿探究其中的秘密。这一点很符合大班幼儿喜欢探索、爱想象的年龄特点。作品语言简练、清晰、复述性强，问题富有挑战性，既能满足幼儿探索的欲望，又能激发幼儿的想象力和创造力，保证了目标的顺利完成。而这些也为幼儿制作小书奠定了一定的知识经验，使幼儿在具备一定绘画能力的基础上，将想象和创造很好地表现出来，最后讲述小书时发展了语言表达能力。
活动过程： 1. 观察与猜想。 （1）介绍书的名字。 教师："这本书叫《为什么》，你们知道里面都说了些什么吗？" （2）观察第一幅图斑马，寻找书中的"为什么"。 教师："图片中是谁？" 教师："这张图片中藏着哪些为什么呢？"	直接开门见山点出主题，激发幼儿愿意提问的兴趣，节省时间，活动直入正题。 教师从课件导入，从开始就深深地吸引住幼儿的注意力，使幼儿立刻对活动产生了浓厚的兴趣。首先，教师有效地利用多媒体教学方式，生动形象，富有童趣的画面比图片更能抓住幼儿的眼睛，幼儿很喜欢并很专注地观看，提高了观察效果。 逐图观察，使观察更仔细，通过问题提示，使幼儿很容易理解掌握。"图片中是谁？这张图片藏着哪些为什么？"这些开放性的问题设计，使幼儿主动思考多种多样的答案，促进了思维的发散性。 教师有目的地引导幼儿分析第一个画面的内容，为以后的分析提供了范例，教会了幼儿学习的方法，体现了会学比学会更重要的理念。

活动方案	评析
（3）分组讨论剩余图片。 教师："这张图片中是谁？" 教师："它又藏着哪些为什么呢？" 2. 讲述与操作。 （1）出示第一幅图鳄鱼，引导幼儿大胆猜想问题答案，并大声说出，教师绘画记录下来。 （2）提出制作要求，分组制作小书。	由于上一个环节已经为幼儿提供了思考问题的思路和方法，因此在这一个环节多数幼儿都能积极讲述自己的想法。分组讨论形式为每一个幼儿提供了充分表达表现的机会与条件，营造了一种大胆讲述的氛围，同时也是幼儿间相互学习的过程。但教师在分组活动中分身乏术，只能倾听一组幼儿的讲述，其他组虽有助教老师协助，但也没有及时沟通，所以对全班幼儿的整体讲述没有做到心中有数，指导语言的完整性不太到位，导致幼儿讲述语言不太完整、流畅。 此环节目的是引领幼儿制作小书的方法，教师并没有直接提出制作的要求，而是在展板上呈现第一幅鳄鱼的画面，引导幼儿大胆猜想问题的答案，并将幼儿猜的不同答案以绘画方式记录在画面下方的空白处，自然地为幼儿进行了清晰的示范，直接教的痕迹很少但又蕴含其中，为下一环节做好铺垫。 此环节幼儿已初步学会了制作单页图书的方法，因此幼儿很急于制作，这时教师的要求很重要。大班幼儿的合作意识和集体荣誉感初步形成，但还需在活动中继续加以巩固，教师能抓住这一点设计合作制作图书环节很巧妙，社会性目标自然完成。在制作中幼儿都很认真投入，选出的小组长也很负责，积极讲述。当每一个幼儿的图画粘在一起订成小书时，孩子们很高兴，情绪高涨，体会到了合作成功的快乐。但教师此时只重视幼儿画了什么，没有更突出指导个别幼儿的语言表达，语言领域目标完成欠缺。

第四章　幼儿园评课

活动方案	评析
3. 分享交流。 （1）教师把每组幼儿制作的一页小书订成一本大书，然后再次播放课件，向幼儿讲述真正原因。 （2）经验提升。	在讲述时个别幼儿讲话声音小、不流畅，教师应及时引导幼儿大声讲述，并教会幼儿讲述方法，即先说问题、再说原因，这样幼儿讲述才能完整流畅，思路清晰。这也是年轻教师的通病。 　　再次播放课件，逐页讲述真正的原因。此环节可以说是将幼儿零散的经验加以提炼、提升，让幼儿懂得动物的奇特外形是为了能更好地适应环境、更好地生存，使活动升华到一定高度，拓展了幼儿的知识经验，完成了科学领域的目标，体现了整合教育的理念。 　　评价活动的成果与失败最重要的是看幼儿的表现。从幼儿参与的状态上看，他们思维活跃，主动思考问题，幼儿是主动的参与者、积极的讲述者、操作者。 　　本次活动是一次较成功的语言活动，打破了以往教师教、幼儿学的方法，引导幼儿探索学习，亲自动手操作，鼓励幼儿大胆讲述自己的想法，很好地体现了《幼儿园教育指导纲要（试行)》中所倡导的以幼儿为主体的教育思想。

（执教者——沈阳市和平区南宁幼儿园：张琳琳；点评者——沈阳市和平区教师进修学校：潘文涛）

　　潘文涛老师所作的点评，是对教学各环节逐一点评的一个案例，此种点评方式的优点是全面而详尽，可以使被评者对自己教学过程的各个环节都有一个客观而清楚的认识，对教师进一步科学合理地安排教学环节无疑会起到有效的帮助作用，对缺少教学经验的年轻教师尤为适合。但是，此种点评方式也存在着无法突出重点、不易做深入分析的不足，对需要深入剖析的课例不太适用。

　　2. 概括要点式点评。

　　把一堂课最值得学习的几点概括出来，再结合有关教育教学理论加以评价，力求让其他教师从教育教学理论和实践两方面得到裨益。适合质量较高的课（总结课）。

案例　　　　　　　　**大班音乐活动：冰糖葫芦**

活动目标

1. 通过为儿歌打节奏以及简单的声部组合培养固定拍律。

2. 尝试用生活中的用品做打击乐器并为儿歌伴奏。

3. 感受儿歌及游戏带来的快乐。

活动过程

1. 谜语导入。

它的模样一串串，山楂果儿红艳艳，穿上糖衣亮闪闪，吃在嘴里甜酸酸。

当幼儿猜出谜底"冰糖葫芦"时，建议将谜语的第一句改为"冰糖葫芦一串串"，谜语改为儿歌，引导幼儿说儿歌并加肢体动作。

2. 运用多种形式引导幼儿学习儿歌。

教师完整示范儿歌。

幼儿边做动作边说儿歌。

传糖葫芦说儿歌。

分声部说儿歌，一半幼儿说完整的儿歌，另一半幼儿说后面三个字。

3. 用生活中的用品为儿歌配伴奏。

出示算盘和化妆品及药品的瓶子（确保清洁卫生），引导幼儿使其发出声音，变为散响及打击乐器。

用算盘、瓶子为儿歌配伴奏。

幼儿分声部为儿歌配伴奏。

4. 将儿歌填入《洋娃娃和小熊跳舞》的乐曲中，师生共同演奏。

5. 游戏：采山楂果。

教师扮演采山楂的小姑娘，幼儿扮演山楂，被小姑娘采到的山楂逐个跟在小姑娘身后，按顺序走成一列（穿成糖葫芦），边走边说儿歌，活动自然结束。

（沈阳军区政治部幼儿园：关辉）

活动点评

本活动是执教老师在学习了奥尔夫音乐教学法的基础上，研究奥尔夫音乐教学法本土化的一次有益的尝试。通过这样的一次活动，让孩子们在感受"节奏、韵律"的同时，丰富感性经验，了解音乐语言，从而借助"生活乐器"抒发出内心情感。

1. 从本土出发，结合本民族儿歌培养幼儿的节奏感。

奥尔夫的音乐教育思想及其教学方法，呈现一种开放性，他鼓励人们依照本国的文化，将他的音乐理念融入其中。奥尔夫音乐重在理念，它没有规定一个标准的示范课程。这样虽然给各国的奥尔夫教育工作者提供了一个无限发展的空间，但也为设计教学活动带来了一定难度。关老师在活动中，运用了谜语这一孩子们感兴趣的语言形式，引导幼儿猜出北方孩子熟知和喜爱的食品"冰糖葫芦"，又巧妙地变换谜面中的第一句话，使谜语变成了儿歌。单从这个儿歌的选材上来看也体现了"好儿歌"的三个原则：第一，既是儿童喜欢的，又是成人喜欢的。第二，讲了30遍后依然有趣。第三，文字的表达不晦涩。其中"串串、艳艳、闪闪、酸酸"叠词的出现，使儿歌更加易于记忆并且朗朗上口，为之后的利用"生活乐器"进行节奏的创作打下了"节奏基石"。

2. 从"节奏、韵律"的练习入手，以游戏贯穿整个活动。

奥尔夫音乐教学法的教学内容一个重要的组成部分就是节奏的训练。关老师借助儿歌这个载体，通过猜谜语、传冰糖葫芦、分声部接儿歌等游戏环节，在不知不觉间就使孩子们循序渐进地熟悉了儿歌，并掌握了儿歌的独特韵律。这种层层递进的设计使孩子们在亲身的参与和体验中感受节奏，让他们从小懂得节奏、韵律，了解音乐语言。

3. 利用"生活中的乐器"，充分体验利用乐器进行创作的乐趣。

奥尔夫音乐教育法强调从即兴开始的教育是真正体现创造性的教学，他不是把现成的知识、技能传授给孩子，而是让孩子在游戏中去探索声音，去尝试用字词、语言，用自己的动作即兴做些什么。孩子的生活经验没有受太多的社会影响而定型，因此他们天然的具有对音乐的创造性。通过简单的乐器即兴演奏、即兴表演，使孩子可以把自己想象成艺术家在从事工作。关老师在本活动中并没有使用奥尔夫的常规乐器，而是为幼儿提供了中国特有的计算工具"算盘"和孩子们生活中常见的瓶子。从她选择算盘作为乐器上看，她在尝试为本次活动打下"中国"的烙印。摆弄算盘的声音非常独特，这是所有奥尔夫乐器不具备的声音，而且孩子们在摆弄算盘时发出的声音与散响乐器（发出不稳定音的乐器）的声音相似。但是算盘并不是孩子们生活中常见的用品，所以它的出现使孩子们更愿意去观察它的外部特征，而不是探究它如何能出声音。而瓶子这个"乐器"，不仅具有易收集的好处还具备易操作的特点。孩子在探索瓶子如何发出声音的同时，也是对"乐器"使用的再创作的过程。掌握让瓶子出声音的方法很简单，孩子们在创作的过程中可以轻易地听出不同方法带来的不同音效，这样也提高了他们对声音的识别能力。通过这样的探索活动，能够激发他们在生活中"举一反三"的能力。

总之，本活动体现出关老师独具匠心的设计和对奥尔夫音乐教学理念的本土化应用的尝试。本活动为研究奥尔夫音乐教学法在儿童音乐教育中的应用提供了参考资料，具备了一定的参考价值。

（沈阳军区政治部幼儿园：胡静）

此案例的点评，运用的是概括要点式的点评方法，体现了"概括要点，有理有据"的评价特点。此种点评，对点评者的素质要求相对要高一些，要求点评者要具有深厚的理论功底，在准确挖掘教学亮点的同时，能结合理论作出相应的分析，给大家以教学理论的提升与引领，使大家知其然并知其所以然。

3. 突出重点式点评。

紧紧抓住活动的某一"闪光点"评深评透。适合总体上并不成功的课（认识课）。

案例 **大班科学活动"颜色变变变"评课**

1. 运用心理激励机制，创设情境，促使幼儿以积极的心态进入学习。

刘老师首先设计了生活化、情趣化的情境，并利用计算机将绚丽多姿的色彩变化演示出来，展现色彩变化过程，以激发幼儿的学习兴趣和求知欲望，巧妙地将幼儿引入学习的情境中，在探究新知的同时，感受色彩给我们带来的美感。

一般情况下，在活动的开始环节，幼儿的注意力往往不够集中，学习的主动性也较低，此时的心理激励对幼儿进入学习状态是非常重要的，刘老师精心设计的情境，可以说较好地解决了这一问题，达到了激发学习动机、调动学习情绪、诱发积极思考的目的。体现了《幼儿园教育指导纲要（试行）》的精神。

2. 激发学习内在动机，引导探究，带领幼儿朝着期望目标前进。

为了让幼儿充分参与到教学活动中来，刘老师设计了"说一说""做一做""找一找""想一想""试一试"等逐步深入的活动过程，为幼儿提供充分从事科学活动的机会，利用教学情境，鼓励幼儿参与、自主、合作、探究，培养学生的创新精神和实践能力，帮助他们在自主探索和合作交流中，理解掌握数学新知，同时感悟数学的思想方法，从而获得深刻的数学活动体验。

幼儿在导入阶段被激发出来的兴趣、情绪、态度，是随着教学活动的发展不断变化的。当好奇心得到满足时，兴趣开始减弱，此时最容易出现注意力涣散的现象。刘老师及时设计了"说一说""做一做""找一找""想一想""试一试"等系列活动，较好地解决了这一问题。正是这一系列活动的开展，使幼儿最大限度地参与到教学活动中，这样做有利于发挥幼儿学习的主动性，发展幼儿的创造性，极大地改变了那种被动的、单纯听讲的学习方法。科学教学不仅要重视演绎，还要重视探索知识的过程，并把这个过程介绍给幼儿，让幼儿自己去猜测、验证、比较、归纳，逐步通过试探或试验来获得新知识。应该说教学效果是非常好的。

当然这个活动也存在着不足或者说遗憾，整个教学的节奏显得较慢，语言较平，希望在今后的教学中能加以注意。

（沈阳军区政治部幼儿园：郑宏）

此案例的点评，是围绕教师在教学各环节如何有效调动幼儿学习兴趣而展开的。点评者没有对整个教学活动作综合性的评析，而从自己体会最深、感触最大、认识最明显的一个方面为切入点进行评课，这就是所谓的突出重点评。此种点评方式，既可降低评课难度，又可避免面面俱到，这对大多数老师参与评课是比较适用的。但这种评课应尽量避免同别人重复。

4. 综合归纳式点评。

把几堂课放到一起分析、归纳出颇具共性的几条进行评议。适合同类型的多个活动（评价课、检查课）。

案例　　　和平区幼儿园数学教育观摩研讨活动点评

幼儿园数学教育的根本目的是让幼儿在生活和游戏的真实情境中以及解决问题的过程中，逐步形成对数学的初步感知和数学意识，体验到数学的重要性和意义，在不断遇到各种挑战和不断成功地解决问题的过程中获得自信心，感受和体验到运用数学解决问题的乐趣。因此，教师不仅要有目的、有计划地创设情境组织集体教学活动，还要在游戏中提供材料让幼儿操作和探索，在日常生活中引导幼儿运用数学知识解决一些简单问题，使数学问题生活化，生活经验数学化，让幼儿在主动积极地学习数学中发展思维能力。

区教研室依据学期计划，围绕数学教育的专项研究，展开了为期3个月的数学教育活动评优，最终精选出具有典型性的优秀教育活动。利用三天时间，分别观摩了小、中、大三个年龄班共8个教育活动，为我们留下了深刻的印象。她们带来了先进的教育理念和乐业、敬业的职业精神，让我们感受颇多，受益匪浅，下面就与大家分享一下。

1. 体现高度负责的职业精神。

"态度决定一切"，做任何事态度很重要，只要认真对待，一定会成功。8名教师中有工作1~3年的年轻教师，有工作近10年的中年教师，无论年龄大小，都能本着对工作认真负责的态度，精心做好活动前的多方面准备，从幼儿知识经验的积累到活动环境创设，再到每个幼儿的操作材料的制作，事无巨细，考虑周全，为活动的成功打下良好基础。

2. 注重学习身边的数学，凸显数学教育的生活化。

在现实生活中，处处蕴涵着数学知识。教师们注重引领幼儿在生活和游戏中感受事物间的数量关系，体验数学的重要性和趣味性，从而积累数学经验，更好地在生活中运用。例如，比较、测量事物的大与小、长与短等；各种图形的转换关系；生活中各种数字的实际意义；图形的等分；时间的认识；物体的一一对应等，无一不与幼儿的生活息息相关。

数学教育生活化包括三方面内容：一是指数学活动应在生活场景和模拟情境中展开，解决真实的数学问题，如省委机关幼儿园邵慧芳老师的"帮助小松鼠去购物"、沈阳军区联勤部第一幼儿园柴军老师的"帮助小熊铺路"、高媛老师的"小熊糖果店"；二是强调由幼儿日常生活或游戏中的问题引发幼儿的数学活动，如沈阳军区联勤部第二幼儿园郝玲老师的"分礼物"、中国人民解放军第二〇二医院幼儿园丁博老师的"分一分"；三是引导幼儿运用数学的思维方式去解决日常生活中的问题，例如，沈阳市和平区南宁幼儿园王莹老师的"生活中的数字"、沈阳军区联勤部第一幼儿园柴军老师的"帮助小熊铺路"等。

3. 注重亲身实践操作，提高幼儿分析、解决问题的能力。

《幼儿园教育指导纲要（试行）》中一再强调幼儿科学教育的首要任务就是精心呵护与关注幼儿对周围事物的现象及其相互关系的好奇心、认识兴趣和探究欲望。数学教育亦如此。教师们都能注重引导幼儿在操作中学习数学的方法，解决遇到的问题。从而感受到数学学习是多么重要和有趣，并从心里喜欢数学活动。同时提高了思维品质，逐渐形成了一种能力，最终实现了幼儿学习数学的真正目的。而不是枯燥的教给幼儿现成的方法，枯燥地反复练习，使幼儿产生厌烦心理，导致不爱学数学。如沈阳军区联勤部第二幼儿园郝玲老师的"分礼物"活动中，运用群数的方法帮助幼儿解决了幼儿园大班分发节日礼物的难题；省委机关幼儿园邵慧芳老师的"帮助小松鼠去购物"活动中，幼儿学会了按价签买物品、合理使用钱币买需要的物品，这些都使幼儿通过活动增强了自信心和解决问题的能力，这对幼儿今后的健康成长起到了重要的作用。

4. 善于挖掘日常生活中的教育资源，助推幼儿的学习活动。

日常生活中包含了大量学习数学的资源，只要充分地发现与利用幼儿所熟悉的自然材料，如各种绳子、夹子、彩纸、玩具、衣服、石子、扣子、核桃、废旧材料（如纸盒、易拉罐、冰糕棒）等，生活中的任何物品都可以成为数学活动中的材料，都可以用来进行数、形状的认识、分类、集合、组合等。本次活动教师们能依据幼儿的年龄特点，在创设一些与幼儿生活相关的、有趣的情境的基础上，很好地利用生活中的多种学习材料进行探索、操作。将教学过程生活化、游戏化，使幼儿学在其中、乐在其中、悟在其中、能力形成在其中。如沈阳市和平区南宁幼儿园王莹老师的"生活中的数字"、中国人民解放军第二〇二医院幼儿园丁博老师的"分一分"等都充分地体现了这一点。单调乏味的数学学习，变得生动有趣，让人畏惧的数学活动话题充满快乐和精彩。

5. 有机整合数学与语言内容，在交流中分享数学学习的收获。

《幼儿园教育指导纲要（试行）》中指出："幼儿在探究之后，都有一种表达的潜力和倾向"。在数学活动中不仅要学习数学知识，还要发展语言能力，两者要有机结合，同步发展。纵观所有观摩教育活动，教师们在每一个探索环节中，注重了引导幼儿将自己或小组探索问题的过程用较完整流畅的语言进行表述，通过语言交流，及时梳理头脑中的信息，明晰所发现的事物特征和关系。由于幼儿有亲身的经历和体验，他们大都乐于表达和交流，通过观点的相互碰撞，构建知识经验，发展口语表达能力。讨论交流气氛融洽，教学活动效果也很好。

案例　沈阳军区政治部幼儿园早期阅读活动观摩研讨活动评析

幼儿早期阅读活动，在我园开展近15年，我园已总结出许多优秀的教育教学经验。本学期末，我园对幼儿早期阅读活动进行了全园的观摩，用了5个半天（前4天观摩活动，第5天评课）的时间，观摩了14个阅读活动。下面，我想就参加本次活动的一点感受与各位老师做一下沟通与交流。

1. 教师态度端正，准备充分。

运用三十分钟的时间进行一次早期阅读活动很容易，但是在短短的三十分钟之内将一学期幼儿所学过的教学内容全部展示出来，的确有一定的难度，但教师们发挥了她们的聪明才智，做了积极充分的准备以自己最佳的状态，最好的教学方法，展现了各班特色的早期阅读活动，每一个活动都为大家留下了很深的印象，而且每一个活动都有大家学习、借鉴的东西。

2. 真正体现了识字游戏化。

游戏识字是幼儿早期阅读活动不可缺少的一部分，与小学化的识字、认字是有本质区别的。此次活动，也真正体现了听读识字游戏化这一特点。各个年龄班能够根据本班幼儿的年龄特点，设计了适合幼儿的活动。小班多以情境表演为主。小一班的张玲教师以兔妈妈生病小朋友看望兔妈妈为活动的主线，通过给兔妈妈准备礼物、乘车及为兔妈妈表演节目进行了识字的复习和阅读的展示；小四班的胡静老师以带领孩子参观海洋世界为活动的开始，通过发票、入座、钓鱼、拼图，来展示班内幼儿早期阅读的能力；小五班的赵伊柳老师是一个刚刚毕业一年的小老师，她运用了《小蝌蚪找妈妈》的故事，通过小蝌蚪在找妈妈的路上发生的事情复习了本学期的阅读活动的内容。中班多以情境故事的讲述为主。中五班的陈闽老师以参加动物狂欢节，出示不同颜色的神秘信封为主线，不同颜色的信封代表不同的感受，由不同的游戏来展示本班的阅读活动；中三班的黄莎老师以小猪到中三班和小朋友游戏为主线，通过与小猪游戏，复习这一学期的内容；中四班的叶欣老师以观看一本大书为主线，进行阅读活动的复习。大班多以闯关、比赛、游戏为主，非常适合大班幼儿的年龄特点。大一班的肖剑老师以分组比赛的形式复习阅读内容，游戏结束，孩子们兴致勃勃地数着自己队得到的苹果，为自己欢呼；大二班的武寓宁老师以智力大闯关为主线，孩子们都非常感兴趣，而且教学效果好。

3. 教育教学理念新。

本次教育教学观摩活动各班教师目标定位是准确的，能够把握本班幼儿的年龄特点，注重知识技能、情感态度、经验分享等方面的结合，目标完成是良好的。特别提出一点值得发扬和肯定的，那就是尊重孩子、与孩子平等对话等。《幼儿园教育指导纲要（试行）》中提出创造一个自由、宽松的语言交往环境，支持、鼓励、吸引幼儿与教师、同伴或其他人交谈，体验语言交流的乐趣，学习使用适当的、礼貌的语言进行交往。在此次活动中，幼儿积极主动地为观看活动的老师朗读诗文，邀请老师游戏，这一点特别值得发扬和肯定，中三班的孩子邀请老师一起游戏，中四班的孩子在"分信"这一游戏活动中，遇到麻烦会主动地寻求同伴的帮助及看课老师的支持，可以看出孩子有强烈的主动学习的愿望。大三班孩子的故事表演《小兔子抽烟斗》，孩子们惟妙惟肖的表演，积极的参与，给我们留下了深刻的印象。在整个课堂教学中老师扮演了组织者、引导者、合作者的角色，对孩子在课堂中所表现出来的各种想法和看法能给予肯定，而不是否定、批评，并为孩子创设一个想说、敢说、喜欢说、有机会说并能得到积极应答的环境。

4. 体现多领域的渗透与结合。

《幼儿园教育指导纲要（试行）》中提出发展幼儿语言的重要途径是通过互相渗透的各领域的教育，在丰富多彩的活动中去扩展幼儿的经验，提供促进语言发展的条件。在此次活动中充分体验到这一点，如中二班的游戏"水果蹲蹲蹲"，就是运用体育游戏来复习学过的关于水果的汉字；中三班的蜡笔排水法找字；小班的音乐游戏"小手拍拍"中的听音乐手指字；大班的汉字与数量的对应；利用磁铁玩具钓鱼复习汉字的游戏；中二班根据儿歌内容创编的手指操等活动，都充分体现了领域间的渗透和融合。

5. 注重阅读习惯和常规习惯的培养。

培养良好的阅读习惯，是进行阅读活动的重中之重。只有重视幼儿阅读习惯的培养，才能为幼儿的阅读打下坚实的基础，在此次活动中我园教师非常重视幼儿阅读习惯的培养。中三班的老师请幼儿翻书时，要求幼儿大拇指和食指抓住书的右下页脚的小动物标志，进行翻看；每一次听读、跟读、朗读时教师会出示字条进行要求提示，包括幼儿读书时的坐姿、用眼习惯等，出现问题及时纠正。在教育教学活动中，教师不时地提醒幼儿注意常规习惯，如教师一个眼神、一个细微的动作，就能及时地提醒幼儿改正不良习惯，如不吃手、不挖鼻、不咬衣角等。

（沈阳军区政治部幼儿园：叶欣）

上述两个点评案例，分别是在评优活动、专题观摩活动结束后，由活动组织者对所观摩的活动进行的总结性评析，他们运用的都是"综合归纳式点评"的方法，点评者能够站在一定高度，从理念、方法到态度、习惯等方面都做了较为全面的点评，并较好地把握、分析了数学及早期阅读活动的共性特点。但"综合归纳式点评"不只要归纳出共性的特点与优点，还应归纳出共性的问题与不足，遗憾的是，这两个点评者都没有对存在的共性问题进行分析和评议，这显然是不全面的。

5. 专题式点评。

围绕一个专门的研究课题进行评议。适合教改实验和教学研讨会上的探索课（研究课）。

案例　　　　中班音乐活动"小鱼和美人鱼"点评

在上次的课题研讨中，大家提出了一个比较困惑的问题：在音乐教学中，如果教师的引领一直贯穿其中，是否表明教学活动就是失败的呢？为了搞清楚这一问题，我们专门组织了今天的专题研讨活动，下面我结合本次研讨的议题对今天的教学活动谈几点个人意见。

今天由杨老师执教的"小鱼和美人鱼"活动，是将经典音乐具体化为幼儿游戏活动的一个很好的尝试。可见将游戏自然渗透在音乐教育情境中，使幼儿在积极愉快的情绪状态下参与音乐活动，不仅是一个观念问题，也是一个技术问题。今天的这个教学活动，不论是第一部分的创编小鱼游动作，还是第二部分的美人鱼游戏，以及最后的完整游戏，教师的引领一直贯穿其中，那么，这是否就表明本次的教学活动是失败的呢？

其实，这是一个涉及价值判断的问题。固然，执教的教师希望通过设计游戏情节让幼儿感受名家佳曲，并主动地、创造性地参与音乐活动，这是一个理想状态。不过，我认为教师在设计和组织时还要考虑到三个因素：

（1）幼儿的因素：对于这个年龄阶段具体班级的幼儿来说，他们的知识和能力储备足够吗？

（2）教师的因素：执教教师有能力帮助幼儿达到理想的状态吗？

（3）活动本身的因素：在这个活动中，能够追求到的核心价值是什么？追求了这个价值，什么价值又可能流失？这个流失的价值以后还可以追求到吗？

如果我们在设计一个音乐活动前都能够综合考虑上述三个因素，那么当出现价值判断的两难境地时，我们便能理直气壮地作出选择，进而逐渐形成一种价值判断的能力。

顺着这样的思路，我们来分析一下"小鱼和美人鱼"的活动：

一般来说，中班幼儿对于小鱼游、小鱼吐泡泡和照镜子之类活动还是有一些前期经验的，因此教师通过启发引导，唤起幼儿记忆深处的经验并与具体的音乐匹配，这是完全可行的。在活动中我们也看到，教师在做"打招呼"和"照镜子"动作时始终是有乐句感的，但她并没有刻意地要求幼儿对乐句有所反应。其实教师这样处理并不是由于疏忽，而正是在研究音乐、研究幼儿的基础上进行的有意识的教学行为。因为对于中班幼儿来说，依靠一次活动既要初步感知音乐的情绪、结构，又要按乐句、节奏做动作，可能对幼儿造成过重的学习负担。并且该音乐结构不够完整，节奏不够鲜明，如果教师一味地让幼儿按乐句做动作，很可能连原本应该追求也是可以追求到的价值也无法实现。

此外，教师在本活动中有两个环节用到了动作预令的策略：

第一个环节是在吹泡泡的音乐出现时，教师每次都会提前两拍做深呼吸，鼓起嘴巴，双手放在嘴边做准备吹泡泡的动作。

这个预令要表达的意思是：下面要吹泡泡了，快快准备好！它可使幼儿有较充足的思想准备，同时培养了幼儿从教师的行为中获取有效信息的能力。

第二个环节是要求幼儿在音乐结束处扮演一种海底动物并在造型定格时，教师用魔法棒画圈的方式来表达预令，目的是暗示幼儿对尾音的感知，使幼儿有意识地关注魔法棒的运行状态，并从容不迫地进行动作造型，从而避免因即兴的快速反应而出现混乱或焦虑。

这两个动作预令都是在充分考虑幼儿可接受性的基础上设计的，从幼儿的学习活动来看，这两个策略是有效的。

最后，我们再回到大家的疑问上来，如果教师的引领始终贯穿于活动中，这样的教学活动是否意味着失败？这里除了上面分析到的幼儿因素、作品因素和活动本身的因素以外，还需要分析教师自身的因素。设计和组织该教学活动的教师是一位新教师，教学经验不够丰富，对于有可能出现的突发情况缺少应对策略。因此，对她而言，选择与自己能力相符的高结构式的教学活动，是比较合理且适合自身情况的。由此可以说明一点，在任何情况下，我们都要实事求是地考虑应为之事和可为之事，既要考虑给孩子多大的空间是适合的、有益的，也要客观地考虑这样的空间对自身来说是否游刃有余。当然，教师应该培养拓展空间的意识和自觉性。

此案例以中班音乐活动"小鱼和美人鱼"为对象，以"音乐教学中，如果教师的引领一直贯穿其中，是否表明教学活动就是失败的呢？"为主题，开展的一次专题式评课，达到了解决问题、帮助教师改进教学实践的目的。应该说这是一个十分有意义、有价值的评课方式，其目的不是去判定课的好、中、差，而是通过专题研讨，引发教师对研究的主题进行深度的思考，引领教师透过课堂教学的表面现象，深入认识教学的本质。这对教师总结经验、提高教学水平是大有裨益的。因此，专题式点评也是目前园本教研活动中经常使用的一种评课方法。但此种评课方式对主评人的要求较高，要求主评人事先一定要做好相关理论的学习与准备，然后结合课例进行理性思考，并对研讨的专题得出科学的结论，实现对教师的启发与引领。

6. 抓问题式点评。

对好的方面只作简单的肯定，重点是谈存在的问题和不足之处，并提出具体的改进意见。适合对外课和参赛课的试教课进行点评。

案例　　　　　　　**大班健康活动：亲爱的小鱼**

活动目标

1. 了解一些调节孤独情绪的方法。

2. 感受小猫和小鱼之间浓浓的爱，懂得感恩。

3. 能用较完整的语言猜测故事情节并表达情感。

活动过程

1. 观察图片，猜测角色之间的关系。

2. 引导幼儿逐页观察图片，感受角色之间的情意。

（1）它们在干什么？平时谁像小猫这样亲你啊？他们为什么那样亲你啊？

（2）小鱼有什么变化？小朋友快帮小猫想一个办法，怎样能让这条小鱼游得更舒服和自在呢？

（3）小鱼是什么样的表情？

（4）小猫把小鱼送入了大海，小猫不爱小鱼了吗？为什么把小鱼送入大海？看着小猫的背影，你觉得小猫是什么样的心情？

（5）小猫很伤心、孤独，怎样能使它快乐起来呢？你遇到过伤心孤独的事情吗？你是怎样使自己变快乐的？

（6）小鱼回来了，两个好朋友又在一起了，它们会去小岛上做什么呢？

3. 有感情地完整讲述故事，进一步感受它们之间的情意。

4. 欣赏课件：《宝贝的成长故事》。

（中国人民解放军第二〇二医院幼儿园：刘欢欢）

活动点评

自评：本次活动是感恩节主题下的一个活动，选择在感恩节来临之际进行，很切合社会环境氛围，是幼儿的现实需要，同时幼儿也很感兴趣。题材来自一个法国绘本内容，画面生动形象、富有童趣，幼儿很喜欢。通过活动向幼儿传递出一种爱的情感。活动前，我精心制作了生动的课件辅助教学，深深吸引住了幼儿的注意力，这也符合幼儿的学习特点。整节活动幼儿很投入、很专注。教师在活动中用亲一亲、抱一抱等肢体语言与幼儿进行了很好的情感互动，使幼儿获得了积极的情感体验。

他评：和平区骨干教师工作室成员

李老师：

1. 绘本内容很好，第一、二环节在提问设计上很丰满。

2. 有效利用教学资源，能移动的教学白板方便教师操作，又方便幼儿观看。

3. 教师完整朗诵环节意义不大，应改编外国绘本，节选部分内容。

4. 感恩教育不是一次活动就能完成的，有些急于求成。

王老师：

1. 教师的个人素质很好，教态自然亲切，语言感染力强。

2. 目标偏重社会、语言，不突出健康目标。

刘老师：

1. 认真吸纳国外优秀绘本故事，改变中国人传统的思维模式去思考问题很好。幼儿也很喜欢，注意力很集中。

2. 应有目的地选取其中部分内容，充分调动幼儿的想象力，挖掘爱的多种表达方式。

宋老师：

1. 教师年轻，有活力，活动前做了充分的准备，生动的课件有效地推动环节层层深入。

2. 活动中突出了语言活动目标和社会情感目标的达成，忽视了健康教育目标的达成，使活动主次不分。

不足与建议：

目标是活动的出发点和归宿，对活动具有导向作用，如果目标偏离，活动就偏离。整合活动不是大拼盘，要突出某一领域为主的教育。

1. 目标定位要以某一领域目标为主，其他领域为辅。

建议有三：

（1）侧重健康领域目标设计。

（2）侧重语言领域目标设计。

（3）侧重社会领域目标设计。

若设计为以健康领域为主的活动，建议目标修改为：

（1）理解与家人、朋友分离的感受，正确对待不良的情绪。

（2）能找出排解不良情绪的快乐的方法。

（3）能用语言大胆表达自己的情感。

活动设计可增加以下环节：

（1）在学习绘本内容之后，增加问题讨论：你平时有没有与爸妈分离的时候？你是怎么做的？

（2）增加寻找快乐的方法环节：以绘画记录的方式找出快乐的方法，帮助幼儿正确对待不良情绪。

（3）增加展示交流环节：将幼儿绘画作品粘贴到展示板上，请个别幼儿讲述快乐方法，最后教师提升幼儿经验。同时活动后可将作品布置成"快乐墙"环境创设，幼儿可随时与之互动，既丰富了主题环境，又起到了环境的教育功能。

2. 题材选取的目的性要强。

教师是教材的创造者，不是搬运工。教师要认真钻研现有教材，挖掘主要教育价值，依据年龄特点和发展水平节选部分内容，节选7～8幅图，在有限的时间内，实现教育最大化。

3. 课件《宝贝成长故事》里的宝宝幼儿不熟悉，建议应贴近幼儿生活实际，选取本班的某一幼儿或做练习。

（沈阳市和平区教师进修学校：潘文涛）

此案例的点评，体现了"抓问题式点评"的特点，评课者不但发现、提出执教者教学中存在的问题，而且提出了改进教学的具体意见，这是值得肯定的。但"抓问题式点评"仅仅停留在提出问题、解决问题的层面上还远远不够，还要注意借助教学理论及优秀教师成功的教学经验，对问题进行原因分析，引导大家深入思考，以便找到"病根"，然后再对症下药，提出改进教学的意见，这样会使执教者由"被动改"变为"主动改"，对教师改进教学更具指导价值。

当然，在评课实践中，以上各种方法的运用并不是彼此孤立的，有时是以某一种方法为主，有时也可以几种方法并用，这主要视评课的具体情况而定。

二、幼儿园评课的注意事项

评课时，无论采用哪种方法评课，要提高评课质量，评课者都必须注意以下几个问题：

（一）采取互动式评课方式

自《幼儿园教育指导纲要（试行）》颁布以来，教师教学方式和幼儿学习方式都发生了转变，听课、评课的方式和方法也应随之发生变化。

首先，要充分发挥上课老师的主体作用。评课前要充分听取该教师对本节课教材的理解、学情的预设、教学目标的制定、教学流程的安排、教学方法的运用、多媒体手段的辅助等；接着再让上课教师对本节课进行自我反思和评价，询问他"这节课感到最满意或最不满意的是什么？其原因是什么？""你认为哪些目标完成得好、哪些目标完成得不好？其原因是什么？""如果再让你上一次，你会做哪些调整或改进？"

其次，确定平等地位，采取对话方式，营造一种平等的学术氛围。评课是一种教研形式，我们一定要从研讨的角度出发，与教师进行民主、平等的交流和对话，对教师教学中的优点要充分肯定，即使是上得不够成功的课，也要善于挖掘出教者教学中的亮点，加以肯定；对教学中存在的问题或不足之处，也要以虚心的态度、商量的口气与教者共同分析研讨，善意地提出自己的建议或希望，尤其是对参加工作不久的年轻教师来说，这一点就显得更为重要，决不能以评课者自居，居高临下地去评课。否则，不仅使评课的目的大打折扣，而且会挫伤了教者教学的积极性。

（二）评课要理论联系实际

评课不是生硬的理论说教，也不是简单的过程陈述，切忌泛泛而谈和平铺直叙，要注意理论联系实际，不仅要有教育教学理论的旁征博引，而且要有教学例子的有力论证。可以采取先描述课例，再道出隐含在课例背后的理论或理念；或反过来，先说理论或理念，再描述课例，这样有理有据，才能让人信服。这样的评课也才会有强烈的说服力和感染力。

（三）评课要主次分明

评课者在听完一节课后可能思绪万千，有许多话要说。但是，切忌面面俱到，平均用力，主次不分。无论是好的方面还是欠缺的方面，都应根据教学的目标和任务，抓住教学中的主要方面，把听课中获得的信息与思考进行归纳与分析，遴选出体现主要矛盾的问题作为评课的重点，对其进行详细的评析，而次要的点到为止，而且在琐碎问题上切忌吹毛求疵。有的人在听课时往往抓不住课堂教学中的要害问题，总喜欢对教学中出现的偶发性错误或细小之处抓住不放，这是一种舍本逐末的做法，应该尽量避免。因为这样做，不但不能帮助教师提高教学水平，反而会严重地伤害教师的自尊心。

（四）评课要因课而异、因人而异

裁缝师深知衣服只有使穿者穿得舒适、自然，才是裁缝之道。评课亦然。只有评课者的真知灼见能让授课者乐于接受，这个评课者才能算是一个好的评课者。因此，评课需"量体裁衣"。

首先，要看课的性质。课的性质不同，评课的侧重点也应不同。常规性的课，可抓住课堂教学的基本标准展开评课；专题研讨课，可把评课的侧重点放在所进行的专题研究方面；观摩课，则可把侧重点定在充分挖掘优点、欣赏评析方面。

其次，评课的角度和深度要根据被评教师的实际情况来定，不能一刀切，一概而论。

一要注意教师的年龄差异。有多年教学经验的中老年教师，往往认真严谨但墨守成规，对待他们要多肯定，多鼓励，然后再委婉地提出一两点建议即可，要把评课的重点放在教学理念的转变上；对待刚参加工作的年轻教师，要注重培养，持扶持态度，评课的侧重点宜放在对常规教学的指导上，如对教材的理解是否到位，备课、上课是否已掌握了基本思路和方法，教学基本功是否扎实等方面，重在激励和引导他们尽快入门；对待教学业务能力比较强的骨干教师，评课者则应在充分挖掘优点的同时，全面深入地提出存在的问题，为其今后的发展指明方向，使他更加成熟起来。

二要注意教师的性格差异。对待性格谦逊的老师，可推心置腹、促膝谈心；对待性格直爽的教师，可直截了当，从各个角度与其认真交流；对待性格固执的教师应谨慎提出意见。

三要注意教师的素质差异。对待素质好的教师，要提出新的目标，以求不断进取，形成个人的教学风格；对待素质一般的教师，要注意鼓励、鞭策，使其充满信心，迎头赶上；对待素质较差的老师，要诚恳地帮助他们认识到教学中的不足，促使他们苦练基本功，提高自身素质。

（五）评课要实事求是

有些人评课只谈成绩不谈缺点，或者对一些明显存在的问题，讲一通模棱两可的话，甚至把缺点也说成优点，这是不负责任的做法，要坚决反对。我们应本着实事求是，对教师负责的态度去评课，既要充分肯定成绩，又要指出存在的问题，还要提出具体的建议。只有当一个活动的每一个参与者都有收获和启发，这个活动才更有意义，才能延续下去，才能推动我们的研究更深入、更好地促进教师的专业成长。

"教学是无止境的，批评是教学研究的灵魂"。能够得到批评的人是幸运的人，甚至包括非善意的批评。重要的是被批评者应以此为契机，努力超越自我，获得更大发展。

——摘自余文森等编著《有效备课·上课·听课·评课》

（六）评课要讲究说话技巧

首先，评课的语言要力求口语化，做到简洁明了，尤其是引用教育教学名言时，要做出具体的解释，避免晦涩难懂。其次，评课的语气要平和，避免用说教的口吻。对执教者存在的问题，评课者切忌冷嘲热讽，提法宜委婉含蓄。提出教学建议时，尽量使用老师们易于接受的、较为以人为本的评语，例如：如果能、还可以、最好能……就更好、可适当的……、……须加强等词语，老师们会更乐于接受。再次，注意语言的技巧、发言的分寸、评价的方向和火候，以便发挥评课的效益功能。评课时对于其"特色"和"建议",最好六四开,即六分特色,四分建议(缺点)。

(七)评课必须讲究质量

评课的最终目的是切实解决教师教学中存在的实际问题。因此,评课要准确得体,恰到好处。要有敏锐的眼光,既要善于捕捉教者教学上的闪光点,又要善于发现教学过程中的不足和存在的问题,并能及时思考有效的指导方法。评课应一针见血,在充分肯定优点的同时,必须直言不讳地指出不足和存在的问题,让教者晓其得失,这样才有利于完善和改进教学工作,还要根据教学实际和教材特点提出切实可行的指导意见,所提的意见或教学设想要符合实际,能学得会,做得到,接受得了。

总之,评课是一种说服的艺术,我们应在教学实践中不断总结评课的方法和技巧。当然,如同教学一样,评课也是"有法而无定法"的。在具体的听课与评课过程中不一定要面面俱到,可以根据不同老师的教学特点和课堂实况,有所侧重,酌情而论,重要的并不在于给老师的课下定性的结论,而是针对教学过程中暴露出来的问题和不足,提出中肯的改进意见,以便老师在今后的教学过程中扬长补短,不断提高自身的教学能力和课堂教学的效果。如此才能真正收到以评促教、共同提高的评课效果,达到评课活动的本来目的。

案例　　　　大班社会活动"我爱爸爸妈妈"评课

这是一个心理健康活动,从这个活动中我们能明显地感受到教师的用意,她要升华的是孩子爱的情感,要让孩子知道爱父母以及怎样爱父母。由于现在的孩子多为独生子女,很多孩子都表现出了自私,只知道索取却不知道回报,所以对孩子的关爱教育是极为重要的。孩子首先爱的是自己,然后是亲人,再是身边的人,再往后就是对祖国的爱,在大班进行爱身边亲人的教育是非常符合孩子年龄特点的,也是极为需要的。

1.评目标。

虽然我并没有看到过这个活动的目标,但通过观摩整个教学活动，却能让我深刻地感受到活动的目的所在，那就是对孩子爱的教育，让孩子学习表达自己对父母的爱，而且活动目标的达成度是很高的。

2. 评准备。

（1）教师自身的准备：活动中教师态度温和，声音轻柔，非常有亲和力，这就使整个活动氛围轻松，孩子在活动中没有一丝紧张感，孩子都能大胆地表达自己的想法；教师为活动创编了手偶情境表演，虽然很简单，却能深深地吸引孩子的注意力，而且又能很好地诠释故事的情节，增加活动的趣味性。

（2）物质准备：教师在活动中准备了砖块、爱心卡和音乐，这些材料是随手可得的，但却都体现了教师的用心：所选取的音乐紧扣活动主题，又能给活动营造出一种轻松的氛围；砖块是让孩子来体验付出和分担的，更能让孩子感受到父母的辛苦，以及自己该为父母分担一些力所能及的事，为实现教育目标服务；爱心卡是鼓励孩子让旁边听课的老师画的，增进了全场的融洽，而且最后汇集爱心卡，让孩子集中交流，互相分享彼此的经验。

3. 评流程。

观摩活动之后，我觉得活动主要由四个大的环节组成：引题——知道父母对自己的爱——搬砖感受父母的辛苦——表达对父母的爱，四个环节一气呵成，一环紧扣一环，每一环节都能充分地为活动的目标服务。特别是在活动中采用让孩子搬砖的方式，其用意是让孩子体验父母的辛苦，以及自己应该为父母分担一些事情，减轻他们的负担，这种简单的方式却很好地将付出与分担诠释了出来，非常具体和直观。

教法方面，教师在活动中运用了很多个提问，但每一个提问都是开放性、发散性的，孩子能根据自己已有的经验表达自己的想法，而且教师充分关注到了所有的孩子，让每一个孩子都有机会表达，与同伴分享自己的经验。

4. 评效果。

一是教学效率高，幼儿思维活跃，积极参与活动。二是教师能面向全体幼儿，特别是能针对不同能力水平的幼儿，提出难易程度不同的问题，使不同程度的幼儿在原有基础上都有所进步。三是目标达成度高，教师能将教学目标有效地渗透到教学的每一个环节中，在有效的教学时间内，圆满地完成教学任务。

5. 评教师的素质。

教师是非常有亲和力的，说话轻柔，很能让人觉得亲切、放松。在活动中教师都能做到与孩子蹲下来说话，可见教师的教育观念：尊重孩子、用心与孩子交流，而且对于孩子的每一个回答教师都能给予积极的回应和肯定，为孩子营造了想说、敢说、有机会说的环境。

6. 建议。

今天这个活动是让孩子表达对父母的爱，我觉得以后可以生成一个有关爱的主题教育活动，从对自己的爱，到对父母的爱，再让孩子学习对社会上其他人的爱，比如，敬老院的爷爷奶奶、残疾人、各行各业辛苦工作的人，还可以让孩子知道要爱各种小动物、爱大自然、爱祖国等，相信在这样一系列的爱的主题教育活动之后，孩子的心胸会更宽广，爱的涓涓细流会连绵不断。

评课分析

此评课稿是围绕评课内容的几大方面进行评析的，评者基本上能较为准确地把握从目标、准备、过程、效果、教学基本功等方面进行评析，但此评课存在两个明显的问题：一是，评者在评课前并没有对本次教学进行更为全面的了解，在不知道执教者教学目标的情况下去评目标，评整个教学，犯了凭经验评课的大忌；二是，评者只说出值得肯定的表面现象以及与本次活动关系不大的建议，却没有提出教学过程中存在的问题及解决问题的适当办法，这对执教者进一步改进、完善教学是无益的。建议评者在对优点谈足的情况下，还应找准存在的问题，提出改进的建议。

案例　　　　　　大班社会体验活动：北京奥运会

活动目标

1. 知道北京奥运会会徽、吉祥物名称和召开的时间。

2. 了解一些北京奥运会的比赛项目，能够关心国家大事。

活动过程

1. 观看录像：萨马兰奇宣布北京申办奥运会成功的一刻。

2. 请幼儿介绍自己收集的奥运会纪念品。

3. 观看录像：刘翔、姚明、王楠等比赛时的场面。

4. 用动作表演奥运体育项目。

5. 绘画奥运体育项目。

6. 幼儿介绍绘画的奥运体育项目。

（沈阳市皇姑区实验幼儿园：李蕊）

点评 1

本次活动的闪光点：

1. 活动基本能体现大班社会体验活动的实践性与体验性特点。活动流程中观赏与谈话、交流与布置、讨论与肢体表达、示范与讲解、交流与展示都突出了幼儿参与活动的实践，能给予幼儿一定的实践体验。

2. 活动目标与内容贴近幼儿的生活，与社会事件紧密结合，选取奥运中适宜的课程元素生成设计活动，体现了生活性和时代性特点，同时也是萌发幼儿爱国情感的较好契机。

3. 能较为自然地将社会领域目标与健康、艺术等领域内容进行融合，在"北京奥运会"社会体育活动中融入了幼儿对体育运动项目的了解与表达，用绘画手段设计奥运体育项目标志的艺术创意。

4. 教师与幼儿的师幼互动自然、亲切、流畅，较好地处理好教师在活动中支持、合作、引导的角色转换。

5. 能精选教育资源，提供有准备的教育环境，如活动前奥运发布会的展播、活动前幼儿收集奥运宝贝活动、涉及主题展板与展示台等都能体现出环境课程的理念。

6. 活动中教师注重调动幼儿运用多种感官参与活动，如观赏多媒体、谈话与介绍、肢体动作表现、绘画创作等，有效提升了幼儿积极主动活动的兴趣与愿望，增强了幼儿的活动体验。

本次活动的不足：

1. 活动目标中认知目标过多。在一个活动中出现会徽、吉祥物、召开时间、比赛项目等内容，造成活动容量过大，有些目标如会徽、吉祥物、召开时间等在活动中一带而过，不能给予幼儿较为清晰的认知，也无法满足幼儿的探究兴趣，此目标在活动实施中只用了4分钟匆忙完成。

2. 活动目标的设计缺乏幼儿能力目标的培养，如活动中幼儿的交流、绘画表现、肢体动作表达等能力的培养。

3. 教育活动的重点与难点不突出。本活动由于认知目标过多、容量过大冲淡了活动的重点和难点。活动中通过对奥运项目的了解，并通过绘画进行表达是这个活动的重点与难点，但教师仅仅用一个示范跳水标志的绘画图标来匆忙解决，没能较为充分地与幼儿讨论"如何用线条符号来表达项目动作的突出特点"。虽然幼儿的操作表达结果非常好，但这种表达不是本次活动中幼儿的获得，而是幼儿在活动前就有了一定的基础。

4. 活动资源运用得有效性较差。"奥运发布会"多媒体的观赏只是看了一次，其内容是教师在观赏后小结并非幼儿自主获得，其有效性较低；活动中请幼儿介绍收集的奥运宝贝并进行展示，整个环节也只用了3分钟，没有全体幼儿的细致观察及结合目标点的讨论，尤其是展示板与展台布置好后更没有给予幼儿深度观察、探索的机会。

5. 领域整合不完善。尤其是对于大班幼儿的语言能力培养欠缺，介绍前教师无要求，幼儿回答时没有完整语句描述的引导与要求。

6. 教师示范不规范。在示范跳水标志时，教师的示范遮挡幼儿，不便于幼儿观察，同时示范的图标与动作割裂，不便于幼儿创意。

7. 教师评价策略贫乏。只用了"真漂亮""真好"等，不能激励幼儿。

对本次活动的建议：

1. 减少目标中的认知点，增加能力目标。

2. 观察运动项目动作并结合动作进行图标设计。

3. 突出环境中运动项目图片的大量呈现，给予幼儿表象基础。

4. 评价指导语中注重启发幼儿还有什么体育项目，动作是什么，如何设计该图标等。

（大连市教育学院学前教师教育中心：李云翔）

点评2

大班的社会体验活动"北京奥运会"，是一次非常成功的教学活动，教师充分尊重幼儿的学习特点和认知规律，注重综合性、趣味性、游戏性、活动性，寓教育于生活和游戏之中。在活动中我们感受到了教师所具有的较高的专业技能与专业素养；感受到了在先进教育理念引领下的教育行为对幼儿发展的促进作用；感受到了教师有效的引领与幼儿愉快学习的过程。具体体现在：

1. 在目标的制定上，注重对幼儿情感、态度和能力的培养，体现了以人为本的理念。

教育目标是建立在幼儿已有经验基础上的，在目标的表述上，更加注重幼儿情感、态度和能力的培养，针对性、实效性、可操作性非常强，充分体现了《幼儿园教育指导纲要（试行）》所倡导的以人为本的教育理念。

2. 综合利用各种教育资源，调动幼儿参与活动的积极性、主动性。

（1）社会资源的利用：教师将社会热点问题——北京奥运会，作为幼儿园的教育内容，在了解奥运会项目的同时，激发幼儿作为中国人的自豪感，增进幼儿爱祖国的情感。可以说本次活动内容的选择既贴近幼儿的现有水平，又有一定的挑战性；既贴近幼儿的生活，又有助于拓展幼儿的经验和视野。

（2）现代化教学手段的运用：教师充分利用现代化教学手段，通过看录像让幼儿感受申奥成功的瞬间带给国人的喜悦，幼儿在此环节不由自主地随着录像中的场面，高呼"我们赢了！中国赢了！"那一刻真正地激发幼儿内在的作为中国人的自豪感，激发了幼儿爱祖国的热情。现代化教学手段的运用巧妙，有四两拨千斤的作用。

（3）与主题活动相关的资源的利用：教师充分利用"奥运宝贝"

的收集活动，让幼儿在收集活动中获得一定的经验。同时，教师有效地利用这一资源，让幼儿互相学习，让幼儿通过将自己收集到的"奥运宝贝"布置在环境中，让幼儿成为环境的主人，并使幼儿与环境进行积极的互动。

（4）利用环境中的资源：教师引导幼儿借助同伴的资源与环境的资源进行表达、表现，形成了积极有效的互动关系。如教师让幼儿猜同伴做的动作是什么运动项目，将画的运动项目粘贴在环境中等都体现了教师对环境中人、事、物进行有效利用的能力。

3. 在教育活动的过程中，能够为幼儿提供有益的学习经验。

在活动过程中，教师设计了"看录像感受申奥成功的快乐——介绍我收集的奥运宝贝——通过运动名人了解运动项目（PPT 的形式）——幼儿做动作、猜项目——用绘画的方式表达运动项目——交流分享"六个环节。各环节互相联系，紧密结合，通过教师有效的指导让幼儿获得了如下有益的学习经验：

（1）学会学习的方法：如资料的收集、与教师和同伴的交流、与环境的有效互动等都让幼儿感受到这些有益的学会学习的方式。

（2）学会了不同的表达方式：如运用语言、绘画、音像、动作等方式都可以表达自己的思想和感受。

（3）了解了奥运比赛的运动项目。

4. 教师有效的指导，唤醒了幼儿的主体意识，激发内在的学习动力。

（1）在活动中教师以尊重、平等、接纳的态度与幼儿交往，为幼儿的学习创设良好的心理环境，教师亲切的语言，现场的积极的反应给我们留下了深刻的印象。

（2）教师在幼儿活动中善于发现教育的潜在价值，进行积极的引领。如幼儿在看录像时，情不自禁地高喊"我们赢了！中国赢了！"时，教师抓住这一契机，马上让幼儿模仿录像中的情节，再一次挥动手臂进行欢呼，满足了幼儿表达情感的需求。

（3）关注幼儿在活动中的反应，进行积极的应答。

建议：

1. 教师应关注目标的达成度。

在本活动中，在了解奥运会吉祥物、会徽的目标完成方面，教师比较弱化，建议可将目标改为：（1）了解北京奥运会的项目；（2）感受作为中国人的自豪感。

2. 在活动中教师应关注幼儿习惯的养成。

幼儿良好习惯的养成是一个长期而又艰巨的任务，作为教师应该具有抓住任何一个机会、培养幼儿具有各种良好习惯的意识。本活动中教师应培养幼儿回答问题的习惯、正确的坐姿、倾听他人讲话的习惯等。

3. 应给予幼儿更多的与他人合作的机会。

例如，在做动作猜项目的环节中，教师可先让幼儿间互相做动作猜项目，然后再让部分幼儿到前面做动作猜项目，满足每个幼儿表达表现的愿望。

（沈阳市和平区教师进修学校幼教教研室：王桂珍）

评课分析

此案例是对同一个教育活动从不同角度进行的点评，它体现了听者不同的评课思路。其中点评1采用的是"三维"点评方式，即从找亮点——挖不足——提建议这三个维度去进行点评。此种点评方式，既能让执教者了解教学中值得肯定的方面，也能让执教者明晰教学中存在的问题，更能让执教者清楚进一步调整、修改教学设计的思路，是比较受一线教师欢迎的评课方式。点评2运用的是"概括要点式点评"的方法，即把一堂课最值得学习的几点概括出来，再结合有关教育教学理论加以评价，此种点评方式，更利于大家寻找到执教者的教学特点或教学风格。应该说这两个点评都是比较完整的评课案例。

案例

活动1：有趣的溶解

"有趣的溶解"是大班的一节科学活动，主要目的在于帮助幼儿理解溶解的现象，简单了解哪些东西可以溶解，哪些东西不能溶解。教师在导入环节设计了一个小魔术，利用盐和棉花分别做了两个溶解实验，最后盐不见了，而棉花还在，让幼儿猜猜这是什么原因。通过讨论交流找到魔术的小秘密，理解溶解的现象，之后再通过幼儿的实际操作理解和巩固关于溶解的内容。

（东北育才幼儿园：周莉）

活动2：新年好

"新年好"是小班的一节音乐活动，主要目的在于帮助幼儿学会歌曲并了解歌曲的节奏。教师在导入环节过后即进入了本节活动的重点，先让幼儿欣赏了一遍歌曲，教师："你们在歌曲当中听到了什么？"幼儿："新年好……"教师将"新年好呀，新年好呀，祝贺大家新年好！我们唱歌，我们跳舞，祝贺大家新年好！"的歌词以图画的形式粘贴在黑板上，同幼儿一起拍手打节奏看图复述歌词，然后听音乐拍手打节奏，启发幼儿可以用身体的任何部位发出声音来打节奏，幼儿用踩脚、拍肩、晃头等形式跟随音乐边打节奏边唱。

（东北育才幼儿园：王媛）

活动3：动脑筋，想一想

"动脑筋，想一想"是小班的一节数学活动，重点在于帮助幼儿学会分类和匹配。教师在教会了幼儿分类和匹配的方法后，设计了一个"布置新家"的游戏，分组操作，每人一个带有背景图案（如卧室、厨房等）的纸板，一套用于粘贴的操作材料，包括沙发、茶几、梳子、镜子、锅、勺子、脸盆、毛巾、牙刷、牙膏、茶壶、杯子等，请幼儿把各种各样的物品匹配好并且放到合适的房间，有的幼儿将菜板和刀放在一起并粘在一个纸板上，有的幼儿将牙膏和牙刷放在一起并粘在一个纸板上……幼儿粘贴完成后，小组内部选派代表讲述本组是如何布置新家的，讲述完毕后将各组的作品收集装订成一本小书，活动结束后投放在活动区里。

（东北育才幼儿园：宋丹）

活动点评

活动1中教师设计的魔术导入环节能够吸引幼儿的注意力，魔术本身的魔力和背后的秘密能够激发幼儿的好奇心和想象力，使幼儿能够满怀好奇地、自主自发地去探究溶解的现象。好的导入等于成功的一半，伴随着积极的情感体验和强烈的探究欲望，幼儿能够以极大的兴趣投入到活动当中去，自然容易达成教学目标。活动2中教师通过先听音乐、再熟悉歌词、然后边打节奏边唱这样的过程帮助幼儿学唱歌曲并感受节奏的形式非常好，把歌词转化成图片，打节奏可以运用身体的任一部位，均充分调动了幼儿的视觉、听觉等感官系统，锻炼了幼儿的耳、眼、口、手和脑，符合小班幼儿的学习特点，动静相宜，重点突出，水到渠成地完成了本节课的目标。活动3中教师能够结合小班幼儿的特点设计"布置新家"的情境粘贴游戏，让幼儿有机会运用刚刚学到的分类和匹配的方法，在游戏的过程中巩固新知，在交流的过程中相互评价，特别是最后做成的小书，把幼儿的学习成果进行集中的展示，满足了幼儿自我实现的需求，能够激发孩子进一步学习的愿望和兴趣。

（东北育才幼儿园：孙英敏）

评课分析

此评课案例是评课者在观摩几个教育活动之后进行的一次综合归纳式的点评，点评者以教学目标完成情况为主线，以精练流畅的语言对每一个教学活动中有效促进目标完成的环节一一作了分析和评述，使执教者、听课者能清楚地作出比较，有利于大家从不同的教学活动中借鉴有益的经验。此种观课、评课方式，对于寻找共性问题、分析问题成因也是非常有利的，建议评课者在总结归纳经验的基础上，对活动中发现的问题作进一步深入的分析，这样对大家指导、帮助的意义会更大。

案例　　　　　小班综合活动：送给熊妈妈的礼物

活动目标

1. 辨别红、黄、蓝三原色，能一一对应并分类。

2. 幼儿喜欢参与游戏活动，体验游戏的乐趣。

活动过程

1. 创设"熊妈妈过生日"的游戏情境，引出主题。

幼儿做出发前的准备，引导幼儿随音乐做热身运动。

2. 游戏：神奇蘑菇林。

（1）辨别颜色红、黄、蓝，学习一一对应。

灰太狼来的时候，请幼儿快速躲在与自己手上标志颜色一致的蘑菇下。

（2）采蘑菇：颜色的分类。

请幼儿将采到的蘑菇放在同颜色的筐内。

3. 过小桥，送贴画。

将一一对应及分类一次完成。

玩法：幼儿拿着贴画过与贴画同一颜色的小桥，然后将贴画送到河对岸对应颜色的筐中。

4. 结束：给熊妈妈送礼物。

用红、黄、蓝三原色贴画装饰围裙、帽子及靴子。

（沈阳市沈河区教师进修学校：贾丽杰）

活动点评

"送给熊妈妈的礼物"整个活动教师的思路非常清晰，环环相扣、逐层递进，充分考虑到了小班幼儿的年龄特点和认知规律。以游戏贯穿始终，在一个个有趣的情境中引导幼儿轻松学习。

开始部分，以"熊妈妈今天过生日，我们去做客"引出主题。这一环节的设计在最短的时间内吸引幼儿集中注意力。活力四射的热身操充分调动了幼儿的多种感官，使幼儿全身心地投入到游戏中去。第二环节，游戏"神奇的蘑菇林"，教师以红、黄、蓝三原色的"伞"创设了一个新奇的蘑菇林，环境创设让人眼前一亮，富有新意。幼儿以身临其境的感觉融入情境。小班幼儿通过角色扮演，在玩中完成了颜色的一一对应及简单的颜色分类。内容一环扣一环，使幼儿在轻松愉快的气氛中提高了自己的辨别能力。第三环节过小桥是进一步巩固新知的部分，并且逐层深入，增加了难度，如将一一对应及分类一次完成，幼儿按正确的路线取贴画等。最后的操作活动不仅巩固了颜色分类，而且在活动中培养了幼儿初步的合作意识，这一环节能充分满足幼儿的活动欲望。幼儿在无拘无束的氛围中游戏，活动推向高潮，最终实现活动目标。结尾部分呼应开头让幼儿获得了成功的喜悦。

本次活动教学环节设计合理，用一个又一个新鲜、刺激的游戏满足了幼儿学习的需要，做到了以趣激情。遵循了循序渐进的原则，从简单到复杂，过程体现了教师设计活动的科学性，与《幼儿园教育指导纲要（试行)》的要求紧密吻合。

建议：

1. 在操作活动中教师可以提出操作的要求，使幼儿能够按颜色的一一对应分类，以免个别幼儿杂乱无章地装饰礼物。

2. 在预设目标完成较好的情况下，教师在操作活动中应分层次有目的地增加难度，如在贴画中增加橘色、绿色，为幼儿进一步探究做好铺垫。

（沈阳市沈河区教师进修学校：张颖）

评课分析

此案例采用的是逐环点评的方法，评者对执教者所组织的教学过程逐一做了分析，把执教者在各个环节中所表现出来的亮点都进行了深入的挖掘，这种点评关注的重点是教师对教学过程的组织与处理，可以使执教者更加明晰自己各教学环节设计、安排得怎么样，哪些是成功的，哪些做得还不够。对执教者和评课者来说，评价的抓取点更明确，评价的针对性就更强。

案例　　　　　　　中班艺术活动：小吃一条街

活动目标

1. 充分感知橡皮泥柔软、可塑性强的特性。

2. 积极地参与探索活动，感受玩橡皮泥的乐趣。

活动过程

1. 播放《饼干歌》视频导入，激发幼儿兴趣。

2. 探索操作——做饼干。

（1）悬念引出制作材料。

（2）感知橡皮泥的特征。

（3）教师示范做圆形的不带装饰的饼干。

（4）引导幼儿观察、讨论、交流，共同制作有装饰的饼干。

3. 想象创作。

4. 延伸活动——展示与交流。

角色游戏：小吃一条街

每组布置一个小吃桌，幼儿将制作好的"食品"放到餐桌上展示。互相扮演客人去别的小组买卖食品，幼儿给客人介绍自己制作的"食品"。

（沈阳军区联勤部第一幼儿园：景晶晶）

活动点评

《幼儿园教育指导纲要（试行）》中指出，幼儿是教育活动的积极参与者而非被动接受者，活动内容必须与幼儿兴趣、需要及接受能力相吻合。因此，先进的教育理念和正确的知识经验，是每位教师设计和组织活动的必要前提。教师在教学过程安排上要有创新，不仅要运用先进的教学手段，还要将教学内容与实际相结合，让幼儿在游戏、动手操作、互动中学习制作，完成教学内容和教学目标。教师能将原有的教学模式进行大胆地创新与改革，让幼儿在活动中思维更加活跃起来，柔软的橡皮泥孩子们都很爱玩，"小吃一条街"这个活动符合幼儿年龄阶段目标和幼儿近期发展情况，因此在玩耍的过程中幼儿表现出了积极主动探究和认识周围世界的强烈愿望。

活动一开始教师迁移已有经验，在幼儿学过歌曲的基础上，引导幼儿注意观察饼干的外形特征和制作方法。接着教师让幼儿自由地对橡皮泥的特征进行探索，幼儿在教师的引导下对橡皮泥进行了全面细致的观察与认识，通过看、摸、闻等多种感官循序渐进地感知橡皮泥的特征，其间教师能恰当地提出探索的要求，帮助幼儿有目的地认识事物。在探索操作过程中，教师先示范做饼干扁圆的基本形状，然后又引导幼儿观察、讨论、交流，共同制作有装饰的饼干，通过探索过程中同伴间的交流讨论，帮助幼儿发展合作能力，增加相互交流与协作的机会，同时相互学习同伴的长处和价值，获得有益的经验。在想象创作过程中幼儿自由探索，教师鼓励幼儿轮流表达自己的探究过程和发现，引导幼儿有更多的思考和概括。在自由创作阶段教师激发了幼儿表现美的情趣，丰富他们的审美经验，使之体验自由表达和创造的快乐，在轻松自由的创作中，丰富了他们的情感体验，这就是教师设计这节课的初衷。在制作"糖葫芦"的环节上，教师提供自由表达的机会，鼓励幼儿用不同于教师的艺术形式大胆地表达自己的情感、理解和想象，于是就有了彩色的"糖葫芦"。在幼儿提出要制作麻山药"糖葫芦"时，教师顺应了幼儿的创造性思维，能够做到尊重每个幼儿的想法和发明，肯定和接纳他们独特的审美感受和表达方式，分享他们发明的快乐。当然也正是幼儿的提议，让活动顺理成章地过渡到"制作条状作品"的环节上，这个随机事件的处理反映出教师高超的课堂驾驭能力，善于发现和抓住幼儿的"智慧火花"，把握教育契机。最后的展示与交流活动在一种安全、宽松、自由又热烈的氛围中进行，每个孩子都很快乐，都积极地参与游戏，真正体现了"在玩中学""在玩中探索"的理念。整个活动中幼儿学习兴致高，参与性、互动性强，师幼之间、幼儿之间交流融洽，其乐无穷，受益无限，是一次比较成功的美工活动。建议教师在力求创新与改革的同时，还应该注意以下几点：

1. 示范做饼干的环节还应该给孩子更多的空间，让孩子多尝试、多探索。教师可以运用语言、动作、表情等手段进行指导。

2. 教师要尽可能地使每一个幼儿在每一次活动中都有所发现，有成功的体验。尤其是那些表面上看起来"失败"的幼儿，教师更要给予支持和鼓励，培养他们乐于探究、接纳和尊重同伴观点、经验的品质。

3. 教师评价偏多，缺少幼儿的自我评价。教师应为幼儿提供足够的时间与机会，让幼儿把自己游戏的过程体验、存在问题、有创意的想法和做法等讲出来，通过幼儿之间的讨论使幼儿已有的经验发生碰撞，引导他们以自己的方式把经验介绍给大家共同分享，或是提出自己解决不了的困难共同探讨，教师应引导幼儿充分表达，以满足幼儿交流、表达的意愿，调动他们自主评价的积极性。

（沈阳军区联勤部第一幼儿园：齐心）

评课分析

可以看出，对"小吃一条街"这一课的点评，评课者能较为准确地把握评课的原则，并能以《幼儿园教育指导纲要（试行）》的理念分析执教者的课堂教学行为，既充分肯定执教者整个教学过程的优点，又提出自己对本次教学活动的认识和看法。课好在什么地方，为什么好，存在什么问题，如何进行调整，这些问题在评课过程中都得到了落实。评课者还特别肯定了执教者的课堂驾驭能力，能灵活机智地处理教学中的随机事件，及时抓住教育契机，顺应并支持幼儿的发展，这正是目前大多数教师所欠缺的。应该说，这样的评课无论是对授课者还是对参与听课、评课的人，都有一定的启发性。

参考文献

1. 冯晓霞. 幼儿园课程［M］. 北京：北京师范大学出版社，2000.

2. 朱家雄. 幼儿园课程［M］. 上海：华东师范大学出版社，2003.

3. 石筠弢. 学前教育课程论［M］. 北京：北京师范大学出版社，1999.

4. 许卓娅. 幼儿园课程理论与实践［M］. 南京：南京师范大学出版社，2002.

5. 王春燕. 幼儿园课程概论［M］. 北京：高等教育出版社，2007.

6. 朱家雄. 幼儿园课程的理论与实践［M］. 上海：华东师范大学出版社，2010.

7. 袁爱玲. 当代学前课程发展［M］. 广州：广东高等教育出版社，2007.

8. 庞丽娟. 中国教育改革 30 年（学前教育卷）［M］. 北京：北京师范大学出版社，2009.

9. ［美］斯泰斯·戈芬. 课程模式与早期教育［M］. 李敏谊，译. 北京：教育科学出版社，2008.

10. 简楚瑛. 学前教育课程模式［M］. 上海：华东师范大学出版社，2005.

11. 施良方. 课程理论［M］. 北京：教育科学出版社，1996.

12. 张华. 课程与教学论［M］. 上海：上海教育出版社，2000.

13. 钟启泉. 现代课程论［M］. 上海：上海教育出版社，1989.

14. 李定仁，徐继存. 课程论研究二十年［M］. 北京：人民教育出版社，2004.

15. 廖哲勋，田慧生. 课程新论［M］. 北京：教育科学出版社，2003.

16. ［美］艾伦·C. 奥恩斯坦. 课程：基础、原理和问题（第 2

324

版）〔M〕. 柯森，译. 南京：江苏教育出版社，2002.

17. 袁爱玲，何秀英. 幼儿园教育活动指导策略〔M〕. 北京：北京师范大学出版社，2007.

18. 唐淑. 幼儿园课程实施指导总论〔M〕. 南京：南京师范大学出版社，1997.

19. 虞永平. 幼儿园课程评价〔M〕. 南京：江苏教育出版社，2006.

20. 霍力岩. 多元智力理论和多元智力课程研究〔M〕. 北京：教育科学出版社，2003.

21. 〔意〕蒙台梭利. 蒙台梭利幼儿教育科学方法〔M〕. 任代文，译. 北京：人民教育出版社. 2001年第2版.

22. 虞永平. 学前课程的多视角透视〔M〕. 南京：江苏教育出版社，2006.

23. 虞永平，张辉娟，钱雨，蔡红梅. 幼儿园课程评价〔M〕. 南京：江苏教育出版社，2006.

24. Mara Krechevsky. 幼儿教育评量手册〔M〕. 梁云霞，译. 台湾：心理出版社，2002.

25. 顾荣芳. 学前教育诊断与咨询〔M〕. 大连：辽宁师范大学出版社，2003.

26. 教育部基础教育司，新课程与学生评价改革〔M〕. 北京：高等教育出版社，2004.

27. 王坚红. 学前教育评价〔M〕. 北京：人民教育出版社，1994.

28. 顾志跃. 如何评课〔M〕. 上海：华东师范大学出版社，2009.

29. 余文森，黄国才，陈敬文. 有效备课·上课·听课·评课〔M〕. 福州：福建教育出版社，2010.

30. 黄瑾. 幼儿园教育活动设计与指导〔M〕. 上海：华东师范大学出版社，2007.

31. 余林. 课堂教学评价〔M〕. 北京：人民教育出版社，2007.

32. 徐世贵. 怎样听课评课〔M〕. 沈阳：辽宁民族出版社，2000.

33. 杨九俊. 说课、听课与评课〔M〕. 北京：教育科学出版社，2004.

参考文献

34. 刘显国. 说课艺术［M］. 北京：中国园林出版社，2000.

35. 林佩芬. 幼儿园说课稿精选［M］. 宁波：宁波出版社，2008.

36. 刘占兰，廖贻. 聚焦幼儿园教育教学：反思与评价［M］. 北京：北京师范大学出版社，2007.

37. 陈晓芳. 幼儿园教育活动设计策略及案例评析［M］. 北京：北京师范大学出版社，2007.

38. 赵国忠. 说课最需要什么［M］. 南京：南京大学出版社，2009.

39. 教育部基础教育司. 《幼儿园教育指导纲要（试行）》解读［M］. 南京：江苏教育出版社，2001.

40. 王丹. 张雪门幼儿园行为课程研究［D］. 西南大学硕士学位论文，2006.

41. 鲍亚. 蒙台梭利儿童课程研究［D］. 南京师范大学硕士学位论文，2007.

42. 彭攀. 陈鹤琴"活教育"课程理论研究［D］. 湖南师范大学硕士学位论文，2009.

43. 张翠芹. 陈鹤琴的"活教育"思想及其对当今幼儿教育的启示［D］. 南京师范大学硕士学位论文，2007.

44. 彭俊英. 对建构幼儿园课程评价方式的粗浅思考［J］. 学前教育研究，2003（Z1）.

45. 虞永平. 幼儿园教学活动的评价［J］. 早期教育，2005（3）.